西北方言文献研究

莫 超 著

北京大学出版社
PEKING UNIVERSITY PRESS

图书在版编目（CIP）数据

西北方言文献研究/莫超著．—北京：北京大学出版社，2014.3
ISBN 978-7-301-18139-3

Ⅰ．西⋯　Ⅱ．①莫⋯　Ⅲ．西北方言—文献—研究　Ⅳ．①H172.2

中国版本图书馆 CIP 数据核字（2014）第 102724 号

书　　　　名：	西北方言文献研究
著作责任者：	莫　超　著
责 任 编 辑：	唐娟华
标 准 书 号：	ISBN 978-7-301-18139-3/H·3526
出 版 发 行：	北京大学出版社
地　　　　址：	北京市海淀区成府路 205 号　100871
网　　　　址：	http://www.pup.cn　新浪官方微博：@北京大学出版社
电 子 信 箱：	zpup@pup.pku.edu.cn
电　　　　话：	邮购部 62752015　发行部 62750672　编辑部 62753374
	出版部 62754962
印 刷 者：	北京鑫海金澳胶印有限公司
经 销 者：	新华书店
	720 毫米×1020 毫米　16 开本　15.25 印张　300 千字
	2014 年 3 月第 1 版　2014 年 3 月第 1 次印刷
定　　　　价：	39.00 元

未经许可，不得以任何方式复制或抄袭本书之部分或全部内容。
版权所有，侵权必究
举报电话：010-62752024　电子信箱：fd@pup.pku.edu.cn

本书系国家社科基金项目"近代西北方言文献研究"成果。项目编号为09XYY004。

目 录

绪 论 ·· 1

上编　古代西北方言文献述要

第一章　汉魏晋南北朝时期的西北方言文献 ································ 3
第一节　扬雄《方言》中记载的西北方言 ································ 4
第二节　《说文解字》中记载的西北方言 ································ 12
第三节　汉代史籍及各种注疏文献中的西北方言 ······················ 14
第四节　魏晋南北朝文献中的西北方言 ··································· 18

第二章　隋唐宋元明时期的西北方言文献 ································· 21
第一节　韵书及释家音义中的西北方言 ··································· 22
第二节　王梵志诗歌中的西北方言 ·· 25
第三节　敦煌文献中的西北方言 ··· 27
第四节　隋唐宋元明注疏文献中的西北方言 ····························· 31
第五节　元曲中的西北方言 ·· 33

中编　近代西北方言文献述要

第三章　近代西北方言研究之专著 ·· 39
第一节　张澍的《秦音》 ·· 39
第二节　李鼎超的《陇右方言》 ·· 47
第三节　李恭的《陇右方言发微》 ·· 53
第四节　罗常培《唐五代西北方音》 ······································· 57
第五节　张慎仪《蜀方言》中的西北方言 ································ 61
第六节　慕少堂的《甘宁青方言录》 ······································· 71

第七节　范紫东《关西方言钩沉》·················· 82
　　第八节　章太炎《新方言》中记载的西北方言·········· 87
　　第九节　散见于其他文献中的近代西北方言··········· 90

第四章　近代西北方志中的方言文献
　　第一节　含西北方言的方志文献概说················ 94
　　第二节　清代《陕西通志》中记载的方言·············· 98
　　第三节　清代陕西县(州)志中记录的方言举例········· 104
　　第四节　清代《甘肃新通志》中记载的方言············ 109
　　第五节　《西和县新志》与《重修皋兰县志》中的方言···· 113
　　第六节　民国期间陕西地方志中的方言举要
　　　　　　——《洛川县志》······················· 121
　　第七节　民国期间甘肃地方志中的方言举要
　　　　　　——《甘肃通志稿》····················· 124

下编　西北方言文献的价值

第五章　西北方言文献的语言学价值·················· 135
　　第一节　西北方言文献所反映的普通语言观··········· 135
　　第二节　西北方言文献的语音学价值··············· 140
　　第三节　西北方言文献的词汇学价值··············· 148
　　第四节　西北方言文献的语法学价值··············· 157
　　第五节　西北方言文献中记录的"俗字"·············· 172

第六章　西北方言文献的特点与训诂学价值·············· 175
　　第一节　西北方言文献的特点···················· 175
　　第二节　西北方言文献的训诂学价值··············· 177

第七章　西北方言文献的民族学与民俗学价值············ 184
　　第一节　西北方言文献的民族学价值··············· 184
　　第二节　西北方言文献的民俗学价值··············· 190

参考文献 ·· 195

附 录

附录一 《陇右方言》的语言学价值 ·· 201
附录二 近代西北方志方言文献中的代词 ·· 208
附录三 部分书影 ·· 220

绪　论

一、"西北方言文献"的界定

（一）关于"西北"

西北是一个约定俗成和习惯所称的地域概念。现今，西北指陕西、甘肃、青海三省和新疆、宁夏两个自治区。这片地区是华夏民族的摇篮之一。周王朝、秦王朝都发祥于此。数千年来，西北积淀了丰厚的地域文化，形成了具有自身特色的地域文化圈。从隶属关系、历史文化传统及方言而言，陕西关中、甘肃全境及今青海省青海湖以东的河湟谷地一带（此地区习惯上也属陇右地区，曾长期隶属甘肃省）、今宁夏自治区的大部分地区（该地区在历史上长期隶属甘肃省）都属于同一文化圈。从移民史与方言史看，汉代起就曾多次从关东往关西、陇右徙民。比如，元狩四年冬，有司言关东贫民徙陇西、北地、西河、上郡等凡七十二万五千口[①]。这么多的人口在较短时间内融注陕甘地区，对当地的方言自然会产生很大影响，导致许多语词的雷同。据专家研究，秦晋、陇冀、梁益从汉代起就是一个方言区[②]。近代陕西方言文献中也明确提及"西京方言，发音厚浊而含浑，间有山西与甘肃之音韵"[③]。

（二）关于"方言"

"方言"指与"正言"（雅言）相对的"五方之音"，也称"方语""俗语""乡音"或"乡谈"等，是共同语的地域分支。古籍当中很早就记载了方言的存在。《礼记·王制》说："五方之民，言语不通，嗜欲不同。"这道出了方言的空间性。东汉王充《论衡·自纪篇》说："经传之文，圣贤之语，古今言殊，四方谈异也。"这道出了方言有历时的变化，又有共时的差异。西汉扬雄的《方言》是我国第一部记录方言的专著，他称的"方言"是跟"通语"相对而言的，在他的书中，"通语"指不受方言区域限制的词汇，"方言"则是有地域性的称谓。由于历史的、社会的原因，"方言"跟"通语"并没有严格意义的界限。在一定

---

① 见《汉书》卷六《武帝纪》。
② 罗常培、周祖谟《汉魏晋南北朝韵部演变研究》第一分册，科学出版社，1958：72-73。
③ 王望纂《新西安》（一卷），民国二十九年（1940年），昆明中华书局铅印本。

时期、一定空间内是"方言",时空变了,很可能成为"通语";反过来,"通语"也会成为"方言"。正因为方言跟通语的界限模糊(当然也有明确对立的),所以我们只能依据特定文本来作大致的判定,比如拿《现代汉语词典》为据,明确标明[方]的是方言词,但如果某词在某地说而《现汉》未载,我们也视其为"方言词"。本书所研究的"西北方言",大致分古代西北方言与近代西北方言。前者指明代以前(含明代)的文献中标明属于"秦陇"或涉及"秦"的方言,因为大多已经跟现实西北方言不对应了,我们只能以文献资料为据。后者指清代及民国时期的西北方言,这一部分大多都可以从现实方言中找到例证。对于前者,笔者主要依据具体而专门的书证,参照同时期的其他书证进行比较;对于后者,笔者一方面依据具体而专门的书证,一方面证诸现实方言,并比照《现代汉语词典》及西安、兰州、银川、西宁、乌鲁木齐等地的方言词典,将《现代汉语词典》中未收而上述地区的某种(或全部)方言词典收载了的也作为方言语词处理。

(三)关于"文献"

现存典籍中,"文献"一词最早见于《论语·八佾》:"子曰:'夏礼,吾能言之,杞不足征也。殷礼,吾能言之,宋不足征也。文献不足故也。足,则吾能征之矣。'"

东汉郑玄注云:"献,犹贤也。……文章贤才不足故也。"郑玄以"文章""贤才"解释"文献",含义已经明确。宋代朱熹《论语集注》解释这段话说:"杞,夏之后。宋,殷之后。征,证也。文,典籍也。献,贤也。""文献"指"典籍、贤人",观点跟郑玄一致。今人杨伯峻在《论语译注》中释"文"为典籍,"贤"为博学多识的人。古今学者对"文献"的认识是一脉相承的。用今天的话说,"文"是书面材料,"献"是有学问的人。

当然,"文"与"献"是密不可分、相互依存的。"文"可以造就"献"(贤),"献"的话语、著述又可以变为"文"。"文献"可以是书,也可以是人,统称则为"文献"。现在,文献一词主要指"文"而言,尤其侧重于过去的"文"。

西北方言文献,指涉及西北方言的"文",时代涵盖古代和近代,古代指汉代到明末,近代指清代及民国(1949年后属于现代,不在本研究之列)。相比较之下,现存近代的西北方言文献比较多,种类也比较齐全,因而应当给予更多的关注。近代方言文献揭示的方言现象,是今日方言的近源,两相比合,可以验证近代文献与今日方言的差异,也可以显示方言嬗变的脉络。

二、西北方言文献的类型、研究的意义与方法

（一）西北方言文献的类型

涉及西北方言的文献，主要分为如下几类：（一）方言专著类。包括汉代扬雄的《方言》，清代及民国时期描写西北方言的专著，如张澍的《秦音》、李鼎超的《陇右方言》、李恭的《陇右方言发微》、慕寿祺的《甘宁青恒言录》（又名《甘宁青方言录》）、范紫东的《关西方言钩沉》；也包括外地人纂辑的含有西北方言的专著，如清初李实的《蜀语》、清人张慎仪的《蜀方言》等。（二）注疏类。包括历代历史、文学、笔记等作品的注疏文献中涉及西北方言的部分。（三）史志类。包括历代历史著作、近代"方志"（实际指清代中后期及民国时期西北各府、州、县的志书）。（四）论文类。均见于民国期间，包括刘文锦《秦中方言》（刊于《国立中央研究院历史语言研究所集刊》第8集，1929年）、白涤洲《秦音琐谈》（《世界日报·国语周刊》1933年第98、99期）等陕西学者的著作，以及李酝班《凉州方言序》（刊于兰州《中大月刊》第一卷第1期，1929年）、冯国瑞《关西方言今释》（刊于《国风》半月刊第六卷第7、8合期，1934年）等甘肃学者的著作。

（二）西北方言研究的意义

西北地区自古及今都是东西部文化交流的通道，各民族通过经济互动、人口迁移流动、互通婚姻而相互融合发展，西戎文化、羌藏文化、西夏文化、蒙回文化与汉文化先后在西北汇聚、碰撞、交融，一波又一波多民族文化的融通再造，不仅大大扩展和推动了西北地域文化的发展，而且也源源不断地为中华文化输入新鲜血液和养料，丰富和扩展了中华文化的生态基础。方言是文化的载体，这种灿烂文化无一不与方言文献或现实方言有关。方言作为历史的化石，既能存古，又能征古，折射社会演变、发展的方方面面。章太炎先生就强调其价值"宝贵过于天球九鼎"。[①] 方言文献材料，则是一宗宝贵的学术财富。它不仅具有语言学及方言学的价值，伴随着相关学科的互相渗透，也有助于文献学、训诂学、民俗学、民族学等问题的探讨。

在章太炎先生之前，西北的大多正统文人往往以"雅言"为贵，鄙视方言俚语，注重正统韵书，认为方言俚语都是语言的谬误。比如在两种清末编纂的西北方志中，都明确说辑录方言的目的仅是"博一粲"[②]。此举一例：

---

① 见章太炎《太炎文录》。
② 见清光绪期间纂《合水县志》《创修陇西分县武阳志》。

西北之话音极官，无难解者，然亦微有乡俗不同之处，固不止此，只就堂事问所闻诸民者如右。俚俗之语，敢拟方言志之，以告初莅兹土者，是亦旧令尹之政耶？博一粲。

——《合水县志》

章氏对方言高度评价之后，受其影响，西北的方言学者也开始看重西北方言的价值。民国中期，镇原慕寿祺（号少堂）先生在其《甘宁青方言录》之《张掖县方言》中引明代学者杨慎《丹铅续录》卷三"阿堵"条下的话："凡观一代书，须晓一代语；观一方书，须通一方之言，不尔不得也。"① 将"通一方之言"作为"观一方书"的前提条件。民国后期，陕西关中范紫东先生在《关西方言钩沉》中说："凡研究古音，不能不通关西语，盖语音策源地，古今沉潜一气，未可稍忽也。"（卷二）又云："关西语音，多能为古音之证。研究古音学者，不可不知也。"（卷四）他认为关西是"语音策源地""多能为古音之证"，只有通关西语，才能研究古音。这就把关西方言地位提高到了一个新的高度。

民国期间，出现了几种西北方言专著，编纂水平都很高。在方志之方言编纂方面，黎锦熙先生编纂的几种陕西县志堪称典范；张维主纂的《甘肃通志稿》也很有影响。但是，据笔者考证，将自古及今全部的西北方言文献作为研究对象，系统地搜集、整理、研究者，迄今未有。笔者不揣浅陋，跟数位同仁用近十年的时间，广泛搜求涉及西北方言的各种著述，试图通过这些文献勾勒西北汉语方言的面貌，揭示其演进的轨迹，为历史语言学提供可靠的材料。此应为开拓之举，其意义显而易见。

（三）西北方言研究的方法

方言文献属于历史语言学的文字、文献材料。徐通锵先生说："历史语言学的材料大体上可以分为两大类：一是方言和亲属语言的材料，一是文字、文献的材料。前者是现在的活材料，后者是反映历史发展状况的死材料。"② "要建立有史时期的汉语语音史，不仅需要运用文字、文献所反映的死材料，而且还需要运用方言和亲属语言的活材料，只有把两者结合起来，才能使汉语语音史的研究出现新的面貌。高本汉关于汉语音韵的研究之所以能取得巨大的成就，这是其中的一个重要原因。"③ 基于此，《西北方言文献研究》采用历史语言学的研究方法，以方言文献所反映的不同时段（时间）为纬，以其所反映的不同地域（空间）为经，尽量做到"纵不断线，横不疏漏"，并参照现时方言，将死材料与活材料

---

① 杨慎《丹铅续录》，文渊阁《四库全书》版855册，上海古籍出版社，2003年。
② 徐通锵《历史语言学》，商务印书馆，1993年。
③ 同②。

结合起来。依照时间之"纬",本研究将西北方言文献分为早期(汉魏晋南北朝)方言文献、中期(隋唐宋元明)方言文献、近代(清代民国)方言文献,具体再按类编排;依照空间之"经",将西北方言文献分为陕西、甘肃、宁夏、青海、新疆方言文献,其内部再根据具体地域联属情况分别,以便比较。具体方法和步骤包括西北方言文献的钩沉、梳理、比较,找出不同文献材料的特点,然后,从语言学、文献学、民族学、民俗学等角度评价西北方言文献的价值。

鉴于西北方言文献内容相对庞杂,将其梳理为三编予以描述和分析。上编,古代西北方言文献述要,时段从汉代到明代末年;中编,近代西北方言文献述要,时段从清初到民国末年;下编,西北方言文献的价值,系统讨论西北方言文献的语言学、文献学、民族学、民俗学价值。

上 编

古代西北方言文献述要

第一章　汉魏晋南北朝时期的西北方言文献

依照扬雄《輶轩使者绝代语释别国方言》（下称《方言》），近人林语堂先生分地方方言为十四系①。其中有三系与西北有关：（1）秦晋为一系；（2）西秦为一系（杂入羌语）；（3）秦晋北鄙为一系（杂入狄语）。余者省略。秦晋为一系，西秦为一系，因为西秦杂有羌语；秦晋跟秦晋北鄙分开，也是由于后者杂有狄语。但秦晋跟西秦之联系如何，似未细表。罗常培、周祖谟先生根据《方言》中两地或多地并举的材料进行归纳排比，将汉代方言分为七大区，其中第一大区与西北有关：（一）秦晋、陇冀、梁益。他们认为："从其中所举的方域来看，有的一个地方单举，有的几个地方并举。依理推之，凡是常常单举的应当是一个单独的方言区，凡是常常在一起并举的应当是一个语言比较接近的区域。"② 这个区分中，将秦晋跟陇冀放在一起，显然注重了其内部的一致性。这与我们研究对象"西北"之区域庶几吻合。

关中作为周人发家之地，先秦时自然就有了汉语方言。而"陇"呢？据史籍载，有汉以前陇（今甘肃）为羌戎之地，河西走廊为匈奴的势力范围，到汉代才陆续有军屯或民屯的汉人大量进入。西汉时期，先后设置武威、酒泉、张掖、敦煌、天水、安定、武都、金城郡。东汉时，行政区划大体上是州、郡、县三级制。陇属凉州，共辖10郡、2属国、99县。那么，陇上汉语方言当在汉代就存在了。但即使当时已经有了汉语方言，也不能跟羌戎语等量齐观，它还算不上强势语言。这一点我们可以从扬雄的《方言》及许慎的《说文解字》中看出来。在这两种语言学专著中，"秦、关中、关西、自关东西、秦晋"等地域方言描述较多，陇涉及则很少。不过，我们也可以通过地域相连及历史记载的移民情况推测，当时的陇地汉语方言跟关中大同小异，因而记得简略。先秦时的西北方言情况如何，我们不得而知，因为没有相关文献。有汉一代，始有"方言"之分区及西北方言可据的文献材料，扬雄的《方言》给我们树立了一个很好的坐标，因之，"西北方言文献"就从汉代说起。从汉至南北朝，我们称为"早期"，西北方言文献主要散见于语言类专著和各种经籍之注疏文献中。

---

① 见于林语堂《西汉方言区域考》，原载《贡献》1927年第2期。1933年收入开明书店印行的《语言学论丛》时，题为《前汉方音区域考》。

② 罗常培、周祖谟《汉魏晋南北朝韵部演变研究》第一分册，科学出版社，1958：72－73。

第一节　扬雄《方言》中记载的西北方言

　　《方言》是中国第一部方言词典，它比中国最早的字典《说文解字》要早一百多年，距今已有两千年的历史。作者扬雄（公元前53年—公元18年），字子云，四川成都（古谓之蜀郡）人，他是西汉有名的文学家、哲学家、语言学家。他精于古文字学，尤其擅长于古文奇字。他仿《论语》作《法言》，仿《易经》作《太玄》，仿《史籀篇》和《仓颉篇》作《训纂篇》。他的语言学代表作——《方言》，也正是模仿中国第一部词典《尔雅》写成的。《方言》是扬雄的呕心沥血之作，应劭《风俗通义·序》说，扬雄治《方言》共用了二十七年的时间，"凡九千字"，共十五卷。我们所能见到的今本《方言》是晋代郭璞的注本，只有十三卷。至于字数，据清代学者戴震的统计，却有一万一千九百多字，比应劭所见的本子多出了将近三千字，可见这些字均为郭氏以前的学者所增。《方言》所记载的方言殊语所属的区域极为广阔：北起燕赵（今辽宁、河北一带），南至沅湘九嶷（今湖南一带）；西起秦陇凉州（今陕西、甘肃一带），东至东齐海岱（今山东、河北一带），甚至连朝鲜半岛北部的方言也均有所搜集。历代语言学家都非常推崇这部方言词典，近代语言学大师罗常培《方言校笺及通检·序》认为，"它是开始以人民口里的活语言作对象而不以有文字记载的语言作对象的"，真可谓"中国语言史上一部'悬日月不刊'的奇书"。

　　扬雄的《方言》中，多次提到"自关而西（关西）、秦晋之间、秦陇、秦之西鄙（指今陕西千阳、陇县一带。西汉的"陇县"在今甘肃庄浪县东）、梁益、秦、三辅（指汉代京兆、冯翊、扶风三郡）、秦晋、关中、关西"等，在地域上涉及西北的有关西、秦陇、秦之西鄙、秦、三辅、关中等。"关中、关西"之"关"本指函谷关，原在今河南灵宝县西南，是春秋至西汉前期由秦地通向东面的关口。汉武帝元鼎三年（公元前114年）将关址向东迁徙三百里，建在今河南新安县，仍称函谷关。扬雄生活在西汉末期，他所说的"关"当是新函谷关。函谷关以西主要包括今河南、山西、陕西交界一带及关中、西秦一带（郭璞注："西秦，酒泉敦煌张掖是也。"这一说法不确，因为汉代驱走匈奴，设立四郡，移民实边，到扬雄之时，还不可能形成方言区。西秦实即"秦之西鄙"，就是"自冀陇而西"。郭璞注："冀县，今在天水。"就是今甘肃天水市。陇指陇县，即今甘肃张家川。"自冀陇而西"指汉代天水、陇西两郡，即今甘肃省的东南部）。在《方言》中，秦出现109次，单独出现10次，关西总共出现87次，西秦出现1次，秦之西鄙2次，陇7次，冀出现3次（皆与陇并举）。从历史上看，"秦之西鄙"是秦最早建国的地方。

汉代的西北方言,以秦、三辅、关中为中心地带,辐射晋、关西、西秦、陇西、巴蜀。《方言》中常将"自关而西"与"秦晋之间"统称,说明这一大片方言词语有其一致性。我们从历史记载可以知道,汉代曾多次从关东往西北徙民。比如,仅元狩四年(公元前119年)一次迁徙关东民于陇西、北地、西河、上郡等地七十二万五千口①。这么多的人口在较短时间内融注西北,对西北的方言自然会产生很大影响,导致语词的雷同。本文基本采用罗常培、周祖谟《汉魏晋南北朝韵部演变研究》之分区,而在方言词的具体排列上按自东而西的空间分布摘编。笔者反复核对,得涉及(或可能涉及)当时西北方言的语词160条,分列于次。

一、通行于"秦晋"或"秦晋之间"的方言词(50条)

恧(nì,忧思,忧伤貌)、慎,思也。秦晋或曰慎,凡思之貌亦曰慎,或曰恧。(卷一)

嫁、逝、徂(同往,《正字通·彳部》:"徃,俗作徂。")也,自家而出谓之嫁,由女而出为嫁也。逝,秦晋语也。(卷一)

抵、牴,会也。雍梁之间曰抵,秦晋亦曰抵,凡会物谓之牴。(卷一)

鲐(tái,《说文》:"鲐,海鱼名。从鱼,台声。"言背皮如鲐鱼,代称老年人),老也。秦晋之郊曰耇鲐。(卷一)

钊、薄,勉也。秦晋曰钊,或曰薄,故其鄙语曰薄努,犹勉努也。(卷一)

娥、嬿,好也。秦晋之间凡好而轻者谓之娥。(卷一)

矜、悼、怜,哀也。秦晋之间或曰矜,或曰悼。(卷一)

假(gǔ,又音jiǎ,大、长义)、奘,大也。秦晋之间凡物壮大谓之假,或曰夏。秦晋之间凡人之大谓之奘,或谓之壮。(卷一)

虔、刘,杀也。秦晋之间谓杀曰刘。秦晋之北鄙谓贼为虔。(卷一)

烈、枿(niè,同蘖,指树木砍伐后留下的桩子或草木砍伐后余桩重生的枝条),余也。秦晋之间曰肄,或曰烈。(卷一)

饙(fēi,食之义)、铒,食也。陈楚之内相谒而食麦饘(zhān,谓稠粥)谓之饙,……秦晋之际、河阴之间曰馉饳(关西人呼食欲饱为馉饳。馉饳,字书未见其字),此秦语也。(卷一)

杪(miǎo,《说文》:"木標末也,从木少声。"指树梢、末端、细微),小也。……东齐言布帛之细者曰绫,秦晋曰靡。凡草生而初达谓之莍(ruì,细小,草出生貌)。稺(今读zhì,旧读chí,幼小貌),年小也,木细枝谓之杪。(卷二)

---

① 林语堂《西汉方言区域考》。

奕、僷（yè，指容貌美好），容也。自关而西凡美容谓之奕，或谓之僷。（卷二）

矜、俺，遽也。秦晋或曰矜，或曰遽。（卷二）

予、赖，雠（chóu，卖，付给，酬偿）也，秦晋曰雠。（卷二）

秦晋之间美貌谓之娥，美状为窊，美色为艳，美心为窈。（卷二）

赧（nán，《小尔雅》："面赤愧曰赧。"），愧也。秦晋之间凡愧而见上谓之赧。（卷二）

搜、略，求也。秦晋之间曰搜，就室曰搜，于道曰略。略，强取也。（卷二）

剢、蹶，狯也（古狡狯字）。秦晋之间曰狯。（卷二）

凡人兽乳而双产，秦晋之间谓之僆子。（卷三）

侮，奴婢贱称也。秦晋之间骂奴婢曰侮（言为人所轻弄）。（卷三）

簙（bó，古时的一种棋戏）谓之蔽，或谓之箘（jùn，棋子），秦晋之间谓之簙。（卷五）

柸，梧也。秦晋之郊谓之柸。（卷五）

铪（hán，受，容纳）、龛，受也。受，盛也，犹秦晋言容盛也。（卷六）

嗌（音yì，为咽喉；音ài，指咽喉塞住），噎也。秦晋或曰嗌，又曰噎。（卷六）

诬、諣（yàn，为诬谤义），与也。犹秦晋言阿与。（卷六）

謇、妯，扰也。人不静曰妯，秦晋曰謇。（卷六）

铺颁，索也。犹秦晋言抖薮也（谓斗薮举索物也）。（卷六）

参、蠡，分也。秦晋曰离。（卷六）

厮，散也。秦晋声变曰厮；器破而不殊，其音亦谓之厮；器破而未离谓之璺（wèn，指裂纹）。（卷六）

譒（字书未见），审也。秦晋曰譒。（卷六）

秦晋凡物树稼早成熟谓之旋。（卷六）

緪（gēng，同絙），竟也。秦晋或曰緪，或曰竟。（卷六）

繝、剸，续也。秦晋续折谓之繝，绳索谓之剸。（卷六）

嗳，恚也。秦晋曰嗳，皆不欲膺（同应）而强会之意也。（卷六）

秦晋之间听而不聪，闻而不达谓之㬅（zǎi，半聋，听不清）。聋之甚者，秦晋之间谓之聬（言口无所闻知也）。（卷六）

謇、展，难也。若秦晋之间言相悴矣。（卷六）

禀（同稟），敬也。秦晋之间曰禀。（卷六）

纰（bì，理、缝合义），理也。秦晋之间曰纰。（卷六）

恧（nǜ，自愧貌），惭也。若梁益秦晋之间言心内惭矣。（卷六）

谆憎，所疾也，若秦晋言可恶矣。（卷七）（宋音八相系谓之谆憎，故谆、

憎不分)

皮缪,强也(谓强语也),秦晋言非其事谓之皮缪。(卷七)

暴五谷之类,秦晋之间谓之晒。……凡以火而干五谷之类,关西谓之䐺,秦晋之间或谓之㷅(同炒),凡有汁而干谓之煎。(卷七)

凡戟而无刃,秦晋之间谓之釨(zǐ,《玉篇》:"釨,刚也。"),或谓之鏔(yí,无刃的戟)。秦晋之间谓其大者曰镘胡(泥镘),其曲者谓之钩釨镘胡。(卷九)

屑屑,不安也。秦晋谓之屑屑,或谓之塞塞,或谓之省省,不安之语也。(卷十)

颔、颐,颔也(谓颔车也)。秦晋之间谓之颔。颐,其通语也。(卷十)

蛴螬(cícáo,金龟子的幼虫),秦晋之间谓之蠹,或谓之天蝼。(卷十一)

蚜蚍,秦晋之间谓之蠛蟊(qúlüè,也作"渠蟰",蚜蝣别名)。(卷十一)

冢,秦晋之间谓之坟(取名于大防也),或谓之培,或谓之堬,或谓之采(古者卿大夫有采地,死葬之因名也),或谓之埌(泪浪),或谓之垄(有界垎似耕垄,因名之)。(卷十三)

二、通行于"自关而西秦晋之间"的方言词(44条)

娥、嬿,好也。自关而西秦晋之间故都曰妍。(卷一)

自关而西秦晋之间,凡大人小儿泣而不止谓之咺,哭极音绝亦谓之咺。(卷一)

恘、湿,忧也。自关而西秦晋之间,凡志而不得,欲而不获,高而有坠,得而中亡,谓之湿,或谓之恘湿。(卷一)

亟、怜、恌,爱也。自关而西秦晋之间凡相敬爱谓之亟。(卷一)

修、骏、融、绎、寻、延,长也。自关而西秦晋梁益之间,凡物长谓之寻。(卷一)

自关而西秦晋之间,凡人语而过谓之過(字书未见其字),或曰金。(卷一)

自关而西秦晋之间,凡物之壮大者而爱伟之谓之夏。(卷一)

娃、窕,艳美也。自关而西秦晋之间,凡美色或谓之好,或谓之窕。(卷一)

踏(古蹋字),……跳也。自关而西秦晋之间曰跳,或曰踏。(卷一)

蹸,……登也。自关而西秦晋之间曰蹸。(卷一)

自关而西秦晋之间,凡取物而逆谓之篡。(卷一)

朦、胧(měng,丰大;又音máng,身大),丰也。自关而西秦晋之间,凡大貌谓之朦,或谓之胧。丰,其通语也。(卷二)

魏、笙、挈、掺,细也。自关而西秦晋之间,凡细而有容谓之魏,或曰偲(shì,苗条貌);凡细貌谓之笙,敛物而细谓之挈,或曰掺。(卷二)

僷、㚆(字书未见其字)、浑、脾、膿,……盛也。自关而西秦晋之间语

也,……秦晋或曰朧。(卷二)

俺、瘶,微也。自关而西秦晋之间,凡病而不甚曰俺瘶(yèdié,气息微弱,患病半卧半起貌)。(卷二)

台、敌,匹也,自关而西秦晋之间,物力同者谓之台敌。(卷二)

倚、踦,奇也。自关而西秦晋之间,凡全物而体不具谓之倚,雍梁之西郊,凡兽支体不具者谓之踦。(卷二)

逴(chuò,跛脚貌)、獡、透,惊也。自关而西秦晋之间,凡蹇者或谓之逴,体而偏长短亦谓之逴。(卷二)

憡(cè,疼痛义)、刺,痛也。自关而西秦晋之间或曰憡。(卷二)

挦捎,选也(此妙择积聚者也)。自关而西秦晋之间,凡取物之上谓之挦捎。(卷二)

瞯(xián,斜视貌)、睇、䀹、眄,眄也。自关而西秦晋之间曰眄。(卷二)

毼(字书未见其字)、喙,息也。自关而西秦晋之间或曰喙,或曰毼。(卷二)

錯,坚也。自关而西秦晋之间曰錯。(卷二)

荩,馀也。自关而西秦晋之间,炊薪不尽曰荩。(卷二)

私、策……杪,小也。自关而西秦晋之郊梁益之间,凡物小者谓之私;小或曰纤;缯帛之细者谓之纤。(卷二)

沓,及也。关之东西曰沓,或曰及。(卷三)

络头,帕头也。自关而西、秦晋之郊曰络头。(卷四)

扉(fèi,用草、麻、皮等做的鞋)、屦、麤(cū,草鞋,麻鞋之类),履也。自关而西谓之屦,中有木者谓之䩕(字书未见其字)。(卷四)

緉(liǎng,两股绳带交合)、緎,绞也(谓履中绞也)。关之东西或谓之緉,或谓之緎。绞,通语也。(卷四)

禅衣,关之东西谓之禅衣。蔽膝,自关东西谓之蔽膝。袴,关西谓之袴。(卷四)

床,其杠,自关而西秦晋之间谓之杠。(卷五)

案,自关东西谓之案。(卷五)

梧落(luò,盛梧器笼也),自关东西谓之梧落。(卷五)

耸、㬉,欲也。自关而西秦晋之间相劝曰耸,或曰㬉,中心不欲而由旁人之劝语,亦曰耸,凡相被饰亦曰㬉。(卷六)

胹,熟也。自关而西、秦之郊曰胹。(卷七)

自关而西秦晋之间,凡言相责让曰谯(qiào,同诮,责备义)。(卷七)

布谷,自关而西或谓之布谷。(卷八)

鸠,自关而西秦汉之间谓之雎鸠,其大者谓之斑鸠,其小者谓之鶌(字书未

见）鸠，或谓之鵴䲴鸠，或谓之鹘鸠。（卷八）

车枸篓（即车弓），秦晋之间自关而西谓之枸篓。（卷九）

辖（guǎn，包裹在车毂上的金属套，截管状圆环形，或作六角形），关之东西曰辖。（卷九）

蝇，自关而西秦晋之间谓之蝇。（卷十一）

鼅鼄，自关而西秦晋之间谓之鼅蟊（鼅鼄、鼅蟊即蜘蛛）。（卷十一）

箪、篓、……籧也。籧小者，自关而西秦晋之间谓之箪。（卷十三）

𪌉、䴷、䴫、𪌂、䵃、䵆、䵂，曲也。自关而西秦幽之间曰䴷。（䴷，音 cái，酒曲，即酒母；䴫，音 huá，也是酒母；𪌂，音 móu，大麦；䵃，音 pí，成小饼形的酒母；䵆，音 hún，以整颗小麦制作的酒曲；䵂，字书未见）（卷十三）

三、通行于"自关而西、关西"的方言词（45条）

逢、逆，迎也。自关而西或曰迎，或曰逢。（卷一）

幢，翳也（儛者所以自蔽翳也），关西曰幢。（卷二）

苏、芥，草也。自关而西或曰草，或曰芥（关之东西或谓之苏，或谓之荏）。（卷三）

凡草木刺人，自关而西谓之刺。（卷三）

凡饮药傅药而毒，自关而西谓之毒。（卷三）

逞、晓、恔（xiāo，畅快貌）、苦，快也。自关而西曰快。（卷三）

胶、谲，诈也。自关而东西或曰谲，或曰胶。（卷三）

攫，拔也。自关而西或曰拔，或曰攫。（卷三）

斟、协，汁也（谓和协也，或曰渖汁，汁所未能详），关西曰汁。（卷三）

襜褕（chānyú，短衣），自关而西谓之襜褕，其短者谓之短褕；以布而无缘，敝而纺之，谓之褴褛。自关而西谓之祄褊（chōngjué，无缘的直裾短单衣，俗名褊掖），其敝者谓之致（致缝纳敝，故名之也）。（卷四）

汗襦，自关而西或谓之祇裯（亦呼为掩汀也）。（卷四）

釜，自关而西或谓之釜，或谓之鍑（鍑亦釜之总名）。（卷五）

箸筩（zhùtǒng），自关而西谓之桶䅻（tǒngsōng，均为小笼。俗亦通呼小笼为桶䅻）。（卷五）

甔，秦之旧都谓之瓯，自关而西其大者谓之甀，其中者谓之瓿甊。（卷五）

罃甈（qì，小瓦盆）谓之盎，自关而西或谓之盆，或谓之盎，其小者谓之升瓯。（卷五）

瓺（biān，小瓦盆），自关而西谓之瓺，其大者谓之瓯。（卷五）

所以注斛，自关而西谓之注。（卷五）

扇，自关而西谓之扇（据《古今笔记精华录（上）》，风扇始于汉）。（卷五）

饮马橐（tuó，饮马袋子），自关而西谓之裺（ān，饮马器皿）囊，或谓之裺篼，或谓之㝩篼。（卷五）

钩（悬物者），自关而西谓之钩，或谓之鐬（wéi，悬物钩）。（卷五）

㭒（今连架所以打谷者），自关而西谓之棓，或谓之柫。（卷五）

刈钩，自关而西或谓之钩，或谓之镰，或谓之鍥。（卷五）

薄，自关而西谓之薄。（卷五）

槌（悬蚕簿柱也），自关而西谓之槌。（卷五）

簟，自关而西谓之簟，或谓之䶒（zhé，断草，今云䶒葰蓬也），其粗者谓之籧篨（qúchú，用竹篾、芦苇编的粗席）。（卷五）

䈕簹（hángtáng，竹编的粗糙席子），似籧篨，直文而麄（同粗），江东呼笪（dá，用粗竹篾编的像席的东西，用以盖屋或船），自关而西谓之䈕簹。（卷五）

户钥，自关而西谓之钥。（卷五）

繘（yù，汲井水用的绳索），汲水索也。关西谓之繘绠。（卷五）

槌（悬蚕簿柱也），其横者关西曰㮂（㮂音朕，亦名校）；所以县㮂，关西谓之㯓。（卷五）

索，取也。自关而西曰索，或曰狙。（卷六）

贺，儋也。自关而西陇冀以往谓之贺，凡以驴马馲驼载物者谓之负他，亦谓之贺。（卷七）

尸鸠，自关而西谓之服鶝，或谓之鶝鶝。（卷八）

桑飞，自关而西谓之桑飞，或谓之蟏爵（昆虫名）。（卷八）

鹂黄，自关而西谓之鹂黄，或谓之黄鸟，或谓之楚雀。（卷八）

貔，关西谓之狸。（卷八）

獾，关西谓之湍。（卷八）

三刃枝（今戟中有小子刺者，所谓雄戟也），其柄自关而西谓之柲（bì，古代兵器的柄，也泛指器物的柄），或谓之殳（戟柄）。（卷九）

剑鞘，自关而西谓之鞞。（卷九）

车纣，自关而西谓之纣。（卷九）

车釭（gāng，车毂口穿轴用的金属圈），自关而西谓之釭，盛膏者乃谓之锅。（卷九）

舟，自关而西谓之船，泭谓之筏。筏，秦晋之通语也。（卷九）

箭，自关而东谓之矢，关西曰箭。（卷九）

盾，关西谓之盾。（卷九）

轮，关西谓之鞭（zǒng，指车轮）。（卷九）

筑娌，匹也（郭注：今关西兄弟妇相呼为筑里）。（卷十二）

四、通行于"秦、三辅、秦之西鄙"或"秦陇"的方言词（21条）

虔、儇，慧也。秦谓之谩。（卷一）

陶、鞠，养也。秦或曰陶。（卷一）

悼，伤也。秦谓之悼。（卷一）

娥，好也。秦曰娥。（卷二）

逞、苦、了，快也。秦曰了。（卷二）

瘼（mò，指病、疾苦）、瘦，病也。秦曰瘼。（卷三）

胶、谲，诈也。凉州西南之间曰胶。（卷三）

庸谓之倯（sōng，指庸懒、愚蠢。郭璞注：今西北人名懒为倯，相容反），转语也。（卷三）

缗（mín，解衣相被，即将衣物施加于他物之上），施也，秦曰缗。（卷四）

佳、挈、介，持也。秦曰挈。（卷六）

错，摩藏也，周秦曰错。（卷六）

凡尊老，周晋秦陇谓之公，或谓之翁。（卷六）

秦晋之西鄙、自冀、陇而西使犬曰哨。（卷七）

熬、㷅（同炒）、煎、㷅，火干也。凡以火而干五谷之类，关西陇冀以往谓之㷅。（卷七）

𦩑（yíng，用肩挑担）、膂（lǚ，担）、贺，儋也。自关而西陇冀以往谓之贺，凡以驴马馲驼载物者谓之负他，亦谓之贺。（卷七）

脯、晒、晞，暴也。秦之西鄙言相暴僇为脯。（卷七）

偫（chì，住、停留）、眙（chì，直视、目不转睛地看），逗也。西秦谓之眙。（卷七）

鸲鹆，自关而西秦陇之内谓之鸲鹆。（卷八）

蝙蝠，自关而西秦陇之间谓之蝙蝠。（卷八）

车枸篓（即车弓也），陇西谓之䋿。（卷九）

水中可居为洲，三辅谓之淤。（卷十二）

《方言》中列举的这160条涉及西北方言的语词，有些至今还存活在方言中。如：

䂂、奘（zhuǎng，今西北各地仍称粗大为"奘"），大也。秦晋之间凡物壮大谓之䂂，或曰夏。（卷一）

挑捎（tiāosāo，今陕西、甘肃多数地方称挑选最好者为"挑捎"），选也（此妙择积聚者也）。自关而西秦晋之间，凡取物之上谓之挑捎。（卷二）

胶、谲，诈也。凉州西南之间曰胶（今陇中、陇南称奸诈为"狡"，不讲理也称"狡"）。（卷三）

庸谓之倯（今西北各地仍称庸懒为"倯"），转语也。（卷三）

秦晋之西鄙、自冀、陇而西使犬曰哨（今甘肃许多地方使犬仍说"哨"）。（卷七）

熬、㷅、煎、鵃，火干也。凡以火而干五谷之类，关西陇冀以往谓之鵃（bèi，今西北沿用，字写作"焙"）。（卷七）

攈、膍、贺，儋也。自关而西陇冀以往谓之贺，凡以驴马驮驼载物者谓之负他，亦谓之贺（今西北多数地方称"拿"为 hǎ 或 hǎn，或即"贺/荷"字音转）。（卷七）

筏（pá，今西北多数地方仍称简单的渡水器具为"筏子"），秦晋之通语也。（卷九）

第二节 《说文解字》中记载的西北方言

《说文解字》是中国第一本字典，为东汉许慎所著。标明属于方言词的有167个字头，实际辑有方言词191个。涉及西北地区方言的语词为46条。这些语词，有些跟《方言》相同，有些则是许慎自己采集的。凡属于跟《方言》相同的语词，我们在其后注"同《方言》"，后者则不作标注。现将这46条语词胪列于下：

（一）周（洛阳以西）、秦晋、关西、自关以西（共21条，跟《方言》同者占13条）

螭，若龙而黄，北方谓之地蝼。（《虫部》）

鲝，藏鱼也，南方谓之鱼，今北方谓之鲝。（《鱼部》）

周谓之馓，宋谓之䴵。（《食部》）

周人谓饷曰饟。（《食部》）

周谓潘曰泔。（《水部》）

桷，秦名为屋椽。周谓之榱。从木，衰声。（《木部》）

周人谓兄曰晜。（同《方言》）

蚋，秦晋谓之蜹。从虫，芮声。（《虫部》）

秦晋谓儿泣不止曰咷。（同《方言》）

秦晋谓好曰姪，娥姪，长好也。（同《方言》）

嫢，媞也，读若葵。秦晋谓细腰为嫢。（同《方言》）

秦晋听而不闻，闻而不达谓之辟。（同《方言》）

秦晋谓生而聋曰聋。（同《方言》）

篇，书也。一曰：关西谓榜曰篇。从竹，扁声。（《竹部》）

锤，关西谓之枱。（同《方言》）

槌，关西谓之枱。（同《方言》）

栱，槌之横者也。关西谓之楲，缀落也。（同《方言》）

关西呼镰为钩。（同《方言》）

逆，迎也。关东曰逆，关西曰迎。（同《方言》）

自关以西物大小不同谓之傜。（同《方言》）

自关以西，凡取物之上者为挢捎。（同《方言》）

(二) 关中、三辅、秦（共23条，跟《方言》同者占9条）

削，刀鞘也。江南音啸，关中音笑。（同《方言》）

锤，关中谓之槌。（同《方言》）

关中谓天为袄。（同《方言》）

粤，亟词也。从亏，从由。或曰粤，侠也。三辅谓轻财者为粤。（《亏部》）

鬲，秦名土釜，曰鬲，从鬲，牛声，读若过。（《鬲部》）

雅，楚乌也，一名鸒、一名卑居。秦谓之雅。从隹，牙声。（《隹部》）

衰，艸雨衣也，秦谓之萆。从衣，象形。（《衣部》）

夃，秦以市买多得为夃，从乃，从文，益至也。（《文部》）

厂，仰也，从人在厂上，一曰屋梠也，秦谓之桷。（《厂部》）

秦名为屋椽，周谓之榱，齐鲁谓之桷。（《木部》）

楣，秦谓屋檐联。从木，眉声。（《木部》）

秦谓坑为埂。从土，更声，读若井汲绠。（《土部》）

舜，艸也，楚谓之葍，秦谓之藑。蔓地连华。象形，从舛，舛亦声。（《舜部》）

杇，所以涂也。秦谓之杇，关东谓之槾。从木，亏声。（《木部》）

菱，芰也，从草，凌声。秦谓之薢茩。（《艸部》）

秦谓蝉蜕曰蚕。从虫，巩声。（《虫部》）

笔，楚谓之聿，吴谓之不律，燕谓之弗，秦谓之笔。从聿，从竹。（《聿部》）

秦人谓相谒而食麦曰馈饐。（同《方言》）徐锴《说文系传》云："相谒，相见后设麦饭以为常礼，犹今人相见饮茶也。"

䈰，饭筥也，受五升。秦人谓筥曰䈰。（同《方言》）

蛤，秦人谓之牡厉。（同《方言》）

眄，目偏合也。一曰衺视也。秦语。（同《方言》）

辕，大车簧也。秦声度若辕。（同《方言》）
秦谓陵阪曰阺。（同《方言》）

（三）陇西、凉州、西方（3条，均同《方言》）
陇西谓犬子曰猶。（同《方言》）
凉州谓鸎为鷪，莫结切。（同《方言》）
咸地，西方谓之卤。（同《方言》）

《说文》中记载的上述语词中，有小部分至今仍然在西北方言中延用。如：
秦晋谓儿泣不止曰咷。
自关以西，凡取物之上者为拚捎。
肳，秦以市买多得为肳，从乃，从文，益至也。
秦人谓筥曰筲。笔者按：即今"笊篱"。

另，据不完全统计，《释名》中有数条与今西北语通或涉及西北语者，胪列于下：
锸，或作铧。（《释名》）
少妇谓长妇曰姒，言其先来已，所当法也。长妇谓少妇曰娣，娣，弟也，已后来也。（《释名》）
姑谓兄弟之女曰侄。（《释名》）
楅，扼也。所以扼牛颈也。（《释名》）
矛头下曰鐏，关中谓之鐏，音子乱反。（《释名》）
镝，关西曰釭，釭，铰也，言有交刃也。（《释名》）
輗，关西曰轹，言曲轹也。（《释名》）

除《方言》《说文解字》《释名》外，《尔雅》也有涉及西北的一些方言词。据今人华学诚的研究，《尔雅》中总共有142个方言词语。《尔雅》将秦晋、梁益列为一个方言区，涉及该方言区的方言词有31个，占总数的近22%[①]。

第三节 汉代史籍及各种注疏文献中的西北方言

如前所述，"西北"是分布面较广的地域概念，在《方言》《说文》中，所指大致都是具体方位。[②] 实际上，古代文献中所称的北方、北土、西北等大地域之方言，也与"西北"方言密切相关。有些当时流行于局部地区的称谓，后来变成通语，现在依然保存在唇吻中。如："兄弟之子，北土人多呼为侄。"（《颜氏家

---

① 罗常培、周祖谟《汉魏晋南北朝韵部演变研究》第一分册，科学出版社，1958年。
② 华学诚《周秦汉晋方言研究史》，复旦大学出版社，2003年版。

训·书证》）这是说隋唐之"北土"人的称谓，尚为方言词，而今为通用词。过去是方言词语的，有些现在依然是方言词语。如："柹，札也，今江南谓斫削木片为柹，关中谓之札，柹音敷废反。"（释玄应《一切经音义》十引《三苍》）"江南谓斫削木片为柹"，柹音敷废反，今音当为"pī"，或即"劈"字，这也是方言变为通语之例。但关中谓"斫削木片"为"札"，今依然为西北方言词，未成通语词。

下面，将这一阶段的西北方言分"见于史籍者"与"见于注疏者"两部分阐述。

一、见于史籍者

周人谓鼠未腊者朴。（《战国策·秦策》）

神君者，长陵女子，以子死悲哀，故见神于先后宛若。（《史记·孝武本纪》）笔者按："先后"即妯娌，至今西北仍说"先后"。

武帝择宫中不中用者，斥而归之。（《史记·外戚传》）笔者按："不中用"指昏聩者。至今西北仍沿用。

三辅谓日出清济为宴。（《史记·武帝本纪》）

关中俗谓桑榆藂生为葆。（《史记·天官书》）

秦二世欲漆其城，优旃曰："佳哉漆城：光荡荡，寇来不敢上。"（《史记》）笔者按："光荡荡"即平滑光亮，今西北人语转为"光堂堂"，"堂"读去声。

三辅谓山陵间为衍也。（《史记·封禅书》）

幽州及汉中皆谓老妪为媪。（《史记·高祖本纪》）

彭蠡即猪。（《史记·夏本纪》）笔者按："猪"即都，意为"拥水之野"。

宣曲任氏独窖仓粟。（《史记·货殖传》）笔者按：此"窖"为动词，今西北方言沿用。"窖"也做名词，为存粮之所。又，"乃幽武，置大窖中"（《汉书·苏武传》），此"窖"为大窑，今陇中人家用以储水。

委琐握龊。（《史记·司马相如传》）

形弊者不当关灸镵石及饮毒药也。（《史记·仓公传》）

匈奴名冢曰逗落。（《史记·匈奴传》）

天下壤壤，皆为利往。（《史记·货殖传》）

三辅谓牛蹄处为躅。（《汉书·叙传》）

隃，遥也，三辅言也。（《汉书·赵充国传》）

三辅谓山阪间为衍，娣姒关中为先后。（《汉书·郊祀志》）

三辅间名栋为极。（《汉书·天文志》）

关西俗谓得杖呼及小儿啼呼为姁。（《汉书·灌夫传》）

三辅谓忧愁面省瘦曰嫶冥。（《汉书·外戚传》）

秦称民曰黔首。（《汉书·光武帝本纪》）

秦陇间谓父曰翁。（《汉书·高帝本纪》）

冯翊呼葵音如谁。(《汉书·武帝本纪》)
京师人谓粗屑为纥头。(《汉书·陈平传》晋灼注)
关西人谓补满为适。(《汉书·黄霸传》)
西方谓亡女婿为丘女婿。(《汉书·楚元王传》)
关中俗妇呼舅为钟。(《汉书·广州王传》)
鸧鸹也,今关西呼为鸹鹿。(《汉书·司马相如传》)
北方人名匕曰匙。(《汉书·地理志》)
三辅间名栋为极。(《汉书·天文志》)
我两子亦中丞相史。(《汉书·薛宣传》)笔者按:"中",能够、可以。
清行出俗,能干绝群。(《后汉书·孟尝传》)笔者按:"能干",今通语。
羌人谓奴为无弋。(《后汉书·西羌传》)
婚姻相称曰亲家。(《后汉书·应奉传》)
亭长使夺其牛,康即与之。使者欲奏杀亭长,康曰:"此自老子与之,亭长何罪?"(《后汉书·韩康传》)笔者按:"老子"之称,今蜀语惯用,西北人也自比"老子"詈人。
滇零等招集诸杂种。(《后汉书·西羌传》)笔者按:《陔馀丛考》曰:"俗骂人曰杂种。"今西北人仍以"杂种"詈人。

二、见于注疏者

(一) 郑玄注、笺中的西北方言

郑玄(公元127年—200年),字康成,北海高密人,东汉时期训诂家,师事著名经学家马融,撰有《周礼注》《仪礼注》《礼记注》《诗经毛传笺》等。

周人谓颡为申。(《礼记·檀弓》郑玄注)
"秦人犹、摇声相近。"犹,当为摇,声之误也,秦人犹摇声相近。(《礼记·檀弓》郑玄注)
"周秦谓至为实。"实,当为至,此读周秦之人声之误也。(《礼记·杂记》郑玄注)
武冠,卷也,秦人曰委,齐人曰武。(《礼记·杂记》郑玄注)
"秦人谓溲曰潃。"秦人溲曰修,齐人滑曰瀡也。(《礼记·内则》郑玄注)
今河间以北煮种麦卖之,名曰逢。(《周礼·天官·笾人》郑玄注)
嗟嗟,美叹之词。《诗·商颂·烈祖》:"嗟嗟烈祖。"《郑笺》云:"重言嗟嗟美叹之深。"笔者按:"嗟""加"古音同在歌部。
敬畏曰吓。《诗·大雅·桑柔》:"反予来赫。"郑笺云:"口拒人谓之赫。"郑笺:"许嫁反。昹同。"

媒氏掌万民之判。(《周礼·地官》)郑注云:"判,半也,得耦为合,主合其半,成夫妇也。"

二手执桃匕枋以挹湆。(《仪礼·有司彻》)郑注云:"桃谓之歃,读如或舂,或扰之扰字,或作桃,秦人语也。"

易值子谅之心油然生矣。(《礼记·祭义》)郑注云:"油然,物始生好美貌。"

穿窦窖。(《礼记·月令》)郑注云:"椭曰窦,方曰窖。"

襌为絅。(《礼记·玉藻》)郑注云:"有衣裳而无里。"

饲鸟兽曰萎。《诗·小雅·鸳鸯》笺:"则委之以莝。又通餧。"《礼记·月令》:"餧兽之药。"郑注云:"餧者,啖之也。"

(二) 高诱及其他学者注疏中的西北方言

掇,拾也。亦含短而易取之义。(《淮南子·要略》高诱注)

神笠鸟,秦人谓之祝祝。(《淮南子》高诱注)

舌,铧也,轻舟谓之铧,有刃也,三辅谓之鎘也。(《淮南子·精神训》高诱注)

穮,读曰优,柫块椎也,三辅谓之佁,所以复种也。(《淮南子·氾论训》高诱注)

茯,荫也,三辅人谓休华树下为茯也;楚人树上大本小如车盖状为越,言多荫也。(《淮南子·精神训》高诱注)

雏札,秦人谓之祀祝。(《淮南子·说林训》高诱注)

扑,持也,三辅谓之扑;扑,读南阳人言山陵同。(《淮南子·时则训》高诱注)

颜回对曰:"不可飨者,煤炱入甑中,弃食不祥,攫而饭之。"煤,室烟尘之煤也。(《吕氏春秋》高诱注)

关中呼夫之殳曰妃。(《吕氏春秋》高诱注)

挟读曰朕,三辅谓之挟。(《吕氏春秋》高诱注)

芰,秦人谓之薢茩。(《楚辞》王逸注)

踊,豫也,齐人语,若关西言浑矣。(《公羊传·僖十年》何休注)

輞,罔也,罔罗周轮之外也;关西曰𫐓,言曲揉之也;或曰䡅,䡅,绵也,绵连其外也。(《释名·释车》)

镝,敌也,可以御敌也;齐人谓之镞,镞,族也,言其所中皆族灭也;关西曰铰,铰,交也,言有交刃也;其旁曰羽,齐人曰卫,所以导卫矢也。(《释名·释兵》)

关中谓纣曰缅。(《考工记》缅人注)

秦晋之间谓之子,或谓之鏙。其大者,秦晋谓之曼胡其,曲者谓之句子。(《考工记》冶氏疏)

秦人谓蓼风为旨风。皇氏曰:"秦人谓疾风为旨风。"(蔡邕《月令章句》)

极，屋梁也，三辅名为极。或曰：极，栋也，三辅间名栋为极。(《汉书·天文志》应劭注)

梁益之间所爱谓肥。(《汉书·邹阳传》应劭注)

秦陇间谓父曰翁。(《汉书·高帝本纪》应劭注)

冯翊呼葵音如谁。(《汉书·武帝本纪》应劭注)

尊章犹言舅姑，今关中俗，妇呼舅姑为钟钟者，章声之转也。(《汉书·广川王传》应劭注)

第四节　魏晋南北朝文献中的西北方言

据史载，魏、蜀、吴三国鼎立时期，曹魏一直统治的地区为雍州（今关中之地）、秦州、凉州（均属于今甘肃省）三州，蜀统治今陕南及今陇南一带。西晋时期，西北境设凉州、秦州，雍州三州以及凉州西北部、司州西南部今潼关、武关以西地区。南北朝时期，西北地区先有后秦、西秦两个政权，后为北魏、西魏、北周的统治地区。在400多年的时间中，西北一直处在动荡之中。唯河西保持较长时期的相对稳定，经济一度繁荣，人口基本升降幅度不大。汉族已经成为西北的主体民族，汉语自然也成了强势语言。研究这一阶段的西北方言，主要依据这一阶段的史志文献及郭璞等注疏家的训释文献，如郭璞《方言注》《尔雅注》，孟康的《汉书注》等。这些注释的方言材料非常重要，因为郭璞作注，是以晋时言语为根据的，通过被注和注释之言语的比较，就可稍求得汉晋言语之流变。

任嘏与人共买生口，各雇八匹，后生口家来赎，时价直六十匹，嘏取本价八匹。(《三国志·魏书·王昶传》)笔者按：马曰生口，于今而然。

姚苌立苻坚神主，请曰："陛下虽过世为神，岂假手于苻登而图臣，忘前征时言耶？"(《晋书·苻登载记》)

豫章太守史畴，以大肥为笨伯。(《晋书·羊曼传》)

小儿时尤粗笨无好。(《宋书·王微传》)

太庙四时祭荐用起面饼。(《南齐书·礼志》)

北俗谓土为托，谓后为跋。(《魏书·序纪》)

古人谓藏为去，今关中犹有此音。(《魏志》裴松之注)

娥、嬿，好也。……自关而西秦晋之间故都曰妍。(卷一)晋代郭璞注："秦旧都，今扶风雍邱也，其俗通呼好为妍。"笔者按：据郭注，汉代到晋代本说法是一致的。

杙，橜也。关中言阿杙。(《尔雅》郭璞注)

秦人曰诿，楚人曰讴。(《尔雅·释诂》郭璞注)

鬻，凉州呼鈔。按：孙炎注："凉州谓䤀为鈔。"（《尔雅·释器》郭璞注）

西方人呼蒲为莞。蒲，西方亦名蒲，中茎为蒿。（《尔雅·释草》郭璞注）

杻似棣，材中车辆。关西呼杻子曰土橿。（《尔雅·释水》郭璞注）

鼶鼠，身长须而贼，秦人谓之小驴。（《尔雅·释兽》郭璞注）

罴，关西呼曰貑罴。（《尔雅·释兽》郭璞注）

鼩鼠，形大如鼠，头似兔，尾有毛，青黄色，好在田中食粟豆。关西呼为鼩鼠。（《尔雅·释兽》郭璞注）《正义》引《尔雅》郭注："关中呼鼩音瞿。"今本《尔雅》注云"关西呼为鼩鼠"，见《广雅》。

本草，云天门冬，秦名羊韭。（《尔雅·释草》疏引）

关西俗谓得杖呼及小儿啼呼为咆（bó）。（《汉书·灌夫传》晋灼注）

三辅谓忧愁面省瘦曰燋冥。燋冥犹燋妍也。又云："漆漆物谓之髹，今关西俗云黑髹盘，朱髹盘。"（《汉书·外戚传》晋灼注）

秦称民曰黔首，呼奴为苍头者，以别于良人也。（《汉书·光武帝本纪》应劭注）

京师人谓粗屑为纥头。（《汉书·陈平传》晋灼注）

关西人谓补满为适。（《汉书·黄霸传》孟康注）

蓫薚，马尾。今关西呼为当陆。（《尔雅·释草》郭璞注）

石涅即矾石也，楚人名为涅石，秦名为羽涅也。（《山海经·西山经》郭璞注）

羆，似熊而长头高脚，猛悍多力，能拔树木，关西呼曰貑罴。（《尔雅·释兽》郭璞注）

西方谓亡女婿为丘女婿，丘，空也。（《汉书·楚元王传》孟康注）

关中俗妇呼舅为钟。（《汉书·广川王传》师古注）笔者按：张澍认为《汉书》中的"尊章"，犹言"舅姑"。今关中俗妇呼舅，姑为钟。钟者，章声之转也。则汉代之"妇呼舅为钟"在清代中期仍有保存。

鸹鸹也，今关西呼为鸹鹿。（《汉书·司马相如传》注）

寄生者，芝菌之类，雨淋之日着树而生，形有周圜象蔞数者，关中俗呼为寄生。（《汉书·东方朔传》注）

关中俗谓桑榆孽生为葆。（《史记·天官书》集解引如淳）

关西人谓补满为适。（《汉书·循吏黄霸传》注引孟康）

三辅谓忧愁面省瘦曰燋冥，燋冥犹燋妍也。（《汉书·外戚传》注引晋灼）

北方人名匕曰匙。（《汉书·地理志》苏林注）

极，屋梁也，三辅间名栋为极。或曰：极，栋也，三辅间名栋为极。（《汉书·天文志》李奇注）又《枚乘传》孟康注："西方人名屋梁为极。"《文选·张衡〈西京赋〉》薛综注："三辅名梁为极。"

三辅谓山陵间为衍也。（《史记·封禅书》李奇注）

幽州及汉中皆谓老妪为媪。（《史记·高祖本纪》文颖注）

瓞名㼤，小瓜也；汉中小瓜曰㼤。(《诗·大雅》正义、《尔雅·释草》邢疏引《尔雅》舍人注)

　　首蓿，一名怀风，时人或谓之光风，茂陵人谓之连枝草。(葛洪《西京杂记》)

　　菰之有米者，长安人谓之雕胡。葭芦之未解叶者，谓之紫蘀，菰之有首者，谓之绿节。(《西京杂记》)

　　菲，似葍，幽州人谓之芴，今河内人谓之宿菜。(陆玑《毛诗疏》)

　　藻，水草也，谓之聚藻，扶风人谓之藻聚。(陆玑《毛诗疏》)

　　黄鸟，黄鹂留也，或谓之黄栗留，幽州人谓之黄莺，齐人谓之抟黍，关西或谓之黄袍。(陆玑《毛诗疏》)

　　薇，周秦曰蕨。(陆玑《毛诗疏》)

　　鸤鹉，关西谓之桑飞，或谓之韈雀，或曰巧女。(陆玑《毛诗疏》)

　　鹡鸰颈下，黑如连钱。杜阳人谓之连钱。(陆玑《毛诗疏》)

　　秦人谓柞栎为栎。(陆玑《毛诗疏》)

　　莙，扶风人谓之藻聚。(陆玑《毛诗疏》)

　　徛，步桥也，今关西呼徛。(《尔雅·释宫》)

　　屦，九遇反，关西呼履谓之屦。(陆德明《释文》)

　　北人名水皆曰河。(陆德明《释文》)

第二章 隋唐宋元明时期的西北方言文献

隋唐时期，长安是世界经济、文化的一个中心都市，当时的西北地区，在政治、经济、军事上都具有重要的地位，方言当然也是共同语的代表。宋元明时期，首都东移，政治、经济、文化中心也逐步转移到东部地区。但西北方言依然是通语（后期称为官话）。自隋迄明，时代久远，然方言文献明显不足。据有关资料，唐代敦煌人张太素曾撰写过《敦煌方言》一书，惜不传。这一阶段的西北方言文献，史书中比较少。也许是距今较近，且语词基本为通语之故。征之现代方言，笔者从史籍中零星搜检到如下数则：

亲家："（萧嵩）子衡尚新昌公主，嵩妻入谒，帝呼为亲家。"（《新唐书·萧嵩传》）

衰苶："是时居易足病废，宰相李德裕言其衰苶不任事。"（《新唐书·白敏中传》）

邋遢："形容邋遢。"（《新唐书·王伾传》）

长坑："冬月皆作长坑。下燃煴火以取煖。"（《旧唐书·高丽传》）笔者按："坑"一作"炕"。

侮弄、出气："诸伶每侮弄缙绅，群臣愤疾，莫敢出气。"（《五代史·伶官传》）笔者按："侮弄"为"欺侮、戏弄"之义，与"派（也作排）治"同。今西北人常说："你覅侮弄人。"又例中的"出气"也为西北方言词，含义为"泄愤"。《陔馀丛考》载："俗语以泄愤为出气。"

骟马："当尽去宦官，至于骟马，亦不可骑。"（《五代史·郭崇韬传》）

迟："迟将军到，亮得无已得陈仓乎？"（《资治通鉴·魏明帝太和二年》）又："（谢）鲲近日入觐，主上侧席，迟得见公，宫省穆然，必无虞也。公若入朝，鲲请侍从。"（《资治通鉴》卷第九十二）笔者按：以上例句中的"迟"均为"等到"之义。这个义项在普通话中也已消失，但在甘肃定西一带，口语中常有"迟"为"等待"的用法，如"迟一下 [hɑ]，耗（不要）急"。

精爽："恪将入之夜，精爽扰动，通夕不寐，又家数有妖怪，恪疑之。"（《资治通鉴》卷第七十六）又："结时年一百七，精爽不衰。"（《资治通鉴》卷第一百一十九）笔者按："精爽"是精力旺盛，身体爽利之谓。如今在甘肃中部地区使用最多。如定西人问候别人说"这向（指这阵子）精爽着没？"或"娃娃精爽着没?"

地土:"又闻契丹旧酉走入夏国,借得人马,过黄河,夺了西京以西州军,占了地土不少。"(《燕云奉使录》卷九)

"(赵良嗣)对以'两朝既是通好如一家,已许了地土,乃是信义人情……'"(《燕云奉使录》卷一四)

兀室云:"与了地土,又要人户,却待着个什么道理?"(同上)

这一阶段的西北方言文献,首先,集中地反映在《集韵》《广韵》等韵书及玄应、慧琳等释家有关音义的著述中(下简称"音义"),因为其中明显指出了与西北相关的地域名称。其次,反映在王梵志诗歌中。再次,反映在敦煌文书中。其中的方言词语,基本都是比合时下存留的说法判定出来的。第四,反映在这一时段的注疏文献中。第五,反映在元曲中。下面,我们分别从韵书及释家音义中的西北方言、王梵志诗歌中西北方言、敦煌文书中的西北方言、注疏文献中的西北方言、元曲中的西北方言这五方面进行例举。

第一节 韵书及释家音义中的西北方言

一、韵书中的西北方言

仍,因也,关中语。(《集韵》之《平声一、七》引《说文》)

胡谓神为祆,关中谓天为祆。(《集韵·平声三》)

秦晋之间凡细而有容谓之魏。(《集韵·上声上四·纸》)

秦晋谓好曰忓。(《集韵·平声二》及《二十五·寒》)

馒胡,戟也,秦晋语。(《集韵·去声上二十九·换》)

关西呼轮曰轃(zǒng,车轮)。(《集韵·去声上十二·霁》)

关西呼蜀黍曰稻黍。(《集韵·上声下三十二·皓》)

稻,秔也,关西语。(《集韵·上声下三十二·皓》)

耳,仍拯切,耳也。关中河东语。(《集韵·上声下四十二·拯》)

关中谓目汁曰泪。(《集韵·入声上六·术》)

颐臣,曳来切,颔也。关中语或省。(《集韵·平声二、十六·咍》)

挼,儒邪切,揉也。关中语。(《集韵·平声三、九·麻》)

扐(lì,捆绑),缚也。关中语。(《集韵·入声下二十四·职》)

歌,企夜切,张口息也,关中谓权卧为歌。(《集韵·去声下四十·祃》)

关中谓癯(qú,瘦)为顒颔(即憔悴)。(《集韵·入声上六·术》)

关中谓病相传为疡。(《集韵·入声下二十二·昔》)
关中谓买粟麦曰籴(dí,买入谷米)。(《集韵·入声下十八·药》)
关中谓瘫疽为滅(同㲎,水名)。(《集韵·去声下五十二·沁》)
关中谓孩子曰孾。(《集韵·去声下四十三·映》)
夫之兄为妐,一曰关中呼夫之父曰妐,或省(作公),通作钟。(《集韵·平声一、三·钟》)
晨,旦也,关中语。(《集韵·平声二、十七·真》)
秎(fèn,收获,刈获),穧也,关中语。(《集韵·平声二、二十·文》)
槲,木名,关中谓楮为槲。(《集韵·入声上四·觉》)
关中谓蛇虿毒曰㥩(dé,蛇蝎毒),或书作蚨。(《集韵·入声下二十五·德》)
汉中呼鸡为雂(jīn,鸡),或从鸟。(《集韵·平声四、二十一·侵》)
四,息七切,音悉。关中谓四数为悉。(《集韵》)
西域谓诵曰呗。(《集韵·去声上·十七·夬》)
关西呼镰为钩也。(《广韵·下平声十九·侯》引《说文》)
北方谓土为拔。(《广韵·去声三十八·个》)
鶗鴂(tíguī,杜鹃鸟),鸟名,关西曰巧妇,关东曰鸋鴂(nínguī)。(《广韵·入声十六·屑》)
伱(同你),秦人呼旁人之称,乃里切。(《广韵·上声七·尾》)
跑,秦人言蹴。(《广韵·入声四·觉》)
秦人呼过为逪也。(《广韵·上声·三十四果》)
蓏(lā)蒾(字典中未见其字),秦人呼萝卜。(《广韵》)
锄,查辖切,秦人云切草。(《广韵》)
秦人谓蜉蝣为渠略。(《广韵》)
堇,蕫也。今三辅之言犹然。(《广韵》)
鹠鹠(xiūliú),鸠鸱也,关中呼训侯(同侯)。(《广韵》)
爹,北方人呼父,徒可切。又:爹,羌人呼父也。(《广韵·下平声九·麻》,又《上声三十三·哿》)

二、释家音义中的西北方言

柿,札也,今江南谓斫削木片为柿,关中谓之札,柿音敷废反。(释玄应《一切经音义》十引《三苍》)
篾,蔑也,今蜀土及关中皆谓竹篾为蔑,音弥。(释玄应《一切经音义》十引《声类》、十五引《声类》:"篾,蔑也,今中国蜀土人谓竹篾为篾也。"篾,音

弥)

关西以逐物为趁也。(释玄应《一切经音义》十九引纂文)

齩，啮也，江南曰齩，下狡反。齩又作齩，同五狡反，齩，啮也，关中行此音；又下狡反，江南行此音。(释玄应《一切经音义》)

芌，乙馀反，今关西言芌，山东言蔫，蔫音于言反。(释玄应《一切经音义》十)

穄，大黍也，似黍而不黏，关西谓之糜是也。(释玄应《一切经音义》十一引《苍颉篇》)

矜求谓之蚑蛷也，关西呼蛷溲为蚑蛷。蛷音求，溲，所诛反。(释玄应《一切经音义》九引《通俗文》)

瘈（zhì，痢疾），赤利病也，关中多音滞。(释玄应《一切经音义》。又：瘈，又作膌，同竹世、丁计二反。关中音侈)

关内以鹦烂堆也。(释玄应《一切经音义》二十二引《纂文》)（据记载，《纂文》为南朝宋何承天纂，南北朝时盛行，现已失传）

槩（gài，同概，杚斗斛），平斗斛木，江南行此音，关中工内反。(释玄应《一切经音义》)

捞，借音，力导反。关中名磨，山东名捞，编棘为之，以平块。(释玄应《一切经音义》)

削，刀鞘也，江南音啸，关中音笑。(释玄应《一切经音义》)

蛎蛤，燕雀所化也，秦曰牡蛎。(释玄应《一切经音义》十六引《字林》)（《字林》为晋人吕忱纂，南北朝时盛行，明初亡佚)）

传横目，三辅曰结缕，今关西饶之，俗名句屡草也。(释玄应《一切经音义》十四引《尔雅》孙炎注)

今关中谓麦屑坚者为麧（hé，麦糠里的粗屑，多用指粗食）头，江南呼为䵳（zhí，磨碎后未分筛为面与麸的麦屑）子。(释玄应《一切经音义》)

掣电，阴阳激耀也，关中名规电。(释玄应《一切经音义》)

栌薄，柱上方木也，山东江南皆曰枅，自陕以西曰楮。枅，音古奚反。(释玄应《一切经音义》一引《三苍》、十四引《三苍》："柱上方木曰枅，一名楮（tà，柱上支承大梁的方木，即枓）；山东江南皆曰枅，自陕以西曰楮。"）

箭金，箭镞也，关西名箭金，山东名箭足，或言镝，辨异名也。(释玄应《一切经音义》)

糜（mí，糜子），字体作"糜、糜"二形，同忙皮反，禾䕣也，关西谓之糜，冀州谓之穄也。(释玄应《一切经音义》)

占匐，秦言黄花树也，其树高大，花气远闻。(释玄应《一切经音义》)

螫（shì，毒虫或毒蛇咬刺），舒赤反，虫行毒也，关西行此音，又呼各反，山东行此音，又知列反，东西通语也。（释玄应《一切经音义》）

蜥蜴，斯历反，下音亦，山东名曰虫束虫觅，陕以西名壁宫，在草者曰蜥蜴也。（释玄应《一切经音义》）

虿，丑芥反，毒虫也，山东呼为蝎，陕以西呼为虿。（释玄应《一切经音义》）

髯，而甘反，江南行此音，如廉反，关中行此音。（释玄应《一切经音义》）

羆，似熊而头高脚长，猛憨多力，能拔木，关西呼为豭（jiā，公猪，雄性动物）熊也。（释慧琳《一切经音义》三十一引郭注《尔雅》）

彗星，关中呼为伎女草，此妖星光如伎女草形，所指之分有灾，或作"篲"，古作"菩"。（释慧琳《一切经音义》十引《占书》）

第二节 王梵志诗歌中的西北方言

闻："闻强造功德，吃着自身荣。智者天上去，愚者入深坑。"（《世间日月明》）闻强：趁身强健时。"闻"即"趁"。又："闻身强健时，多施还须吃。"（《人生一代间》）

"闻"当是唐人俗语。敦煌写本《庐山远公话》云："不如闻早，须造福田，人命刹那，看看过世。""闻早"也是"趁早"。

遭罪："佛家用语，指犯下罪孽。"《法苑珠林》卷一〇八《破戒篇》："我等白衣，无惭无愧，公然遭罪，书夜匪懈。"

当家："用钱索新妇，当家有新故。儿替阿耶来，新妇替家母。"（《用钱索新妇》）

当家是唐人俗语，犹云主持家计。

努眼："夜眠游鬼界，天晓即营生。两两相劫夺，分毫努眼睁。"（《秋长夜甚明》）

努眼："民间俗语，犹云怒目。"唐僖宗时童谣："金色虾蟆争努眼，翻却曹州天下反。"（见《全唐书》卷八七八）

袄子："家贫无好衣，造得一袄子。中心□破毡，还将布作里。"（《家贫无好衣》）"袄子"即棉衣，今陇右常说。

打门："主人相屈至，客莫先人门。若是尊人处，临时自打门。"（《主人相屈至》）

打门，犹敲门，是唐人俗语。敦煌写本《韩朋赋》："使者下车，打门而

25

唤。"今西北方言称"敲门"为"打门"。

不中："生时同毡被，死则嫌尸妨。臭秽不中停，火急须埋葬。"（《生时同毡被》）不中，犹言不可，不宜。又见王梵志诗："急手涂埋却，臭秽不中停。"（《吾死不须哭》）

展脚："行行展脚卧，永绝呼征防。生促死路长，久住何益当？"（《生时同毡被》）

展脚为民间俗语，词义从伸脚睡卧，转作死亡解。又："阳坡展脚卧，不来世间事。死去长眠乐，常恐五浊地。"（《暂时自来生》）今陇右常言。

门限："世无百年人，强作千年调。打铁作门限，鬼见拍手笑。"（《世无百年人》）

门限，即门坎，"限"音 hàn，去声，今陇南人常说。

生受："关山千万里，影绝故乡城。生受刀光苦，意里急惶惶。"（《相将归去来》）

生受，即活活忍受，今陇人常言。

判命："闻好不惜钱，急送一槛酒。前人许赐婚，判命向前走。"（《身体骨崖崖》）

判命，俗谓拼命，不顾一切也。《东都事略·章惇传》："能自判命者，能杀人也。"今西北人常说。"判"字或作"拚"，音 pàn。

了手："春人收粮将，舐略空唇口。忽逢三煞头，一棒即了手。"（《身体骨崖崖》）

了手，俗谓完结、完毕。敦煌写本《李陵变文》："诛陵老母妻子了手，所司表奏于王。"今西北人常说。

肥统统："不肯逍遥行，故故相缠缚。满街肥统统，恰似鳖无脚。"（《童子得出家》）

肥统统，俗语，肥胖臃肿貌，今陇右常言。

"书"的韵读："世间何物贵？无价是诗书。了了说仁义，寓夫都不知。深房禁婢妾，对客夸妻儿。青石礉行路，未知身死时。"（《世间何物贵》）

据民国中期白涤洲《关中方音调查报告》①，"书"字，关中各地读音均注如 shi 或 zhi，与"知""儿""时"叶韵。可证唐时关中方音"书"读 shi 或 zhi。

些子："他人骑大马，我独跨驴子。回顾担柴汉，心下较些子。"（《他人骑大马》）

"较些子"意谓较好些。"些子"，唐代口语，些微、些许之义。敦煌写本

---

① 见白涤洲《关中方音调查报告》，第184页。

《父母恩重经讲经文》："尽驱驰，受煎煮，岂解酌量些子许。"今陇右方言常言。

隐："梵志翻着袜，人皆道是错。乍可刺你眼，不可隐我脚。"（《梵志翻着袜》）

"隐我脚"，《王梵志诗校辑》① 注释："谓伤我脚。隐，伤痛也。"此说可商榷。比照今西北方言，"隐"当为"垫、硌脚"义，于义更吻合。

第三节 敦煌文献中的西北方言

一、涉及西北语音的敦煌文献

香音："生死大唐好，喜难任。齐拍手，奏香（仙）音。"（《献忠心》之一）"仙"抄本作"香"，系方音音同致误。今河西武威市大部分、张掖市个别地方凡 an 韵都读作 ang 韵，ian 韵都读作 iang 韵。说明抄录者带进了当地方言。可能原词本不错，而是抄录者按方音抄写致误。

泪无雨："无人语，泪无（如）雨。"（《天仙子》）"如"抄本作"无"，系方音音同致误。证之以现代方言，兰州、张掖、陕西部分地区均读"如"为"无"音。"荷叶排青哭（出）"（《失调词》），今张掖市读"出"如"哭"，兰州读音也近"哭"。

壮："崇恩亡后衣服，白绫袜壹量，浴衣一，长绢裤壹，赤黄绵壮裤壹腰，京褐夹长袖壹，独织紫绫壮袄子壹领，紫绫裙衫壹对。"（《敦煌契约文书·僧崇恩析产遗嘱》）"壮裤"就是棉裤，"壮袄子"就是棉袄，即装进去"绵"的衣服。"壮"本字当为"装"。"壮"与"装"的常见读音声调不同，实际上"装"除了读平声侧羊切外，又读去声侧亮切，与"壮"读音相同。"装"的去声读音为非常见音，所以文化水平较低的文书书写者在选用字的时候，用了读音相同的字，这种情况直至今天亦如此。西北以外其他地区，尚未见到有这样的说法，故推测为西北方言词。《大词典》《唐五代词典》等辞书皆未收录。

二、涉及西北词汇的敦煌文献

从："须索琵琶从理。"（《敦煌曲子词·洞仙歌》）"从"是重新开始的意思，本句意为从新弹奏。现西北方言普遍说"从做、从来"之类，含义没有变化。

过与："莫把真心过与他。"（《抛球乐》）"过与"就是"给予"。也说"过

---

① 见张锡厚《王梵志诗校辑》，中华书局，1983 年版。

给"。甘肃中西部地区的人都说这个词,如"把彩礼过给人家了""你把钱好好儿过够(你好好儿地把钱给足了)"。

生:"每恨诸蕃生留滞,只缘把截寇仇多,抱屈争奈何?"(《望江南》)"生"有"强迫、胁迫"之义,同"生生地、硬硬地"。这在甘肃中西部地区还是常用词。"把截"意思是"拦路抢劫"。这个词还存活在河西方言中。如"碰上了把截犯,把钱抢走了"。

生分:"辞父娘了,入妻房,莫将生分向耶娘。"(《捣练子》)生分,含义为"不密切、不亲近、有隔阂或矛盾"。又:"君去前程但努力,不敢放慢向公婆。"(同上)"慢"含义为"急慢","放慢"即表现出急慢。这个词语在甘肃普遍使用。

无治:"懊恼无知(治)呈肝胆,留心会合待明时。"(《阿曹婆》)"知"当为"治","无治"含义为"没办法",也说"没治"。现在西北人都说"无治"或"没治",如"这病无治了""这个人好得没治了(这人特别好)"。

尽:"弯弓如月射双雕,马蹄到处尽云消","行人南北尽歌谣。"(《望远行》)"尽"是"全部、都"之义,"尽云消"指"云都消散了","尽歌谣"是"全是歌谣"。这个"尽"字,在今西北方言中通用。

滩:"鬼神类,万千般,变化如来气力滩,任你前头多变化,如来不动一毛端。"(《鬼神变文》)"滩"是"痑(tān,马疲乏)"的假字,《广韵·上平声二十五寒》:"痑,力极,他干切。""痑"与"滩"同音。白居易《长恨歌》"幽咽泉流冰下滩"之"滩"同此。今甘肃及西北方言均有此用法。

抆:"老去和头全换却,少年眼也拟抆将。"(《地狱变文》)唐人俗语"抉取目"为"抆"。"抆眼睛"之说,在甘肃乃至于西北都普遍存在。

判:"如有判命相随,火急即须投募。"(《伍子胥变文》)《敦煌变文集》改"判"为"拚"。徐震堮先生说:"拚字唐人皆作判,判字不烦改。"① 又"丈夫出塞命能判"(《李陵变文》),"九族潘遭违敕罪,死生相为莫忧身"(《捉季布传文》),"若能取我眼睛,心里也能潘得;取我怀中怜爱子,千生万劫实难潘"(《太子成道经》)。其中"判"字音近而讹,写成"潘"字。"判命"之说,在甘肃乃至于西北都普遍存在。

差池:"纤毫差驰(池),臣可得全要领?"《降魔变文》"差池"的意思是"跟某种标准有一定的距离"。兰州话至今常说:"这个差池得很。"

浑论:"甲仗全身尽是金,刀剑浑论纯用铁。"(《降魔变文》)"红楼半映黄金殿,碧瓺浑沦白玉成。"(《大目干连冥间救母变文》)"浑论、浑沦"含义均为

---

① 徐震堮《敦煌变文集校记补正》《敦煌变文集校记再补》,《华东师大学报》,1958 年,第 1、2 期。

"整个、完全",即浑然一体。《列子·天瑞篇》:"浑沦者,言万物相浑沦而未相离也。"① 这个词语在甘肃乃至于西北都普遍存在。

爱:"时时爱被翁婆怪,往往频遭伯叔口真。"(《父母恩重经讲经文》)又:"阴圾(坂)爱长席箕掇,口谷多生没咄浑。"(《王昭君变文》)其中"爱"均为"经常、总是"之义。在西北方言中,这个义项依然存在。如"这个学生爱迟到""他说话爱讽刺人""这条路爱翻车"等等。

亭:"家财分作于三亭。"(《目连变文》)又:"才亡三日早安排,送向荒郊看古道。送回来,男女闹,为分财不停怀懊恼。"(《无常经讲经文》)前例"亭"与后例"停"含义相同,都是"等份"的意思。这个字在西北方言中常用。

停藤、藤:"发言时只要停藤,税调处直如(须)稳审。"(《维摩诘经讲经文》)又:"诚(试)乖斟酌亏恩义,稍错停腾失纪纲。"(《故圆鉴大师二十四孝押座文》)这两例中的"停腾(藤亦同腾)"都是"延迟一下"的意思。"停""腾"同义,西北方言中二字都可单用。如陇南话常说:"甭急,腾一下,吃锅儿烟再走。""腾"读去声。可见"停腾"是并列复合词。

闻早:"莫待此身有疾病,即宜闻早使心怀。"(《维摩诘经讲经文》)"须知浮世俄尔是,闻早回心莫等闲。"(《欢喜国王缘》)例中"闻早"就是"趁早、赶早"。"闻"即"趁、赶"的意思。张相先生《诗词曲语辞汇释》一书已指出,《大词典》相沿。西北方言保留着"闻"的"趁、赶"之义,陕西关中、陕北、山西运城、离石、宁夏、甘肃、新疆等地口语中皆有,例如离石话:"闻早滚蛋!"此外,河南西华、开封、商丘、太康等地口语亦存。

立客:"女答:立客难发遣,展褥铺锦床,请君下马来,模模便相量。"(《下女词》)"立客"即站立的客人。本句中指在马上骑着的客人。陕北方言存"立客"一词,有俗语云"立客难待",意思是家中来的客人客气地站着不肯坐下,主人就感到难以招待,故言之。陕北作家柳青《创业史》(第一部)中有用例:"'坐!你坐嘛!'姚士杰往椅子里推高增福,'立客难待。你看全家都站在这里,你一坐,他们就各做各的去了。'"(上卷,第十一章)但是口语中没有与此相对的"坐客"之说。"立客"一词,《大词典》未收录。

劙(lí,割,划开):《张义潮变文》:"千人中矢沙场殪,铦锷劚(劙)坠贼头。""劚"是"劙"的形近而误,是分割的意思。《说文解字》:"劙(lí,割,划开),剥也,划也。"段注:"《方言》:'劙(lí,用刀、斧等利器切割或剖分开),解也。'劙与劙双声义近。"今河西方言存这一词。例如:"这块肉太大了,再劙上一刀就好了。"在陇南方言中,"劙"常做补语,如"胶布粘得太紧了,

---

① 杨伯峻《列子集释》,中华书局,1979:6。

好一阵才扯弿"。"弿"相当于"开"。

唵："季布幕中而走出,起居再拜叙寒温。上厅抱膝而呼(鸣)足,唵土叉灰乞命频。"(《捉季布传文》)"唵"是用手掌抓着东西往嘴里塞。《广韵·感韵》中有解释:"唵,以手进食也。"其他文献也有用例。例如《菩萨本缘经》:"犹如田夫愚痴无智,远至妻家,道路饥渴,既入其舍,复值无人,即盗粳米满口而唵。"用这个词的时候,吃的东西必须是粉末状或颗粒状的食物,在饥饿的状态下使劲大口地吃。吃流食、馒头之类的东西,不能说"唵"。

坌土："正见雀儿卧地,面色恰似坌土,脊上缝个服子,髾髩亦高尺五。"(《燕子赋》)"坌土"即尘土。《广韵·恩韵》:"坌,尘也。亦作'坋'。""坋"字出现得较早。《说文·土部》:"坋,尘也。"他书中亦见用例。例如《弥勒下生成佛经》:"其地润泽,譬若油涂,行人往来,无有尘坌。"陇南话中有"这娃娃在阿里(哪儿)滚了一身坌土,还不快脱了去"。

三、涉及西北语法的敦煌文献

"V去":"妇闻雀儿被杖,……走向狱中看去。"(《燕子赋》其一)"看去"而非"去看",这跟西北方言的语序正合。宋明文献中,这种语序也常见。如:"相公坐着逍遥去,高高凉伞下遮阴。"(《包待制出身传》)明成化《说唱词丛刊》)

些子:"早求生,速抛此,莫厌闻经频些子,须知听法是津梁,若阙津梁怎到彼?"(《无常经讲经文》)其中"些子"是"一些子"的简缩,含义同"一些"。在甘肃中部方言中,"些子"常用。如"饭吃些子、家务做些子"之类。

疑问词"那":"其医人忽尔抬头,见此中官,更言曰:'阿娥到底是那?'"(《维摩诘经讲经文》)"阿娥到底是那"语系倒装,含义是"到底是阿娥吧"。"那"是疑问语气词,相当于"吗"。在甘肃岷县、临夏诸地,这个"那"不仅常用,而且"阿娥到底是那"的语序没有改变。如"你大夫是那(你是大夫吗)"。

重叠词"闲闲":"且见八九个男子女人,闲闲无事,目连向前问其事由之处。"(《大目干连冥间救母变文并图一卷并序》)"闲闲"就是闲暇、等闲的意思。又:"闲闲无一事,游城郭外来。"《目连变文》:"闲闲夏泰礼贫道,欲说当本修伍因。"这二例"闲闲"亦为闲暇之义。《燕子赋(乙)》:"口衔长命草,余事且闲闲。""闲闲"在现代西北方言中仍然使用。如陕北绥德话"无闲闲拾得个灯瓜瓜"这句俗语,意思是无意当中招揽来一些是非、闲事。又如甘肃方言:"人闲闲的,倒急得很","他闲闲的为啥不叫做去?""闲闲"《汉语大词典》(下简称《大词典》)未收。

重叠词"下下":"夫子共项托对答,下下不如项托;夫子有心煞项托,乃为诗曰……"(《孔子项托相问书》)"下下"是"下"的重叠使用,即每一下、每一次、回回。王重民先生"校记"云:"甲、戊两卷'下下'作'一一'。'下下'与'一一'意同,'下下'更合北方口语。""下下"与"一一"语义上是有区别的。"一一"是一个一个地、逐一的意思,侧重数量;"下下"是动量词,表示每一次、每一回。陕北、四川成都、云南昆明、思茅、贵州清镇亦存此说法。例如贵州清镇:"下下都打在靶心上。"①《汉语方言大词典》"下下"条无此义。

第四节　隋唐宋元明注疏文献中的西北方言

一、隋唐注疏文献中的西北方言

棣,常棣也,其子熟时正赤色,子可啖,俗呼为山樱桃,陇西人谓之棣子。(《急就篇》颜注)

蛤,在家者身麓而短,走迟,北人呼为蝎虎,即是守宫;在野者身细而长,走尤疾,南土名为蚚蜥,即是蜥蜴。(隋《玉烛宝典》)

北方言屈丐者,卑下也。(《北史·夏赫连氏传》)

北人谓归义为豆卢。(《北史·周豆卢传》)

今关中俗呼二更三更为夜央、夜半,此盖古之遗言,谓夜之中耳。(《匡谬正俗·一》)

今痛而呻者,江南俗谓之呻唤,关中俗谓之呻恫,音同,鄙俗言失恫者,呻声急耳,太原俗谓呻唤云通,此亦以痛而呻吟,其义一也。(《匡谬正俗·六》)

关中俗谓发落头秃为椎。(《匡谬正俗·六》)

梠(lǚ,屋檐),秦名屋绵联,楚谓之梠也。(《文选·景福殿赋》李注)

秦俗以雨为衢。(唐《荀子·王霸》杨注)

江南所贡之米,今北俗通呼白米曰江米。(《李贺诗注》)

野狐丝,挺有蔓草生色白,花微红,大如栗,秦人呼为野狐丝。(《酉阳杂俎》)

秦中多居黑蚁,好斗,俗呼为马蚁。(《酉阳杂俎》)

蕺,秦人谓之菹子。(《北户录》)

---

① 见许宝华、宫田一郎主编,复旦大学、日本京都外国语大学合作编纂《汉语方言大词典》第十卷,中华书局,第309页。

关中呼淫羊藿为三枝九叶草。(《本草·苏颂图经》)

二、宋元明注疏文献中的西北方言

黄鹂,关中谓之楚雀。(《侯鲭录》)

关中读中为烝。(《贡父诗话》)

西北方言以堕为妥。(北宋《苕溪渔隐丛话》)

秦人以钴䥗(gǔmáng,熨斗)为锉䥬。(《太平御览》七百五十七引《纂文》)

蚬,小黑虫,赤头,三辅谓之缢女。此虫多,民多缢死。(《太平御览》九百四十八引孙炎《尔雅》注)

骡,北方或曰冈。(《太平御览》九百一引《广志》)

楰(yú,木名),鼠梓,其树叶木埋如楸,山楸之异也,今人谓之苦楸,湿时脆,燥时坚,今永昌人谓鼠梓,汉人谓之楰。(《太平御览》九百五十八引《毛诗疏义》)

陇以西以犬为獒。(《太平御览》九百四引《纂文》)

署豫,一名诸署,秦楚名王延,齐赵名山芋,郑越名土储,一名修脆,一名儿草。(《太平御览》引吴普《本草》)

关中人以腹大为胍肫,胍音孤,肫音都,俗因谓杖头大者为胍肫,后讹为骨朵。(《宋景文笔记》)

北人谓向为望。(《老学庵笔记》)

北人食面名馎饦(bótuō,古代用面或米粉制成的食品,制法形式不尽相同)。(《猗觉寮杂记》)笔者按:据《古今笔记精华录(上)》,"面"始于王莽:《学斋占毕》云:"《九经》中无'面'字。"《周礼》所称只是如今炒麦,至王莽始有唻面之文。据此则面始于王莽时矣。吾乡有"唻口儿"之说,为"嚼零食"之义,可见"唻"字于今尚用。

北人以罗勒为香菜。(《猗觉寮杂记》)

蟪蟟之小而绿色者,北人谓之蟪(qín,一种绿色小蝉)。(《梦溪笔谈》)

秦人谓豹曰程子,至延州,人至今谓虎豹为程,盖言虫也,方言如此,抑亦旧俗也。(《梦溪笔谈》)

穈字音门:"穈字音门,以其色命之也。《诗》'有穈有芑',今秦人音门,穈音之讹也。"(《梦溪笔谈》)

穈,黍属,赤黍谓之穈,音门。今河西人用"穈"字而音"穈"。(《梦溪笔谈》)

中尚书本秦官，尚音上。今谓之常书者，秦人音也，至今秦人谓尚为常。（《笔谈补》）

今秦人谓尚为常。（《梦溪补笔谈》）

西北人谓马岁为齿。（《靖康缃素杂记》）

秦中谓三月为樱笋时。（《能改斋漫录》）

秦人以水骤长为霸长。（宋《长安志》）

秦声谓虫为程。（《明道杂志》）

秦人谓豹曰程。予至延州，州人至今呼虎豹为程。方言如此，抑亦明旧俗也。（《梦溪笔谈》）

南郑俚俗谓父曰老子，虽年十七八有子，亦称老子。乃悟西人所谓"大范老子"，盖尊之以为父也。（《老学庵笔记》）

秦讹青字，则谓青为萋，谓经为稽。（《老学庵笔记》）

潘邠老曰"花妥莺捎蝶"，妥音堕，乃韵，邠老不知秦音，以落为妥上声，如曰"雨妥、花妥"之类。少陵，秦人也。（《邵氏闻见后录》）

关中语音，以中为蒸。向敏中镇长安，土人不敢卖蒸饼，恐触中字讳也。（刘攽《中山诗话》）

八米，关中语。岁以六米、七米、八米分上、中、下，言在谷取八米，取数之多也。（西溪丛语》）

关中谓雹曰白雨。（明《表异录》）

𢧢，音荐，屋斜用𢧢。（《字汇》）笔者按："𢧢房"至今使用，指用杠杆原理将柱子撑起使直立。

裯、周、雕、蜩，皆从周得声，当音条，今关中亦呼寝褥为条子。（明《转注古音略》）

秦人呼土窟为土空。（明《韵会小补》）

第五节　元曲中的西北方言

《元曲》中涉及的西北方言词语较多，至今还在沿用。例如：

铺持："剪了靴檐，染了鞋面作铺持。"（《调风月》二折《上小楼》）

铺持，指妇女平时积攒的用以缝补、粘鞋面、鞋底之类的布片或布块之统称。现在还是西北方言的常用词，陇南人音转为"铺陈"。如"隔壁的二女离婚了，从婆家卷回来一大堆铺持"。

不好:"(张千云)有个相公染病,请你看一看。""(太医云)你那病人不好几日了?""(张千云)不好七日了。"(《张天师》二折《楔子》)

"不好"就是"生病了",这在整个西北都通用,山西许多地方也常用。

精:"还有精着腿无个裤儿穿的。"(《黑旋风》三折)

"当日雪片席来大,衣服向身上剥,井水向阶下泼,膝儿精砖上过。"(《酷寒亭》三折《骂玉郎》)

"精"是"光"的意思,指仅此无别。这个词在甘肃乃至于西北通用,如"精脚片子"指没穿鞋袜,"碗里精面没菜"指只有面条没有一点儿菜,等等。

豁恶气:"他和我做杀死冤仇,我和他决无干罢处……我可便豁恶气连叫了两三声。"(《神奴儿》三折《醉春风》)

"呀,来来,把这厮豁恶气建您娘一顿,可知道家贫显孝子。"(《三夺槊》三折《双调新水令》)

"豁恶气"指发泄心中的怨忿、仇恨。这在西北方言中常用。陇南话中,"豁恶气"减缩为"豁气",如"你在别处受气了,凭啥给我豁气"。

扎挣:"你老人家放精神着,你扎挣着些儿。"(《窦娥冤》第二折)

"扎挣"即今语"挣扎"。在西北方言中,还说"扎挣"。如"跌了一跤,好半天才扎挣起来"。

包弹:"西洛张生多俊雅,不在古人之下。若爱诗书,素闲(娴)琴画,德行文章没包弹。"(《西厢记·诸宫调》之《赏花时》)

"也没首饰铅华,自然没包弹。淡净的衣服儿扮得如花,天生更一段儿红白,便周昉的丹青怎画!"(《墙头花》)

"包弹"即"挑剔"之义,西北方言仍沿用。

静办:"我的女儿在家,也受不得这许多气,便等她嫁了人去,倒也静办。"(李行道《灰阑记》)

"既然她两个要去,省得在我耳朵根边,终日子曰、子曰,伊哩乌芦的,这般吵闹,倒也静办。"(元人《冻苏秦》)

"静办"是"清静"的意思,在西北方言中常用,陇南、陇东等地说"静潘"。

元杂剧、散曲与口语关系密切,运用了较多的方言,是研究近代方言的重要资料。此外,《水浒传》《西游记》《金瓶梅词话》等文学作品中也涉及西北方言词语,如:

合口:"你不和谁合口?叫起哥哥来时,他却不肯干休。"(《水浒传》三十七回)"合口"即"争执、争吵"之义,甘肃各地都使用,如"我不愿连(跟)你合口,可惜嘴巴了"。

声唤:"行者飞来后面,隐隐的只听见唐僧声唤,忽抬头,见那步廊下四马攒蹄捆着师父。"(《西游记》五十五回)

"是夜,常闻邻房有人声唤。勋至晚问店小二:司壁声唤的是谁?"(《喻世明言》卷十六)

一滑(一带):"这一滑,多管是少人行山路凹凸。"(赵礼《让肥》一折)

一操(一遭):"你和他打了这一操,他如今不来寻你,就是你的造化了。"(《燕青博鱼》一折)"操"是"遭"的同音借用字。

水米无交:"河南府有个能吏张鼎,刀笔上虽则是个狠偻罗,却与百姓每水米无交。"(《勘头巾》二折)

"小生平日之间,与人水米无交。"(《刘弘嫁婢》楔子)"水米无交"指没有经济上的往来。

合气(合口):"员外,我今日为孩儿张林不孝顺,与老身合气。"(《灰阑记》楔子)又:"怎么我这眼连跳又跳的,想是夫人又来合气了。"(《潇湘雨》四折)

前已述及,"合口"即"争执、争吵",例见《水浒传》。"合气"亦作"豁气"。

伴当:"仆从,伙计。兀那厮!甚么娘子官人!我是夫人,他是我的伴当。"(《争报恩》楔子)

"伴当"为"仆从,伙计"之义,今陇南还用。

背时:"世做的背时序,且一半惺惺一半儿愚。"(《伍员吹箫》二折)笔者按:"背时"在古代指不合时宜。唐刘玉锡《酬乐天见寄》云:"背时犹自居三品,得老终须卜一丘。"现在表示一个人倒霉,运气不好,做事不顺。在陕甘方言中常用。

款:"发村,使狠,甚的是软款温存!"(《西厢记》五本三折)

宋元常用的语词"款"有会话义。朱熹《答范文叔》:"去岁相见不款,未得尽所欲言。"(《晦庵集》卷三十八,文渊阁四库全书本)又《与章侍郎》:"向来从游不款,至今抱恨。"(同上《续集》卷三)以上例句中的"款"均为"会谈"之义。这个义项在普通话中已经消失了,但在方言中依然存在。甘肃中部会宁、通渭、静宁等地日常口语中还普遍使用。

张狂:"手张狂,脚列趄,探身躯将丹桂折。"(《贬夜郎》四折)又:"一个个眼张狂似漏了纲的游鱼,一个个嘴卢都似跌了弹的斑鸠。"(《救风尘》二折)

"张狂"本义为"慌张,忙乱",在今陕甘方言中义转为"狂",多指由性所为。

35

团着:"我团着,这妮子做破大手脚。"(《董西厢》三)又:"争奈他家不自出,我团着,情取个从今后为伊瘦。"(《三古轮台曲》)

"团着"为"猜着,想着"之义,今西北常用。

慕古(暮古):"包龙图往常断事曾着数,今日为官忒慕古。"(《蝴蝶梦》二折)又:"堪笑山儿忒暮古,五世空将头共赌。"(《李逵负荆》三折)

"慕古(暮古)"为"胡涂"之义。"慕"一作"暮",意同,今西北常用。

中 编

近代西北方言文献述要

第三章　近代西北方言研究之专著

有清一代是小学极其繁荣的时代，许多知名学者都运用丰富的文献学知识撰写了许多调查、辑录和考证方言俗语的著作。民国初年，在国学大师章太炎的影响下，方言学者在方言研究上成就也很显著，刊布了一些学术质量颇高的专著。概括地说，清代及民国期间的方言学著述可分三种类型，一种是以考证某一词语的历史渊源为目的，旨在指出某一方言词语最初见于何书，或出自何人所撰著作，寻找所谓"初见"。张澍之《秦音》、李恭的《陇右方言发微》实际就属于此类。第二种是续补扬雄《方言》的著作，如杭世骏的《续方言》、张慎仪的《续方言新校补》和《方言别录》、章太炎的《新方言》等，这类著作大都引经据典，就古文献资料探求古方言词语。第三种是以某个地点方言或区域方言的方言俗语作为调查考证对象的，如李实的《蜀语》、张慎仪的《蜀方言》、李鼎超的《陇右方言》等。

专门研究西北方言的专著，主要有清代后期武威张澍的《秦音》，民国中前期武威李鼎超的《陇右方言》、语言学家罗常培的《唐五代西北方音》、天水冯国瑞的《关西方言今释》，民国后期天水李恭的《陇右方言发微》、庆阳慕寿祺的《甘宁青恒言录》（又名《甘宁青方言录》）、陕西范紫东的《关西方言钩沉》等。此外，西北之外的学者也有部分记录西北方言的专著，如张慎仪的《蜀方言》、章太炎的《新方言》等，其中尤其以《蜀方言》纪录"秦陇方言"最多。因此本编将张澍的《秦音》、李鼎超的《陇右方言》、李恭的《陇右方言发微》、罗常培的《唐五代西北方音》、范紫东的《关西方言钩沉》、张慎仪的《蜀方言》及章太炎的《新方言》七种方言著述专门各列一节，辑录、注释、分析和探讨。

第一节　张澍的《秦音》

张澍，字介侯，甘肃武威县人。乾隆甲寅乡举后留京肄业。嘉庆己未成进士，选翰林院庶吉士，散馆，授贵州玉屏知县。旋代理遵义，颇有政绩。澍以亲老欲迎养，不果，谢病旋里，主兰山书院讲习。十五年起病赴选，援告近例，得铨选四川屏山知县。此后，调署大足、铜梁、南溪等县。丁艰归，起复，授江西永新、泸溪县。道光乙酉，丁母忧。服阕，改陕西武功县，有惠政。后卒于陕。澍性直方，博学强记，于书无所不读，精考据，为海内名家。所至辄征文考献，尝修屏山、大足、泸溪各县志乘。著有《续黔书》《二酉堂丛书》《姓氏寻源录》《辨误》《说文引经考证》《秦音》等二十多种书刊行于世。武威主事潘挹奎曰："其《姓氏寻源》《辨误》二种，经学、史学、谱学一以贯之，前此未尝有也。"长安尚书允升谓"其宏材显学，唏渊颉云，一时讲汉学者，无不推崇云"(《王煊诗文集》下册之《张介侯传》，有节缩①)。

张澍所著《秦音》，见于《明清未刊稿汇编初辑》屈万里、刘兆佑主编之《张介侯所著书》第十七册。中华民国六十五年七月初版，据国立中央图书馆珍藏明清未刊稿本影印，联经出版事业公司1976年影印版。另，南京图书馆藏有《秦音》(1册)之影印本，据此，笔者于2005年得到了此影印本的复印本。

古代的"秦音"就是"关陇方言"("关陇"指今陕西关中、甘肃)，与今天的西北方言也"不甚相远"，相合者多。正如甘肃镇远慕少堂（1875—1948）纂修的《甘宁青方言录》(民国稿本)序中说："清道光时武威张澍取群书，为秦陇人口吻者，札记之为一编，曰《秦音》，而陇音在其中矣。"又，在慕寿祺（少堂）纂，钱史彤、焦国理等修《重修镇原县志》中说："刘歆《西京杂记》云：'长安市人语各不同，……'清道光时武威张澍纲取群书，为秦陇人口吻者简记之，为一编目曰《秦音》，而泾州镇原在其中矣。镇原语带秦音，其所由来者久矣。"

据笔者统计，《秦音》8500余字，词条342条，涉及专著53册，其中语言文字类著作13部。这些著作是：《说文》42条、《方言》165条、《尔雅》注12条、《释名》3条、《广韵》4条、《集韵》1条、《广雅》3条、《篆文》4条、《玉篇》1条、《字林》2条、《三苍》1条、《通俗文》1条、《仓颉篇》2条。涉及史书及相关注疏10余。包括：《汉书》注17条、《史记》注5条、《左传》疏1条、《公羊传》注1条、《山海经》注1条、《吕氏春秋》注3条、《通鉴》注1条。其余各书录1—4条不等。书的最后部分辑录了陕西《临潼县志》《延绥县志》等志书中的方言词语。

下引《秦音》一书的小序、《秦音》所记的部分音义类及杂著类的西北方言材料，还有《秦音》选录的个别志书中记载的西北方言之内容。

（一）《秦音》小序

《诗纬含神雾》云："秦地处仲秋之位，男懦弱，女高臁，身白色，音中商，其言舌举而仰，声清而扬。"刘歆《西京杂记》云："长安市人语各不同，有萌

---

① 王潜源主编，邓明校注《王煊诗文集》(上下册)，甘肃省人大办公厅印刷，1997年12月。

芦语、镞子语、纽语、炼语、三折语，通名市语。"昔杨伯起作《关辅古语》，荀爽作《汉语》，惜其书不传。今去古尘邈矣，其事物称谓屡经变更，然寻其指归，多沿于往昔，亦有凡猥俗子随意杜撰，无复典实，究其极亦方言之绪也。予于长夏无事，刺取群书，为秦陇人口吻者札记之，为一编目曰《秦音》，亦谓此吾秦人之语云尔。

（二）《秦音》记载了《方言》中与陕甘有关的165个词条，因前文已有相关内容，此从略。辑自史书及史书注者29条（比《陕西通志》之14条多15条），也从略。其余148条，大都摘自语言类专著，列举如下（《秦音》体例是先举书，再记条目，这里因之。另，原作中张澍的按语均写作"桉"；拼音及解释为笔者所加。后文中的拼音及解释同此）。

《说文》："锤，关中谓之椎，关西谓之栉（zhé）。"

《说文》："筲，饭筥也，受五升，秦人谓筥曰筲。"

《说文》："鬴（同锅），秦名土釜。"

《说文》："凉州谓鷰为鸍，莫结切。"

《说文》："自关以西，物大小不同谓之傜。"（今查此句未见《说文》，而在扬子《方言》中）

《说文》："釭（gāng，车毂口穿轴用的金属圈），车毂头铁也。"桉：《方言》云："车釭，自关而西谓之釭，盛膏者乃谓之锅。"

《说文》："陇西谓犬子曰犹。"

《说文》："削，刀鞞也，江南音啸，关中音笑。"

《说文》："雅，楚鸟也，一名䳡，一名卑居，秦谓之雅。"

《说文》："衰草，雨衣也，秦谓之箪。"

《说文》："蛤，秦人谓之牡厉。"

《说文》："逆，迎也。关东曰逆，关西曰迎。"

《说文》："槌，关西谓之栉。"桉：《方言》云："关西谓之样。"

《说文》："自关以西，凡取物之上者为挢捎。"桉：亦见《方言》。

《说文》："秦以市买多得为叞。"

《说文》："栚（zhèn），槌之横者也，关西谓之㮯，缫落也。"桉：《方言》云"关西曰㮯"。又《吕览》高注："挟，读曰胅，三辅谓之胅。"与《方言》合。

《说文》："眄，目偏合也，一曰袤视也。"秦语。

《说文》："关中谓天为袄。"

《说文》："秦晋听而不达谓之䏿。"

《说文》："轃（zhēn，古代大车箱底板上的衬垫），大车簀也，秦声读若臻。"

《说文》:"三辅谓轻财者为甹（pīng，豪侠）。"桉：所谓侠也，今人谓轻生曰甹命，即此甹字也。

《说文》:"周人谓兄曰䛆（kūn，兄）。"

《说文》:"秦晋谓儿泣不止曰唴。"桉：亦见《方言》。

《说文》:"秦晋谓好曰娙（xíng，女子身长而美好），长好也。"

《说文》:"嫢（guī，腰细而美），媞（shì，巧慧）也，读若癸。"秦晋谓细腰谓嫢。桉：《集韵》:"秦人谓细腰曰嫢，音巨癸切，小也。"《方言》:"秦晋之间谓细而有容曰嫢。"

《说文》:"秦谓陵阪曰阺。"

《说文》:"篇，书也，一曰关西谓榜曰篇。"桉：关西谓之篇，字同扁。

《说文》:"仰也，从人在厂上。一曰屋梠也。"秦谓之桷。

《说文》:"楣，秦谓屋枃为联。"

《说文》:"帬（同裙），下裳也。"帔帬，农谓帬帔也。

《说文》:"秦人谓相谒而食麦曰䭑䭃。"桉：《方言》注:"今关西人呼食欲饱曰䭑䭃。"徐锴《说文系传》云:"相谒相见后设麦饭以为常礼，犹今人相见饮茶也。"

《说文》:"盐，西方谓之卤。"

《说文》:"秦谓坑为堩。"

《说文》:"蕣（shùn，木槿，锦葵科，落叶灌木），秦谓之薐（qióng，旋花，旋花科，多年生缠绕草本）。"

《说文》:"桷，秦名为屋椽，周谓之榱。"桉：《释文》引《说文》云:"秦曰榱，周谓之椽。"

《说文》:"杇，所以涂也，秦谓之杇，关东谓之槾。"

《说文》:"芰，秦谓之薢茩。"桉：《尒疋·释草》郭注:"芰，关西谓之薢茩。"又王逸《离骚经章句》:"芰，秦人曰薢茩。"

《说文》:"秦谓蝉蜕曰蚚。"

《说文》:"蚊，秦人谓之螨。"

《说文》:"不律，秦人谓之笔。"

《说文》:"关西呼镰为鉤。"桉：今《说文》无此语，《广韵》引。

《说文》:"秦晋谓生而聋曰聋。"

《山海经》郭璞注:"矾石，秦人谓之羽涅。"

《尔雅·释兽》郭璞注:"罴，关西名猳罴。"

《尔雅·释草》:"传，横目。"孙炎曰:"三辅曰结缕。"今关西饶之，俗名句屡草也。

《尔雅》郭璞注："杕，檕也，关中言阿枳。"

《尔雅·释器》郭璞注："鸯（qín，同甑），凉州呼鉹（chǐ，甑）。"桉：孙炎注："凉州谓甑为鉹。"

《尔雅·疏》引《本草》云："天门冬，秦名羊韭。"

《尔雅·释草》郭璞注："西方人呼蒲为莞蒲，西方亦名蒲，中茎为蒿。"

《尔雅·释草》舍人注："汉中小爪曰瓞。"

《尔雅·释水》郭璞注："杻，似棣，材中车辋。关西呼杻子，一曰土橿。"

《尔雅·释兽》郭璞注："鼳（jú，兽名，亦称'鼳鼠'），鼠身，长须而贼，秦人谓之小驴。"

《尔雅·释兽》郭璞注："鼫（shí，动物名）鼠，形大如鼠，头似兔，尾有毛，青黄色，好在田中食粟豆。"关西呼为鼩鼠。桉：《正义》引《尔雅》郭注："关中呼鼩音瞿。"今本《尔雅》注云："关西呼为鼩鼠。"见《广雅》。

《礼记·杂记》注："武，冠卷也，秦人曰委。"

《礼记·杂记》注："周秦谓至为实。"

《仪礼·有司彻》云："二手执桃匕，枋以挹湆。"注："桃谓之歃，读如或春，字或作'桃'，秦人语也。"

《礼记·檀弓》注："周人谓颡为申。"

《礼记·内则》注："秦人谓溲曰滫（xiǔ，酸臭的陈淘米水，引申为污水）。"

《礼记·乐记》注："秦人犹摇声相近。"

《诗·东门之池》释文："西周人谓绩为缉。"

《考工记》涠人注："关中谓纣曰緧。"

《考工记》冶氏疏："秦晋之间谓之子，或谓之鏞，其大者，秦晋谓之曼胡，其曲者，谓之句子。"桉：说本《方言》。

《月令·章句》："秦人谓蓼风为旨风。"皇氏曰："秦人谓疾风为旨风。"

《西京杂记》："菰（gū，茭笋）之有米者，长安人谓之雕胡。"

《三苍》："栌榑（bó，壁柱），柱上方木也，山东江南曰枅，自陕以西曰楷（tà，柱上支承大梁的方木，即枓）。"

《纂文》："关中西以书篇为书钥。"

《纂文》："关中以鹦为鹦滥堆。"

《纂文》："匾，匧薄也，今俗呼广薄为匾匧，关中呼匧。"

《纂文》："秦人以钴鏻为锉𨨛。"

《通俗文》："矜求谓之蚑蛷也，关西呼蛷溲为蚑蛷。"桉：《声类》云："多足虫也。"

《苍颉篇》:"穄(jì),大黍也,似黍而不黏,关西谓之糜。"
《苍颉篇》:"槤栌,三辅举水具也,即汲水者也。"
《字林》:"关西谓蝎曰虿。"
《字林》:"渐,米汁也,江南名潘,关中名泔。"
《释名》:"矛头下曰镦,关中谓之鐕,音子乱反。"
《释名》:"镝,关西曰釭。釭,铰也,言有交刃也。"
《释名》:"辋,关西曰軨,言曲軨也。"
《匡谬正俗》:"呻唤,关中谓呻恫。"
《集韵》:"四,息七切,音悉,关中谓四数为悉。"
《广韵》:"過也,秦人呼过为過也。"
《广韵》:"铡,查辖切,秦人云切草。"
《广韵》:"秦人谓蜉蝣为渠略。"
《广韵》:"堇(jìn,灰堇),堇也,今三辅之言犹然。"
《广韵》:"鸺鹠(xiūliú),鸱鸮也,关中呼训矦。"
《本草》:"薯蓣生于山者名山药,秦楚之间名玉延。"
《玉篇》:"秦人谓裙为繻。"
阴宏道《周易新传疏》:"络丝之器,今关西谓之络垛,音堕。"
《贤愚经音义》引《说文》:"蝥,行毒虫也,关西行此音。"
《贤愚经音义》:"瘈(zhì,痢疾),赤利病也,关中多音滞。"桉:《音义》后又云:"关中音侈。"
《大智度论经音义》:"墙,关中多呼作竿。"
《大智度论经音义》:"椎,关东谓之槌,关西谓之柠。"桉:见《说文》。
《大智度论经音义》:"诡尾,变诈也。"若齐都云诡旦,关西曰诡诈是也。
《大智度论经音义》:"芋,乙馀反,关西言芋,山东言蔫,音于言反。"
《贤愚经音义》:"桥宕,徒浪反,犹上也,高昌人语之讹耳。"
《僧护因缘经音义》引《方言》:"爇(同炒),火干也,秦晋之间或谓之爇。"
《四分律音义》:"翤,《集韵》音式之反,陕以西皆言诗也。"
《四分律音义》:"陂,池也。山东名泺,今关中亦名泺,幽州名淀。"
《杂阿毗昙新论音义》引《说文》云:"揣量,敌揣也,关中行此音。"
《辟支佛因缘论音义》:"今高昌人谓闻为曼。"
《佛本行集经音义》:"关西以逐物为趁。"
《佛本行集经音义》:"髯,如廉反,关中行此音。"
《瑜伽地师论音义》:"今关中谓麦屑坚者为纥头。"

《达磨俱舍论音义》:"江南谓斫削木片为柹,关中谓之札,或曰肺札。"

《吕氏春秋》高诱注:"关中呼夫之父曰妃。"

《吕氏春秋》"阳山之穄"高诱注:"穄,字体作'𪎭、𪎭'二形,同忙皮反,禾屬也,关西谓之穈,冀州谓之穄也。"

《吕氏春秋》高诱注:"具挟曲云:'挟读曰朕,三辅谓之挟。'"

《淮南子·精神训》许慎注:"臿,三辅谓之鍝。"桉:一引高诱注:"鍝,臿有刃,三辅谓之鍝。"

《淮南子·氾论训》许慎注:"櫼,三辅谓之台。"

《淮南子》"具朴曲"高诱注:"薄,持也。三辅谓之朴。"桉:高氏注《吕览》作"挟",此作"朴",疑讹。

《淮南子·精神训》许慎注:"三辅人谓休华树下为茠。"

《淮南子·说林训》许慎注:"雏(zhuī)礼,秦人谓之祀祝。"

《淮南子》高诱注:"神笠鸟,秦人谓之祝祝。"桉:一作"祀祝"。

《楚辞》王逸注:"编柎(fǔ),秦人曰拨。"

《穆天子传》郭璞注:"莞蒲,齐语耳。"关西云莞音丸。

《荀子》杨倞注:"律,理发也。"今秦俗犹以枇髮为栗。

《荀子·王霸篇》杨倞注:"衢涂,歧路也,秦俗以两为衢。"

《启颜录》:"关中下俚人呼水为霸。"桉:一引下俚人言音,谓水为霸。

李肇《国史补》:"关中人呼稻为讨,呼釜为付,皆讹谬所习,亦曰坊中语也。"

《匡谬正俗》云:"《说文解字》云:'央,中也。一曰久。'是则'夜未央'者,言其未中也,未久也。"今关中俗二更三更为夜央、夜半。此盖古之遗言,谓夜之中耳。"

《匡谬正俗》:"今病而呻者,江南俗谓之呻唤,关中俗谓之呻恫。"

《匡谬正俗》问曰:"关中俗谓落发头秃为椎,何也?"

沈括《梦溪笔谈》引《庄子·程生》马文子注:"秦人谓豹曰程。予至延州,州人至今呼虎豹为程。"方言如此,抑亦明旧俗也。

《梦溪笔谈》:"穈,字音门,以其色命之也。"《诗》:"有穈有芑。"今秦人音穈,音之讹也。

《西溪丛语》:"八米,关中语。"岁以六米七米八米分上中下言,在谷取八米,取数之多也。

《隐居诗话》:"秦人呼土窟为土空。"

《明道杂志》:"秦声谓虫为程。"

翟灏《通俗编》十八曰:"《老学庵笔记》:'南郑俚俗谓父曰老子,虽年十七八,有子亦称老子。乃悟西人所谓大范老子,盖尊之以为父也。'按:西人并不以老子为尊,唯有自称。"然《后汉书·韩康传》:"亭长使夺其牛,康即与之,使者欲奏杀亭长,康曰:'此自老子与之,亭长何罪?'"康乃京兆霸陵人,正可为的证者。桉:《朱子名臣录》:"戎人呼知州为老子。"

《老学庵笔记》:"秦讹青字,则谓青为萋,谓经为稽。"

沈括《梦溪笔谈》:"糜,黍属,赤黍谓之糜,音门,今河西人用糜字,而音縻。"

沈括《笔谈补》:"中尚书本秦官,尚音上,今谓之常书者,秦人音也,至今秦人谓尚为常。"

《邵氏闻见后录》:"潘邠老曰'花妥莺捎蝶',妥音堕,乃韵,邠老不知秦音,以落为妥上声,如曰'雨妥、花妥'之类。少陵,秦人也。"

刘攽《中山诗话》:"关中语音,以中为蒸。向敏中镇长安,土人不敢卖蒸饼,恐触中字讳也。"

《宋景文笔记》:"关中人以腹大为胍肶(gūdū,大腹),胍音孤,肶音都。"

《爱日斋藂抄》:"楼大防参政云:'考儿即伟始于《方言》,其说云'上梁父必言儿',即或以为唯诺之唯,或以为奇伟之伟,皆未安。在勅局时,见元丰中获盗推赏,刑部例皆即元案不改。俗语有陈棘云:'我部领你懣厮,遂去深州边。'答云:'我随你懣去。'懑本音闷,俗音们,犹言辈也。独秦树、李德一案云:'自家伟不如今夜去。'予笑曰:'得之矣。'"所谓儿郎伟者,犹言儿郎懑,盖呼而告之,此关中方言也。

钱大昕《养新录》:"秦晋人读风如分、东如敦、蓬如彭。"

张澍云:"予于长夏无事,刺取群书,为秦陇人口吻者札记之,为一编目,曰秦音。"(见《小序》)但据笔者之研究,事实似非如此。张澍的《秦音》基本上是在别人辑录之基础上进行了部分修订,增加了少许条目,其大多数并非原创。刘於义修、沈青崖纂的《陕西通志》当是《秦音》之蓝本。《陕西通志》是清康熙时编纂,雍正十三年(1735年)刊刻,而《秦音》是道光期间的抄本,《陕西通志》早了100余年。《秦音》从《方言》中辑录的语词,实际是《陕西通志》从《方言》中辑录的。只有几处胪列词语的顺序不一样,如在"擢,拔也,自关而西或曰拔,或曰擢""沓,及也,关之东西曰沓,或曰及"这两条之间,《秦音》将《陕西通志·方言》列在稍后的34条词语加了进来,其余语词及胪列顺序基本一致。我们认为并非张澍的辑录与《陕西通志》的《方言》巧合。因为张澍尝修屏山、大足、泸溪各县志,《陕西通志》是全国通志的范本,张澍不可能没见到。本书辑录了《临潼县志》《延绥县志》等志书中的方言,并注明来自《临潼县志》和《延绥县志》,而这正是《陕西通志·方言》的最后部分，足以说明《秦音》与雍正本《陕西通志》的渊源关系。另外，张澍在其"小序"中谓"长安市人语各不同，有葫芦语、镶子语、纽语、炼语、三折语，通名市语"之语出自汉刘歆《西京杂记》，这句话也同样引自《陕西通志》，但《陕西通志》本身就说错了。张澍延续了这一错误，到民国时期，慕寿祺纂，钱史彤、焦国理等修《重修镇原县志》又因张澍的《秦音》而继续延续了这一错误。据笔者综合众多引用此语的文献分析，该语出自唐代无名氏的《秦京杂记》。

第二节　李鼎超的《陇右方言》

　　《陇右方言》为民国时期甘肃著名学者李鼎超先生所著。李鼎超，字酝班，甘肃武威人，生于1894年，卒于1931年。早年在山东求学时，对中西学问皆有涉猎，20岁开始专注于国学之研究，于辞章之学、义理之学、考据之学无所不观，尤长于文字学。民国十八年（1929年）李鼎超到甘肃省通志局任分纂，后又到兰州中山大学讲授文字之学。李鼎超先生家学渊源深厚，其祖父李铭汉受业于甘肃著名学者张澍，对于经史、辞章、文字等学弥不研究，著作良多，其中犹可注意者有与其子李于楷共同辑纂的《续通鉴纪事本末》110卷，又著有《尔雅声类》4卷。其父李于楷亦为学者，有《读〈汉书〉笔记》等著作传世。民国十年（1921年），李鼎超先生受之父托，编纂《武威县志》，先后编成《人物志》《艺文志》《金石志》《方言志》。先生对《方言志》用力尤勤，先后花费10年时间方编纂完成，后更名为《陇右方言》。《陇右方言》之抄稿曾得到著名语言学家黎锦熙先生的称赏。1988年，《陇右方言》一书始由其胞弟李鼎文教授校点，作为西北师范学院（今西北师范大学）古籍整理研究所主编"陇右文献丛书"之一，由兰州大学出版社出版发行。《陇右方言》一书保存了大量的甘肃方言尤其是武威方言资料，对该地区的方言词语进行了全面、科学的描写解释，对陇右地区方言的研究具有非常重要的价值。

　　《陇右方言》约十余万字。该书分释词（第一）、释言（第二）、释亲属（第三）、释形体（第四）、释器（第五）、释宫（第六）、释天（第七）、释地（第八）、释动物（第九）、释植物（第十）十部分，体例一依章太炎的《新方言》。这里引其《自序》与《释词》（第一），编纂体例，即可见之。

　　（一）《陇右方言·自序》

　　治国学必修小学，小学之最切用者在方言。古之时，言文故一致矣，及后渐异者，其故有二：一则音转，二则语殊。昔《公羊传》多齐语，《穀梁传》多鲁语，是春秋时齐鲁已殊矣；《孟子》言"日达而求其齐""日达而求其楚"，是战国时齐楚异殊矣；子云《方言》，皋牢群言，是汉时四方亦殊矣。今俗语或百里不相同，况我国广数万里，历数千载，华夷错处，迁徙不常，此语言安得不日殊乎？昔汉之盛也，征能正读《苍颉篇》者，张敞从受之。季长从班昭授《汉书》。古人之读书其审慎乃尔！而叔世年代旷绝，久无师法，此语音安得不变乎？然小变而不失其大常，寻绎研索，虽樵夫牧竖之口，往往有三代雅辞存焉。近者余杭章太炎先生著《新方言》，卓诡切至，犁然当人心。余雅好小学，略识径涂，不端固陋，依其例，就武威方言次第笔之，虽祁寒盛暑，中更乱离，未尝暂辍，草创迄今，盖十年矣。纠缪正误，尤所望于世之君子。初名《武威方言》，然言不可以县域，因更名《陇右方言》，盖李唐之初，武威隶陇右道故也。民国十八年仲春，武威李鼎超序。

（二）《陇右方言·释词（第一）》

《说文》："哉，言之文也。""言之文"，即今所谓语助词。俗谓温暖曰煖煖哉哉，即煖哉煖哉。《说文》："煖，昷也。"乃管切。今通用"暖"。（《说文》"暖、煖"二字，意同而音殊）

"之""乎""者""也"等字，今语亦有。如言短路曰寸径之路，冷风曰萧萧（萧音骚）之风，茶未滚曰雨溅（雨溅，谓其声如雨滴之渐，未甚沸腾者）之茶是也。言"者"字者，如好曰好者，不好曰坏者，学曰学者，荒曰荒者，可者、不可者之类是也。俗书"着"。言"也"者，如"你也、我也、来也、去也"。又转为"呀"，如"好呀、勇呀、强呀、弱呀"之类是也。章太炎谓："呀，即乎之转。"

"之、兹、此"等字，即今"这个、那个"之"这"。《诗》："之子于归。"《左传·襄公十五年》："郑人醢之三人也。"《庄子·逍遥游篇》："之二虫何知！""之人也，之德也，将磅礴万物以为一。"之读为这，则意思了然。

《说文》："所，伐木声也。"从斤声。今谓锯木声曰户户，即所所。《诗》："伐木许许。"《说文》引作"所所"，即锯木声户户的。《汉书·疏广传》："数问其家：金余尚有几所？""几所"即几许。今转为"几些""多么些"之"些"，作"伵"亦通。《说文》："伵伵，小貌。"引《诗》："伵伵（今本作'佌'）彼有屋。"

今谓此时曰这户儿，彼时曰那户儿，即"兹所、若所、此许、若许"。《金匮要略》曰："日晡所剧。"即申时的那户儿。《汉书·佞幸传》："上有酒所。"即上有点儿酒意的那户儿。

"然"与"乃"古音同（古娘、日、泥诸纽相通）。今谓衣有积垢曰油乃乃，即油然，含润泽之义。《礼记·祭义》："易值子谅之心油然生矣。"《郑注》："油然，物始生好美貌。"《孟子》："天油然作云。"赵注："油然，与云之貌。"故垢之厚积而光泽者亦曰油然。又转为"油腻"之"腻"。

《说文》："宁，愿词也。"今谓愿如此曰宁可，近音能（去声）。《诗·鸱鸮》传："宁亡二子，不可以毁我周室。"即能可今二子灭亡，不可今周室伤毁。

宁，古音南。然，古音难。《说文》"然"，或作"蘸"。《汉书·五行志》："巢蘸堕地。"《陈汤传》："至蘸脂火夜作。"《广韵》引陆佐公《石阙铭》："刑酷蘸炭。""燃"亦"然"字，俗书"燃"。今音心然之而不直言者曰宁不然，音近"南门难"。

"岂不、岂可"之"岂"，今音转如羌。《诗》："岂不怀归？"俗语则曰："羌门不想归？"

今嫌太大、太甚曰是等，是读如坻（陈知切），"是""氏"相通。《大戴礼》："昆吾者，卫氏也。"氏读为是。汉碑多借"氏"为"是"，姓某"氏"亦作某"是"。《说文》"芪母"，《玉篇》作"葚母"，今曰知母，是其证也。

今谓此次曰这一陌，彼此曰那一陌。陌，古人作"百"。《墨子·公孟篇》："诵诗三百，弦诗三百，歌诗三百，舞诗三百。"陈焕谓："百读为陌，陌犹通也。"（见《诗·毛氏传疏·郑风·子衿疏》）

《庄子·列御寇篇》："祗三年而缓为儒。"《释文》："祗，适也。"今亦谓适为祗，俗书"只"或"止"。

《书》："皋陶曰：'都！'""都"为叹美之辞。今人而诺之曰都，读如者（音近寨）。

"都"与"皆"意同。今人谓皆食曰都吃，皆走曰都走，皆好曰都好。于古亦然。《列子·皇帝篇》："都无所爱惜，都无所畏忌。"《周穆王篇》："积年之疾，一朝都除。""都"本"都会"之"都"，引申为汇聚处曰都。今以裳承物曰都，音转为兜（以俗字释古文，例出《说文》），亦借作"猪"。（《禹贡》"孟猪""猪野""大野即猪""彭蠡即猪"，《史记·夏本纪》俱作"都"，是其证也）猪野，即拢水之野。即猪，即可以拢水，免泛滥之患。《礼记·檀弓》"洿其宫而猪焉"，即坏其宫室，令可拢水。"都"又通"振"（古音同在端母）。《中庸》："振海河而不泄。"《郑注》"振犹收也"，即拢河海而不漏泄。《方言》："食马橐，自关而西或谓之篓篼，燕齐之间谓之帐。"亦"兜"相通之证。

今人谓是而诺之曰对，即"唯"字。《说文》："唯，诺也。"得声同堆，以音近书作"对"。

今谓可用曰中用，使小儿豫言休咎曰嘴中不中，音肿。《论语》："夫人不言，言必有中。"（与"嘴中不中"之语正合）亦书"衷"。适用曰中矣，中读平声，矣读为哩。（与《说文》"相"作"榠"同例）《尔雅·释木》郭注"杻，材中车辋"，即作"车辋中哩"。《汉书·薛宣传》"我两子亦中丞相史"，即作

"丞相史中哩"。"中"与"登""得""陟"等字，古音亦同。（《周礼·司裘》释文："中，丁仲反。"音近登。《公羊传·隐五年》："登来之也。"《注》："登，读言得。"《周礼·大卜》："三曰咸陟。"《释文》："陟，或音得。"是其证也）"得"通"德"，阴骘即阴德。"中寒、中暑、中风"之"中"，与"得"同，不相中即不相得。

今人言不善曰否，读如鄙，古音也。以为当书"屄"者，非也。善曰臧，音近戕。《诗·大雅·抑》"未知臧否"，即未知"戕"与"不戕"，犹今言"不知好歹"。

今谓呻吟曰哎哟呻唤。颜之推《匡谬正俗》云："今痛而呻者，江南俗谓之呻唤。"

《说文》："唉，应也。"今谓应声曰唉，读为埃。

《说文》："欸（ái，叹息），訾（通咨，嗟叹声）也。"《广韵》："欸，叹也。""訾"与"叹"意同，与应声之"唉"意别。《史记·项羽本纪》："唉！竖子不足与谋！"此叹恨辞，当作"欸"。

《说文》："欸，咨也。"通作"嗟"。《诗·商颂·烈祖》："嗟嗟烈祖。"《郑笺》云："重言嗟嗟美叹之深。"今人惊叹曰嗟嗟，音加加（"嗟""加"古音同在歌部）。

今谓妄言曰胡曰曰，即姑曰曰；亦曰胡沂沂，即姑断断。姑、胡俱从古得声。断断，露齿争辩也。"姑"含苟且之义。《汉书·地理志》"洙泗之间断断如也"，即洙泗之间有"胡沂沂"者，足见习俗浸薄，渐不如古。

今谓俱笑曰大皆笑，俱怒曰大皆生气，"大皆"读"代盖"二音，谓大抵皆然也。

"亦"与"掖"为古今字。今言"不亦悦""不亦乐""不亦君子"之"亦"，正读为"腋"。俗以"也"字为之。

今谓无曰没，即"无"之古音。（《说文》云："无，或读为规模之模。膴亦读若谟。是其证也。"）借用"沉没"之"没"。经传或借作"毋"。《礼记·曲礼》："毋不敬。"《释文》："古人云毋，犹今人言莫也。"亦借作"勿"或"耗"。《汉书·高惠高后文功臣表》："讫于孝武后元之年，靡有孑遗，耗矣。罔亦少密焉。"孟康曰："耗音毛。"师古曰："今俗语犹谓无为耗，音毛。""耗"与"没"双声。

今言"可呢""不可呢""好呢""坏呢"，"呢"之在语末者，即"尔"字。（本作"尒"，你从尔声）《孟子》"郁陶思君尔"，即很思念君呢。山东曰妮子，即女子（泥母、娘母相通）。今人言"你"，即"尔、汝、若、乃"等字。凉州谓近来曰汝来，如言"前清到汝来""民国到汝来"。汝来即迩来（犹"尔"亦曰"汝"矣)。亦曰眼汝,即眼迩。亦曰眼前,"前"与"迩"义近也。汉人曰日者,"迩""日"音近。俄顷曰刚才。"刚""姜""曩",古音同在唐部。《说文》:"曩,向也","向,不久也。"

今谓之孔窍者,古谓之好。如"肉倍好""好倍肉"是也。好即圆形物之孔,肉即边。古曰孔大、孔多者,今曰好大、好多。其辞例略同。

《说文》:"肆,极陈也。"今谓极渴曰渴肆了,极好曰好肆了。《诗》:"其风肆好。"犹言"极好"。强很曰肆专梗谏,专读如揣,梗读为硬,谓恣肆专已,梗阻谏事也。极热曰热肆涣汗。《易》曰:"涣汗其大号。""热肆涣汗"者,言热极而涣然汗出也。俗以为"死"字,不甚切。

今谓极重曰重肆呼耶,极热曰热肆呼耶,呼耶即呼邪。《庄子·山木篇》:"三呼邪,则必以恶声随之。"《史记》书"污耶"。《滑稽列传》"污邪满车",即重肆呼耶的一满车。倒之则为"邪许",《淮南子·道应篇》:"今夫举大木者,前呼邪许,后亦应之,此举重勤力之歌也。"今人于文,多用"邪许"字,以为生新,不知乃俗人常语。

"肆"又转"耍"。俗谓数骂曰耍性子,即肆性子,谓恣肆性情也。亦曰耍尿气,即肆缪气,谓肆缪戾之气也。藉端抵赖曰杀赖,即肆厉("厉""赖"古音同),谓肆忿厉之心,毫无忌惮也。弃之曰刷,即"肆诸市朝"之"肆"。"肆诸市朝",即刷其尸于市朝,即伏刑都市也。

《白虎通义》:"酷,极也。"今人谓极好曰好的酷,极凶恶曰可恶的酷。

《广雅》:"无虑,都凡也。"王念孙谓:"江淮间人谓揣度事宜曰母量即'无虑'之转。"(《广雅疏证》卷六上)鼎超按:"凉州亦有此语。""母量"之合音近"毛"。今谓买粪土者窃计其数曰毛圈,即无虑圈之粪数。亦曰蓝母,即虑无。《汉书·贾谊传》:"虑亡不帝制而天子自为者。"("亡""无"通)即大蓝母算计,没有不想帝制自为者。《赵充国传》"亡虑万二千人",即大蓝母有万二千人。《礼运》:"非意之也。"郑注"意,心所无虑也",即心所蓝母。

"我们""你们""他们"之"们",古无此字,疑"们"即"辈"之声转。"辈""伟"古音同在灰部,故古人借"伟"为之。唐宋以来有"儿郎伟"之语,宋楼钥《跋姜氏上梁文稿》云:"所谓儿郎伟者,犹言儿郎懑。"又云:"懑本音闷,俗音门,犹言辈也。"(《攻媿集》卷七十二)"懑"即"们"也。我们、你们,即我辈、尔辈。

今谓哭声稍缓者曰哀哀的哭。"哀"读如注音字母之"ㄟ"。《礼记》作"偯(yǐ,哭的余声曲折悠长)"。《旬传》:"斩哀之哭,若往而不反;齐哀之哭,若往而反;大功之哭,三曲而偯。"郑注:"三曲,一举声而三折也。偯,声余从容也。"盖斩哀之哭其声直,故曰若往而不反;齐哀之哭其声曲,故曰若往而反;

偄则徐缓有曲折，故曰声余从容也。《说文》作"悘（yī，哀痛声）"，训为"痛声"。"悘"与"哀"得声同。

《陇右方言》最大的特点是广泛征引各类文献资料来对方言词语释义推源。征引各类文献资料大致可以分为五类。

第一类是字书、韵书。

《说文解字》及其注本（773次）、《释文》（61次）、《尔雅》及其注本（58次）、《一切经音义》（58次）、《方言》（47次）、《玉篇》（23次）、《广韵》（19次）、《广雅》（17次）、《释名》（7次）、《集韵》（4次）、《通俗文》（2次）、《匡谬正俗》（1次）、《类篇》（1次）、黄生《义府》（1次）、黄侃《论语义疏》（1次）、《小尔雅》（1次）、《读书杂志》（1次）、程瑶田《通艺录》（1次）、程瑶田《九谷考》（1次）、《字林》（1次）、徐锴《说文系传》（1次）、杨慎《转注古音略》（1次）。

第二类是史书。

《汉书》及其注本（237次）、《史记》及其注本（115次）、《战国策》及其注本（12次）、《后汉书》（9次）、《国语》（9次）、《资治通鉴》（2次）、《新唐书》（2次）、《魏书》（2次）、《三国志》（2次）、《北史》（2次）、《北齐书》（2次）、《旧唐书》（1次）、《南史》（1次）、《隋书》（1次）、《元史》（1次）。

第三类是经书。

《诗经》及其注本（269次）、《礼记》及其注本（93次）、《孟子》及其注本（65次）、《周礼》及其注本（46次）、《左传》（55次）、《尚书》（29次）、《公羊传》及其注本（12次）、《韩诗》（10次）、《易》（9次）、《穀梁传》（2次）。

第四类是文学作品。

文学作品在引用时重复的情况不多，除了《文选》被征引7次，《楚辞》被征引3次外，其余各书征引均在1~2次之间。这些作品主要有：

韩愈《南海神庙碑》、宋玉《神女赋》、刘禹锡《塘故尚书礼部员外郎柳君集纪》、左思《魏都赋》、扬雄《反离骚》、扬雄《甘泉赋》。张衡《思玄赋》、柳宗元《至小丘西石潭记》、杨万里《庸言四》、苏轼《石钟山记》、司马相如《大人赋》、楼钥《跋姜氏上梁文稿》、刘攽《贡父诗话》、王粲《登楼赋》、王延寿《王孙赋》、马融《围棋赋》、马融《长笛赋》、嵇康《与山巨源绝交书》《古诗十九首》、王褒《洞箫赋》、杜牧《冬至日寄小侄阿宜诗》、晁补之《学说》、夏侯湛有《釭灯赋》、石崇《金谷诗叙》。

第五类是其他文献。

《庄子》（69 次）、《淮南子》及其注本（18 次）、《列子》及其注本（18 次）、《考工记》及其注本（15 次）、《吕氏春秋》（14 次）、《韩非子》（13 次）、《荀子》（13 次）、《水经注》（8 次）、《金匮要略》（5 次）、《管子》（5 次）、《墨子》（4 次）、《世说新语》（4 次）、《老子》（4 次）、《逸周书》及其注本（4 次）、《法言》及其注本（3 次）、《太玄》（3 次）、《素问》（2 次）、《夏小正》（2 次）、《鬼谷子》（2 次）、《齐民要术》（1 次）、《吴越春秋》（1 次）、《列女传》（1 次）、《太平广记》（1 次）、吴曾《能改齐漫录》（1 次）、《春秋繁露》（1 次）、《白虎通义》（1 次）、《博物志》（1 次）、《艺文类聚》（1 次）、钱大昕《潜研堂文集》（1 次）、《抱朴子》（1 次）、刘劭《人物志》（1 次）、《论衡·实知篇》（1 次）、《续述征记》（1 次）、《弟子职》（1 次）、贾谊《新书》（1 次）、《晏子》（1 次）、《九域志》（1 次）、《册府元龟》（1 次）、《太平御览》（1 次）、《说苑》（1 次）、赵令畤《侯鲭录》《山海经》（1 次）、陶弘景注《本草》（1 次）、《大清一统志》（1 次）、《盂鼎》（1 次）。

第三节　李恭的《陇右方言发微》

《陇右方言发微》一书由甘肃省甘谷县李恭先生所著，李恭（1901—1970），字行之，早年就学于中国大学国学系，师从系主任吴承仕先生，研习文字训诂声韵之学。"大为系主任吴检齐教授，及范文澜教授所称"，1935 年又到苏州，在国学大师章太炎举办的国学讲习会学习，与武威李鼎超（字酝班）同为章氏的私淑弟子，在苏州期间，为章氏整理《古文尚书拾遗》七篇，并参与重要文稿核对。1936 年章太炎病殁，始回甘任教。先后在兰州师范、甘肃学院附属中学等校任教，1942 年任兰州师范校长、兰州市教育局副局长。常在西北师范学院国文系讲授音韵学与训诂学。李恭先生治学严谨，著述颇丰，于小学、文献学、史学无不留意，其中尤勤力于语言文字之学，其对于文字、音韵、训诂之学的研究尤为世人所称，著有《陇右方言发微》《斯文异诂》《文史别记》《太平天国在甘肃》《甘肃省、县沿革》《目录学之应用》等。其中《陇右方言发微》最为著名，也是李恭先生用力最勤的著作，正如他自己所说："予属意于《陇右方言》之作，十七年于兹。每循览载籍，遇有一名一义与陇语有关者，辄随笔疏记。"该书后经李鼎文、钮国平两先生整理，1988 年 1 月列为《陇右文献丛书》中的一种，由兰州大学出版社出版。

《陇右方言发微》分《释言》《释训》二卷，计有 567 条方言语词，皆为"隐微不显之言"，一一予以阐发。比较明白浅易的语词，则次于卷末，共 154 条，作为《附编》。本文中，我们先列举《释训》中的部分内容，以窥"全豹"，然后，详析《陇右方言发微》所征引的文献，再与《陇右方言》作一异同比较。

（一）《陇右方言发微·释训》举例

《尔雅序·邢疏》云："训，道也。道物之貌以告人也。"《左传文六年》杜注："训典先王之书。"本篇所载，或为形容写貌之词，或为断文零句，要皆重文叠字，故名曰《释训》。"训"之为言"顺"也。古今语相校释，期无扞格也。

参参："值其鹭羽。"（《陈风·宛丘》）《疏》引陆玑《毛诗草木鸟兽虫鱼疏》："白鹭头上有毛十数枚，长尺余，毿毿（sānsān，毛发或枝条等细长物披散貌），然与众毛异。"恭按："毿"之本字为"参"，张衡《思玄赋》："修初服之娑婆兮，长余佩之参参。"《汉书·文帝记》："八年夏，有长星出于东方。"文颖曰："孛、彗、长三星，其占略同。彗星光芒长，参参如埽彗（陇右名为'埽星'）。"皆为"参参"形容长之证。陇南至今犹以"参参"为长之形况词，惟音读"沙"（参、沙声相近）耳。或声转而读作"那"，如云"某人躯干长那那"是也。《左传·襄公七年》："参和为仁。"《释文》："参，七南反，或音三。"今庆阳人俗读三，音近"南"，而"南"为"那含切"。方音之变，或以叠韵，或因双声。是犹"火尾"，"火尾反"，而有重读"火"声别作"毁"者，齐语是也；读重"尾"音名"火"为"火尾"者，吴语是也。楚语谓火为火果，则与今音读"火"为呼果切者近矣。

咥咥（xīxī，大笑貌）：《卫风·毛传》曰："咥咥然笑。"《释文》："咥，许意反，又音熙，笑也。"《说文》："咥，大笑也。"陇右形容人笑，通曰咥咥，音熙。或以"嘻嘻"之"嘻"为之，乃同声假借也。

啍啍："大车啍啍。"（《王风·大车》）《毛传》："啍啍，重迟之貌。"《说文解字注》："啍，口气也，从口，享声。他昆切。"段玉裁曰："啍言口气之缓，故引申以为重迟之貌。"陇右人亦形容重迟之貌曰啍啍，或以"腾腾"为之，非也。

挃挃（zhìzhì，割禾声）：《周颂·良耜》："获之挃挃。"《毛传》："挃挃，获声也。"《正义》引孙炎与毛同。《释训》："挃挃，获也。"《说文》："挃，获禾声也。"《释名》："铚，获禾铁也。铚铚，断禾穗声也。""铚铚"即挃挃，惟"铚"以器言。《说文》："铚，获禾短镰也。""挃"以声言耳。陇右人至今形容获禾声曰挃挃，读若蛩。

恂盱（xúnxū）：《郑风·溱洧》："恂盱且乐。"《韩诗》作"恂盱"，云"乐貌也"。按：渭水流域形容舒服快乐曰受霍，当为"恂盱"之转。恂，息旬反，心母字。受，直西反，禅母字。心禅二母字可相通。《魏风》："掺掺女手。"《释文》："掺，所衔反。徐，息廉反。"今人读"所"字入审母，"息"入心母，而

审为禅之清音。"盱"之于"霍",犹"公孙霍"又名"公孙盱"也。(见《左传·哀公四年》杜注)

耦(ǒu,一对,两个一组)合:《周礼·地官》:"媒氏掌万民之判。"《郑注》云:"判,半也,得耦为合,主合其半,成夫妇也。"渭水流域谓配婚而"八字"不合,平居而性情不投,曰不各。不各即不合。叶子戏"合对子",陇右人曰各对子。麻雀牌每一合曰一胡,是由开口呼读为合口呼矣。此犹"阁下"俗作"阁下","石斗升合"之"合",陇右人通读为"各"也。《考工记》:"天有时,地有气,材有美,工有巧,合此四者,然后可以为良。"《释文》:"合如字,刘音阁。"经典"耦""偶"互通。《释诂》云:"偶,合也。"《释言》云:"遇,偶也。"《释名》云:"耦,遇也。二人相对遇也。"《齐风·还诗》郑笺云:"子则揖耦我谓我儇。"即子则揖而对遇我,且谓我儇也。渭水流域谓对遇曰走到一荅,"荅"即"合"也。《左氏宣二年传》:"既合而来奔。"《杜注》:"合犹荅也。"盖"荅问"字古直作"合"。……《列子·黄帝篇》:"不偎不爱,仙圣为之臣。"《注》云:"偎,爱也。"陇右至今谓昵近曰偎。《说文》无"偎"字,而《女部》:"娓,耦也。娓,或从人作'侑'。"《广雅·释诂》:"侑,耦也。"疑即"偎"之本字。训"助"训"劝",皆其引申义也。

(二)《陇右方言发微》所征引的文献

《陇右方言发微》为了准确释义,广泛征引各类文献资料来对方言词语释义推源,文献主要涉及古代和近代语言文字学著作、史学著作、经学著作和文学著作等,大致也分五类。现将该书的资料的征引情况统计如下:

第一类是字书、韵书。

《说文解字》(564次)、《经典释文》(104次)、《尔雅》(94次)、《说文解字注》(90次)、《广韵》(50次)、《方言》(47次)、《释名》(43次)、《玉篇》(29次)、《广雅》(25次)、《一切经音义》(11次)、《通俗文》(10次)、《集韵》(10次)、《小尔雅》(9次)、《声类》(8次)、《字林》(7次)、《十驾斋养新录》(6次)、《三仓》《急就篇》及其注本(4次)、《三仓》(4次)、《说文系传》(3次)、《正字通》(3次)、《广雅疏证》(3次)、《新方言》(3次)、《古书疑义举例》(2次)、《字苑》(2次)、《读书杂志》(2次)、《五经文字》(2次)、《关西方言今释》(2次)、《挈经室一集》(1次)、《毛诗草木虫鱼疏》(1次)、《唐韵》(1次)、《字汇补》(1次)、《俗呼小录》(1次)、《古今字诂》(1次)、《六研斋笔记》(1次)、《尔雅义疏》(1次)、《陇右方言》(1次)、《客话本字》(1次)、《经义述闻》(1次)、《说文解字注笺》(1次)。

第二类是史书。

《汉书》(69次)、《史记》(49次)、《后汉书》(13次)、《国语》(11次)、

《资治通鉴》及其注本（5次）、《三国志》及其注本（4次）、《战国策》（2次）、《南史》（2次）、《新唐书》（2次）、《晋语》（1次）、《宋书》（1次）、《魏书》（1次）、《晋书》（2次）、《明史》（1次）、《十七史商榷》（1次）。

第三类是经书。

《诗经》及其注本（203次）、《左传》及其注本（87次）、《周礼》及其注本（66次）、《礼记》（52次）、《仪礼》（30次）、《尚书》（22次）、《周易》（16次）、《论语》及其注本（15次）、《孟子》（14次）、《乐记》（4次）、《中庸》（3次）、《公羊传》（3次）、《仪礼》（2次）。

第四类是文学作品。

文学作品在引用时重复的情况不多，除了《文选》及其注本（27次）、屈原（19次）、司马相如（6次）、班固《诗赋》（4次）以外，其余各书征引均在1～2次之间，这些作品主要有：张衡《西京赋》、李煜《李后主词》、归有光《祭外姑文》、辛弃疾《沁园春》、枚乘《七发》、贾谊《新书》、张衡《思玄赋》、司马相如《上林赋》、曹植《七启》、苏轼《答参廖书》、司马相如《子虚赋》、潘岳《射雉赋》《泙马督诔》、黄庭坚《次韵钱穆父赠松扇》、张籍《上韩昌黎书》、曹雪芹《红楼梦》、宋玉《登徒子好色赋》、孟浩然《闺情》、杜甫《茅屋为秋风所破歌》、扬雄《长杨赋》。

第五类是其他文献。

《管子》（11次）、《荀子》及其注本（12次）、《颜氏家训》（10次）、《老子》（7次）、《淮南子》（7次）、《墨子》（6次）、《吕氏春秋》（6次）、《列子》及其注本（4次）、《司马法》（4次）、《白虎通》（4次）、《博物志》（3次）、《韩非子》（3次）、《初学记》（3次）、《鹖冠子》（2次）、《本草纲目》（2次）、《穆天子传》及其注本（2次）、《晏子》（2次）、《逸周书》（2次）、《太玄》（2次）、《法言》（2次）、《国故论衡》（2次）、《齐民要术》（2次）、《穆天子传》及其注本（2次）、《庄子》（2次）、《资暇集》（1次）、《华阳国志》（1次）、《太平御览》（1次）、《老学庵笔记》（1次）、《盐铁论》（1次）、《商君书》（1次）、《说苑》（1次）、《容斋随笔》（1次）、《潜夫论》（1次）、《晏子春秋》（1次）、《齐民要术》（1次）、《文心雕龙》（1次）、《搜神记》（1次）、《辍耕录》（1次）、《古文尚书拾遗》（1次）、《续博物志》（1次）、《七修类稿》（1次）。

（三）《陇右方言发微》与《陇右方言》之异同

1.《陇右方言发微》（下称"发微"）在释词方面比《陇右方言》简明、清晰，体例一贯。首先列出被释词，然后罗列书证，再以今西北方言证之。"案"的说明也不絮烦，重在说明其语音上的嬗变与相通之处，三言两语，令人信服。

而《陇右方言》在释词体例上显得不太严整，有先说方言称谓再引书证者，有先列书证再陈方言者，有的只解释了某字当作某字，未列方言说法，或只展转陈述某个语词在不同文献中出现的情况，未予评述。在这一点上，《发微》诚有胜过《陇右方言》者。

2.《发微》描述的西北方言比《陇右方言》词条多，而且指出的方言点比后者面宽而且具体，几乎遍及甘肃全省。而《陇右方言》一般只列举凉州话（即如作者所说"就武威方言次第笔之"）或通语（概称"今言"）。可见，《发微》的作者李恭比《陇右方言》的作者李鼎超更熟悉西北方言，对真正的西北方言具有更多的感性认识。

3.《发微》除了以现实口头方言征古外，还引用民俗、生活中的语言材料来证明语词的引申演变情况。如对"耦合"一词的解释就涉及婚姻、戏曲、棋牌中的语词运用情况。而《陇右方言》因囿于文献，虽显专业但境界不开，倒不如《发微》雅俗相济。

第四节 罗常培《唐五代西北方音》

罗常培先生，字莘田，号恬庵，1899 年（清光绪二十五年）8 月 9 日生于北京一个满族平民家庭。1916 年，考入北京大学中国文学门（系）。因父亲刚去世，不得不负起全家生活重担，一边读书，一边在众议院做速记，半工半读直至毕业，又转入哲学系读了两年。1921 年离开北大后，在京津两地教中学，并代理过校长。1926 年，到西安任西北大学国学专修科主任兼教授，讲授音韵学。次年回京。1926 年至 1928 年先后在厦门大学、广州中山大学任教授。1929 年到刚成立于广州的中央研究院历史语言研究所任研究员，专力研究中国音韵学和汉语方言。1934 年，任北京大学中国文学系教授，1936 年兼系主任。1937 年抗日战争爆发，辗转到长沙临时大学（北大、清华、南开组成）任教。次年学校迁云南，改称西南联合大学，他随校入滇。1940 年任联大文学院中文系主任兼师范学院国文系主任。1944 年赴美国讲学，1948 年回国，继续在北大教书，并兼任北大文科研究所所长。新中国成立后，1950 年他受命筹建中国科学院语言研究所，被任命为所长。1958 年辞世。

罗常培先生所著的《唐五代西北方音》出版于 1933 年，他根据敦煌石室四种残卷（即藏汉对音《千字文》、汉藏对音《大乘中宗见解》、藏文译音《金刚经》、藏文译音《阿弥陀经》）对唐五代敦煌方音进行了系统、缜密的研究。罗常培认为上述四种残卷"大概都是吐蕃占据陇西时代为学习汉语的方便而作的，所以应该是唐代宗广德元年（763年）到唐宣宗大中五年（857年）之间的东西。从发现的地域看，它们所译写的语言似乎就是当时沙州或沙州附近流行的方言。罗常培将之声韵系统作了归纳，称之为"唐五代西北方音"，并用兰州、平凉等西北六个点的现代方言作了纵横对比，找到了许多渊源关系。事实上，不光罗常培先生作如是观，而且从多种资料可知，古代关陇（或称"关西"）一带属于同一次方言区，音系方面内部差异不会太大。因此从藏汉对音所归纳的声韵系统可大致窥见唐五代西北方言声韵系统。

罗先生创造性地构拟了唐五代西北方音的音系：

一、声母系统。罗常培认为，唐代西北方言大致有29个声母，分别是：

p 邦	p' 滂、非、敷	b 並、奉	b' 明、微	m 明（在-n、-ṅ前）		
t 端	t' 透	d 定	d' 泥	n 泥（在-ṅ、-m前）		l 来
c 照、知	c' 穿、彻	j 澄	ç 审、禅、床	ż 日		j 娘
ts 精	ts' 清	dz 从	s 心、邪			
k 见	k' 溪	g 群	g' 疑			
ŋ 影	h 晓、匣		y 喻三开、喻四开合			w' 喻三合

跟《切韵》音系声类系统比较起来，唐代西北方言的声母系统有如下特点：

1. 舌上音混入正齿音；
2. 正齿音的二三等不分，即没有庄章二组之分别；
3. 全浊禅、邪、匣三母（皆浊擦音）变入清音审心晓三母（皆清擦音）；
4. 全浊床母大部分由全浊禅母变为清音审母，舌上音全浊澄母却变为正齿音照母的全浊（本来床母是照母的全浊）；
5. 轻唇音非敷奉大部分变作与滂母同音，大多数作送气音p'，已露出了轻重唇分化的痕迹；
6. 明泥两母因为后面声随的不同各分化为两类；
7. 腭化声母并不专以三等为限；

8. 声母系统大大简化，比《切韵》音系少了 12 个声母，比今之西安方言 24 个声母多出 5 个声母，比今兰州方言 25 个声母只多出 4 个声母。

二、韵母系统。罗常培认为，唐代西北方言大致有 54 个韵母：

a： 歌开一、戈合一、麻开二、佳开二
ya： 麻开三
ua： 戈合一、麻合二、佳合二
o： 模开一、唐开一、唐合一、阳开三、阳合三
yo： 阳开三
uo： 模开一
e： 庚开二、庚开三、清开三、青开四
ye： 齐开四、庚开三、清开三、青开四
we： 齐合四、庚合三、清合三
i： 脂开三、之开三、支开三、微开三、微合三、鱼开三
wi： 脂合三、支合三、微合三
u： 虞合三、鱼开三、模开一、尤开三、侯开一、脂合三、支合三、微合三、支开三
yu： 尤开二、
ai： 咍开一、灰合一、泰开一
wai： 灰合一、泰合一
ei： 皆开二、佳开二、祭开三、齐开四、灰合一
wei： 皆合二、祭合三
au： 豪开一、肴开二、宵开三、侯开一
yau： 宵开三、萧开四
eu： 侯开一、尤开三、豪开一、肴开二、萧开四
yeu： 宵开三
am： 覃开一、谈开一、咸开二、衔开二、凡合三
yam： 盐开三、添开四、严开三
im： 侵开三
an： 寒开一、桓合一、山开二、删开二、元合三、仙开三
yan： 元开三、仙开三、先开三
wan： 桓合一、山合二、删合二、元合三、仙合三
in： 痕开一、真开三、欣开三
on： 魂合一、谆合三
un： 魂合一、谆合三、文合三

an： 江开二、唐开一、阳开三
yan： 阳开三
wan： 江开二、唐合一、阳合三
en： 登开一、蒸开三、庚开二、庚开三、清开三、青开四
yen： 清开三、青开四
on： 东开一、冬合一、唐开一、阳开三、阳合三
yon： 阳开三
won： 唐合一
un： 东开三、钟合三
ab： 合开一、匣开二、乏合三、
yab： 叶开三、业开三、帖开三
ib： 缉开三
ar： 曷开一、末合一、黠开二、薛开三、月合三
yar： 薛开三、屑开四
wai： 末合一、月合三、薛合三
ir： 质开三
ur： 没合一、物合三、术合三
ag： 铎开一、药开三、觉开二
yag： 药开三、觉开二
wag： 浊合三
eg： 德开一、陌开二、麦开二
ig： 职开三、昔开三、锡开四
og： 屋开一、沃合一、浊合三、德合一
ug： 屋开三、浊合三、德开一

与《切韵》音系韵类比较，唐代西北方言的韵母系统有如下特点：

1. 宕、梗两摄的鼻韵尾 -ŋ 有一部分开始消变；
2. 鱼韵字大部分变入止摄；
3. 通摄一三等元音不同。一等为 o，三等为 u；
4. 同韵字往往受声母的影响变成不同的韵；
5. 一等元音和二等元音在藏文写法上没有分别；
6. 合口洪音和合口细音在藏文写法上没有区别；
7. 入声的收声 -p、-t、-k 藏文写作 b、r（或 d）、g；
8. 与《切韵》音系 172 个韵母（据王力《汉语史稿》）相比较，唐代西北方言的韵母数量大大减化，少了 118 个韵。

三、声调。罗常培认为，唐代西北方言有平上去入4个声调，全浊上声已经完成了向去声的转化①。

《唐五代西北方音》以文献为主要依据，利用汉藏对音材料、汉字注音材料与《切韵》比较，推溯唐五代西北方音的渊源、考证其语音系统，然后再与数种现代西北方音比较，以探究其流变，是中国语言学界研究古代方言音系的开山之作，直至目前，仍称得上不刊之论。在研究方法上，更是为语言学界铺设了一条坚实的新路。正如王力先生所说："罗先生的成就是划时代的。"魏建功先生则说："现在我们的语言学有那么多的方面，都和莘田先生有关系，他称得起是中国语言学的奠基人，他是继往开来出力最多的人。"②

第五节　张慎仪《蜀方言》中的西北方言

张慎仪（1846—1921），字淑威，号芊圃，四川成都人（原籍江苏阳湖）。他一生著述较多，其中以《续方言新校补》（二卷）、《方言别录》（四卷）、《蜀方言》（二卷）影响较大。

一、《蜀方言》概说

《蜀方言》原名《今蜀俚语类录》，是张慎仪在明末清初蜀人李实所著《蜀语》基础上，又增补数百条川蜀语词而成。内容是见于记载而当代仍然行用的四川方言词语，一一考其本字，注其出处，征引广博。据笔者初步计量，《蜀方言》中引方言词语803条，现为普通话词语的至少占近265条，占总数的33%。在这里将这265条除去，剩余538条，占总数的67%，这些全在西北方言中使用，尤其在陇中、陇南方言中更为常用词。陕、甘、川三省地域相连。从历史上看，秦晋与梁益中间阻隔着秦岭山脉，梁益自古是戎人的地盘。秦惠文王更元九年（公元前316年），司马错、都尉墨率军伐蜀，灭蜀建郡，张若、李冰等相继为太守。当时蜀地人口并不多，秦得到这块地盘后，才大量向蜀地移民，语言才"颇与华通"。至少在汉代方言就很接近，罗常培、周祖谟在对《方言》中的方言作分区时，曾将"秦晋、陇冀、梁益"分为一区（参见第一编第一节）。

同样，蜀地也往陕、甘移民。尤其是明清以来，蜀中遭遇了一连串的政治事件：张献忠割据蜀中，四川兵燹不断，人民流离失所，数十万甚至成百万地涌往

---

① 参见张文轩《兰州方言志·兰州方言的历史演变》，兰州大学出版社，2003年版。
② 杨耐思、唐作藩《罗常培先生在汉语音韵学上的杰出贡献》，《中国语文》，2009年第4期。

周边的深山老林中去安身；清初清军对"吴逆"之川人的镇压，清军与土司对起义军的残杀，使川人惨遭荼毒。加上战乱而导致的特大饥馑、瘟疫，使人口大幅度下降，川区几成无人之境。流民向北涌入陕西南部、甘肃南部者难以数记。纂修于清乾隆期间的《西和县志》曾载："且明末兵燹之后，土著流散他方，以致田亩荒芜，他省之人有来此垦荒以久住者，四乡皆有，今溯其原籍，四川人实居多数。"[①] 无疑，"蜀语"对西北方言造成不小的冲击。今陕西南部安康、汉中境内基本上都是西南官话，甘肃文县、武都、两当境内都有西南官话小片。所以，张慎仪的《蜀方言》中，明确标出"陇上音某""陇上曰某""陇上作某""陇上称某""陇上谓之某"的有数十个之多，我们就不难理解了。

《蜀方言》的体例是先列举通语称谓，后标出方言说法，格式均为"某某曰某"，以"曰"关联前后项。接着列举书证，涉及的书很多，讲解个别语词时列举的书目达十种之多，足见作者学识之渊博。例如：

"性不慧曰体，曰惷。"《集韵》："体，部本切。音笨，性不慧也。"一作"笨"，作"体"。《晋书·羊曼传》："豫章太守史畴，以大肥为笨伯。"《宋书·王微传》："小儿时尤粗笨无好。"《唐书》注："举枢夫谓之体夫。"《广韵》："惷（chōng，①愚蠢。②失意貌），丑江切。"《说文》："惷，愚也。"《仓颉》解诂："惷，愚无所知也。"《周礼·秋官·司刺》："三赦曰惷愚。"《仪礼·士昏礼》："某之子惷愚。"《礼记·哀公问》："寡人惷愚冥顽。"《淮南子·本经》："愚夫惷妇。"注："读近戆（chǔn），笼口言之也。今读春上声。"本条征引之书有《淮南子》《周礼》《礼记》《仓颉》《说文》《晋书》《唐书》《集韵》《广韵》《宋书》十种。又如：

"地室曰窨，曰窨（yìn）。"《唐韵》："窨，古孝切，音教。"《通俗文》："藏谷麦曰窨。"《礼记·月令》："穿窦窖。"注："隋曰窦，方曰窖。"《史记·货殖传》："宣曲任氏独窖仓粟。"《集解》："穿地以藏也。"《汉书·苏武传》："乃幽武，置大窖中。"注："盖米粟之窖而空者。字亦作'窌'。"《说文》："窌，窖也。"《史记·卫将军骠骑列传》引韦昭："窌或作'窖'。"今转为告音。又《说文》："窨，地室也。"经传以阴字为之。《诗》"纳于凌阴"是也。今俗以物埋藏地中曰窨，此引申之义。字亦作酉音。《康熙字典》云："凡物渍藏抢覆不泄气者谓之窨。"本条征引之书有《唐韵》《通俗文》《礼记》《史记》《集解》《汉书》《说文》《诗》《康熙字典》九种。

二、《蜀方言》中记载的西北方言语词

据笔者反复核对，统计出了跟现今西北方言相同的538条。限于篇幅，将其

---

① 参见莫超《白龙江流域汉语方言语法研究》，中国社会科学出版社，2004年。

中的230条语词连同原作对这些语词的考据材料，一并辑录于下（凡加"笔者按"者，为笔者从其他文献中辑录、补充或引现实方言用以说明的材料）：

电曰霍闪。顾云诗："金蛇飞状电闪过，白日倒挂金绳长。"笔者按：孙锦标《通俗常言疏证》（二）"霍闪"条载《通俗编》引顾云诗"金蛇飞状霍闪过"。与《蜀方言》所引不同。

蝃蝀（dìdōng）曰虹。《说文》："虹，蝃蝀也。"本读如杭，转为绛。《广韵》："虹，古巷切，音绛。"今读刚，去声。

谓今日、明日曰今二、明二。《广韵》："日，二也。"王树枏云："日二同声。"今俗读日为二，几日曰几二，此古语之遗也。

孔曰窟窿。《宋景文笔记》："孔曰窟窿。"语本反切，俗作"窟窿"。

歧路曰岔。景佑《集韵》："岔，楚驾切，歧道也。"或借差字。《韵会·小补》引唐人诗："枯木丛前岔路多。"亦作"差、汊"。方以智《通雅》："山歧曰岔，水歧曰汊。"

掘土曰圪。《广韵》："圪，乌八切。"《广雅·释诂》："圪，掊深也。"俗作"挖"，非。

取浮土曰鲍。《玉篇》："鲍，部巧切，鲍地也。"王念孙云："声如庖厨之庖。"

尘起曰塝。《广韵》："尘起曰塝，读若莑。"一作"墷"。今转为捧平声。

藏火以备复然曰煿（è，用灰烬掩盖着的火种）。《集韵》："煿，遏和切，藏火也。"《正字通》："今人谓藏火使复然曰煿，读若遏。"

火暴有声曰炸。《广韵》："炸，火声，陟驾切。"

埋物热灰中令熟曰煨。《通俗文》："热灰谓之煻煨。"

水不流曰渟。《广韵》："渟，特丁切，音庭。"《埤苍》："渟，水至也。"或作亭。《汉书·西域传》："其水亭居。"

计人之数曰几块。丁筠《鸿泥琐记》："嘉定方言，计人之数不曰几个，而曰几块。"《楚辞·九辩》："块独守此无泽兮，仰浮云而永叹。"陆机《文赋》："块孤立而特峙，非常音之所纬。古既谓我为块，亦可谓人为块。"笔者按：今陇南文县、陇东镇原一带，仍称几人为几块。乾隆《同官县志》记载，几人曰几块；民国《庆阳县志》记载，谓几个曰几块。无名氏《兰州风土记》云："土人以一人为一块。"

称主人曰地主。《左传》："夫诸侯之会，事既毕矣，侯伯致礼，地主归饩以相辞也。"杜注："地主，所会主人也。"岑参诗："使君地主能相送，河尹明天坐莫辞。"

同力共事曰伙计。火计即火伴。古《木兰辞》："出门看火伴，火伴皆惊慌。"《南史·卜天兴传》："弟天生，少为对将，十人同火。"《唐书·兵志》：

"兵十人为火，火有长，彍骑十人为火，五火为团。"《通典》："兵制，五人为烈，二烈为火，五火为队。"刘攽《中山诗话》："南方贾人各以火自名，一火犹一部也。"今或作"夥"、作"伙"、皆非。

常相交易曰主顾。顾炎武《日知录》："市井人谓频相交易者为主顾。后《汉书》有主故字，故当是顾之讹。"

货古玩曰古董客。《霏雪录》："古董乃方言，初无定字。东坡尝作古董羹。"《晦庵语录》作"汨董"，今作"古董"。

赞礼人曰礼生。《梁书》："刘谷自国子礼生射策高第。"唐德宗《冬至赦诏》："掌坐斋郎礼生赞者，各减一年劳。"

以赀倩人曰顾工。《汉书·晁错传》："敛民财以顾其功。"注："顾，若今言雇赁也。"《丙吉传》："丙吉以私钱顾胡组郭征卿养视皇曾孙。"《颜氏家训》："三九公燕，则假手赋诗；明经求第，则顾人答策。字亦作'雇'。"《广韵》："雇，相承借为雇赁字。"《集韵》："雇，佣也。"《史记·平准书》注："雇手牢盆。"《后汉书·桓帝纪》："见钱雇直。"《宦者传》："十分雇一。"俗作"僱"，无此字。

詈人丑称曰杂种。《后汉书·度尚传》："广募杂种诸蛮夷。"《马融传》："杂种诸羌。"《晋书·钱燕载纪赞》："蠢兹杂种。"沈约《乐府》："前访昌海邑，杂种寇轮台。"

称人曰你。《北史·李密传》："宇文化及瞋目大言曰：'与你论相杀事。'"罗隐《谒文宣王庙代答诗》："吾今尚自披蓑笠，你等何须读典坟。"《广韵》："你，乃里切，泥上声。汝也。"字本作"尒"。尒，古尔字。尔汝一声之转。尔后变为"你"，俗书作"你"。

称伯叔或曰八，或曰八八。见郑珍《亲属记》。

婚姻相称曰亲家。《后汉书·应奉传》注："乃至亲家李氏堂上，令人以他词请朗。"《汉书·王陵传》注："陵少子明山投亲食，亲家告吏执之。"《韵会》："亲，七刃切。"唐卢纶《王驸马花烛诗》："人主人臣是亲家。即作去声读。"

贱称夫人曰婆娘。《辍耕录》："江南与夫人贱之则曰婆娘。"

对人自称曰老子。《后汉书·韩康传》："亭长使夺其牛，康即与之。使者欲奏杀亭长，康曰：'此自老子与之，亭长何罪？'"

谓妾曰小。《诗·邶风·柏舟》："愠于群小。"注："小，众妾也。"

侍婢曰丫头。刘禹锡《寄小樊》诗："花面丫头十三四，春来绰约向人时。"

小儿黠狯曰乖。扬雄《方言》："凡小儿多诈而狯或谓之九姑。"郭注："谓黠姞也。"翟灏云："姞字长言之则为乖。"

小儿不正言曰淘气。《说文》："淘，一曰小儿未能正言也。或作'詬'。"

《集韵》："詾或作'啕'，音陶。"

人死曰不在，曰过世。《左传·哀公二十七年》："陈成子曰：'多陵人者皆不在，知伯其能久乎？'"《晋书·苻登载记》："姚苌立苻坚神主，请曰：'陛下虽过世为神，岂假手于苻登而图臣，忘前征时言耶？'"

体臃肿曰累推。《晓读书斋杂录》："江南土俗，凡臃肿不灵者辄名之为累推。"

体长曰躴躿。《玉篇》："躴躿，身长貌。"《集韵》："躴，卢当切，音郎。躿，丘冈切，音糠。"

形貌短矮曰遳（cuō）。《升庵外集》："京师俚语目形短矮为遳。"《新唐书·王伾传》："形容遳陋。"《通鉴音义》："遳，七禾切。字亦作'矬'。"《广韵·释诂》："矬也。"《北史·宋世景传》："道屿从孙孝王，形貌矬陋，而好臧否人物。"

疲倦曰疺。《正字通》："疺，疲也。"明《永乐北征录》："驾彼鸣谷镇，天气清爽，人马不渴。若暄热，人皆疺矣。疺，音乏。"

曲身卧曰腃。《集韵》："腃，驱园切。身曲貌。"今借蜷字为之。

削发曰鬀（tì）。《说文》："鬀，剃发也。"字亦作"鬄鬄"，又作"剃"。《广韵·释诂》："剃，剔也。"《淮南子·齐俗》："屠牛坦，一朝解九牛，而刀可以剃毛。借作'薙'，翦草也。"

面曰脸。《埤苍》："脸，臛也。"《玉篇》："脸，羹也。"今以为脸面字。

心有所恋曰忺。《韵会》："忺，虚严切。"扬雄《方言》："青齐呼意所好为忺。"林逋《杂兴》诗："散帙挥毫总不忺。"今读忺如欠。

心惑曰怽。《集韵》："怽，心惑也。或从迷。"

臆气不伸曰瘪。《集韵》："瘪，必列切，音别。"肿懑也。

膀胱曰脬。《说文》："脬，旁光也。"《三苍》："盛尿处曰脬。"《广韵》："膀光谓之脬。"《史记·仓公传》注："脬，亦作'胞'。今读脬如抛，字亦作'韦包'。"《释名》："脬，韦包也。"

谓看曰瞙。《玉篇》："瞙，无昭切，音描。张目也。"临泽今仍如此。

尘滓入目曰眯。《唐韵》："眯，莫礼切，音米。"《字林》："眯，物入眼为病也。"《庄子·天运》："夫播糠眯目。"《文子》："蒙尘而欲无眯，不可得絜。"

鼻塞曰齆。《广韵》："齆，侧六切。塞也。"

以鼻就气曰齅。《至正直记》："谚云：'齅香吸髓倚阑干，言三险也。'"齅，俗音闻。齅也。

齿不齐曰齹。《说文》："齹，齹跌儿。从齿，佐声。"徐铉云："佐当是㸪。"《说文》："无佐字。亦作'齹'。"《玉篇》："齹（①cī，牙齿参差不齐。②cuó，齿根），齼跌者。"《集韵》："齼，才何切，同齼。"今读若错。

齿怯曰牙齼。李调元《卍斋璅录》："今人谓齿怯者曰齼，音楚，齿伤醋也。蜀人谓之牙齼，即此。"

喉音败曰嗄。《广韵》："嗄，所驾切，沙去声。"《玉篇》："声破。"《集韵》："声变也。"《老子》："终日号而嗌曰嗄，和之至也。"字亦作"夏欠"。今转为"沙"入声。

骨鲠在喉曰骼（qià）。《集韵》："骼，苦假切。"见焦竑《俗书刊误》。

手挽曰扳。《集韵》："扳，披班切。"与攀同。

以指历取曰捋。《广韵》："捋，手捋也。"《诗·周南·芣苢》："采采芣苢，薄言捋之。"《豳风·鸱鸮》："予所捋荼。"

下捣曰筑。《集韵》："筑，张六切，音竹。"以手筑物也。

揉擦曰搓。《唐韵》："搓，七何切，音蹉。"陆游诗："柳细搓难似，花新染未干。"

以手逼物出汁曰罱。《广雅》："罱，籍礼反，盝也。"《广韵》："盝，去水也。"

掰开曰撽。《集韵》："撽，牵幺切，音髐。"

拳击曰捶。《正韵》："捶，在追切，音椎。击也，别作'槌'。又与捶通。"

指捻曰揑。《文选·潘岳〈笙赋〉》："揑纤翻以震幽簧。"注："揑，指捻也。"揑，今读若聂。

投物入隙曰摋。《广韵》："摋，苏才切，音鳃。"

屈腿坐曰鏧。《集韵》："鏧，蒲官切，音盘。"《类篇》："屈足也。"

足蹂曰趾。《广韵》："趾，雌氏切，音此。"今读此平声。

游行曰逛。《集韵》："逛，古况切。"《玉篇》："走貌。"

踞地曰蹲，曰跓。《说文》："蹲，踞也。音存。"今读若敦。《集韵》："跓蹲貌。音枯。"今转为枯入声。

伏地行曰趴。《集韵》："趴，蒲巴切，音爬。"《正字通》："今俗谓小儿匍匐曰趴。"

前追曰赶，曰趈。《字汇》："赶，追也。"《正字通》："赶，同赶。"《玉篇》："趈，疾行也。"《广韵》："趈，纪念切。"今读若犟。

心不明曰憒懂。程瑀诗："不比妙高穷老圃，堆陊憒懂百无能。"

鄙陋曰龌龊。《正韵》："龌龊，急促局陋貌。亦作'握龊'。"《史记·司马相如传》："委琐握龊。"

羸小可憎曰傒伶。扬雄《方言》："鏧伶，骂也。燕之北郊曰鏧伶。"

多力曰励。《埤苍》："励，多力也。"王念孙云："今北方犹谓力为励。通作

'劲'。"

疥疮曰干疙瘩。《集韵》："瘩疸，疥疮也。读若呆老。"今转为疙老。疙即瘩之入声。

虚弱病曰痨。《正字通》："今人以积劳瘦削为痨病。"朱骏声云："痨当作劳，凡劳于力气、劳于酒色皆是也。又读去声。"扬雄《方言》："凡饮药而毒，北燕朝鲜之间谓之痨。"

小便艰涩曰痳。《唐韵》："痳，力寻切。"《说文》："痳，疝病。"《玉篇》："痳，小便艰也。"

体痛曰疼，曰酸。《广韵》："疼，徒登切。疼痛。"《集韵》："作瘆，字亦作'疼'。"《五音·集韵》："疼，痛也。徒登切，音腾。"白居易诗："身上幸无疼痛处。"酸，读若酸。《广韵》："酸，痛也。"《集韵》："酸，疼。"

以艾爇灼肤治病曰灸。《说文》："灸，灼也。"《史记·仓公传》："形弊者，不当关灸镵石及饮毒药也。"灸，音久。

货有成数曰趸。《字汇补》："趸，东本切，敦上声。"俗字零趸也。今读堆上声。

屋无壁曰厂。《广韵》："厂，音敞。"《集韵》："屋无壁也。"

门四边曰框。《玉篇》："框，门框也。"《类篇》："门周木也。"俗作"框"，误。框，棺门也。

门地脚曰限。《广韵》："胡简切。"读若坎，与阃通，门阈也。颜延之《陶徵士诔》："度量难钧，进退可限，长卿弃官，稚宾自免。"

门有疏目曰槅子。袁文《瓮牖间评》："取明槅子，人多呼为亮槅。"

署门户曰扁。《说文》："扁，署也。从户、册。"户册者，署门户之文也。秦书八体，六曰署书。字亦作"楄"。《文选·何晏景福殿赋》："爰有禁楄。"注："扁与楄同。"今借用匾。《篆文》："匾，匾薄也，不圆也。"

单衣曰禅。《说文》："禅，衣不重也。"《释名》释衣服："无里曰禅。"《礼记·玉藻》："禅为绚。"注："有衣裳而无里。"

复衣曰袷。《唐韵》："袷，古洽切，音夹。"《说文》："衣无絮。"《广雅》："重也。"《广韵》："复衣。"《玉篇》："一作'夹'。"

股衣曰裤，曰裈衣。《集韵》："裈，诸容切，音钟。"扬雄《方言》："裈，陈楚江淮之间谓之裈。"字亦作"幒"。《说文》："幒，裈也，或作'裈'。"《广雅》："裈，裈也。"

胫衣曰套裤。《说文通训定声》："绔，胫衣也，今俗呼谓之套裤。"

衣系曰襻。《唐韵》："襻，普患切。"《类篇》："衣系曰襻。"或作"攀""袢"。

衣两幅之交曰缝。《广韵》："缝，扶用切，音俸。"衣缝也。《礼记·檀弓》："古者冠缩缝，今也衡缝。"

衣不伸曰皱。《集韵》："皱，侧救切，音绉。"衣不伸也。

鞋边曰帮。《集韵》："帮，治履边也。"引申为凡帮帖之称。《六书故》："帮，裨帖也。"省作"帮"，亦作"幚"。

酒不去滓曰醪糟。《唐韵》："醪，鲁刀切，音劳。"《说文》："糟，酒滓也。"《篇海》："酒母。"

粥薄曰希。《礼记·檀弓》："饘粥之食。"疏："厚曰饘，希曰粥。"俗作"粞"。今陇上作"稀"。

发酵曰起面。《南齐书·礼志》："太庙四时祭荐用起面饼。"注："发酵也。"《集韵》："酵，酒酵也。古孝切。"

以菜侑食曰下饭。《过庭录》："王子野罗列珍品，谓水生曰：'何无可下饭乎？'生曰：'惟饥可下饭耳。'"

晾谷之簟曰笆茈子。《集韵》："茈，音掣。"扬雄《方言》："自关而西之人谓簟曰茈。"

击谷器曰连耞，曰连盖。耞，居牙切。《说文》："作耞，枷也，淮南谓之柍。"《释名》："耞，加也，加杖于柄头，以挝穗而出其谷也。"《方言》郭注："今连耞，所以打谷者。俗呼连盖。"《尔雅》："加，载也。载盖迭韵。"

履模曰楥，履法也。《集韵》："楥，呼愿切。读暄去声。"俗作"楦"。

铁生衣曰镾（同锈）。《集韵》："息救切，音秀。"铁生衣也。或作"锈"。

秤之小者曰等子。《三器图义》："皇佑新乐图记有铢秤，其图一面有星，一面系一盘，如民间金银等子。"

称上记斤两之数曰花星。《在阁知新录》："今谓秤上斤两为花星。"贾岛《赠牛山人》诗："凿石养蜂休卖蜜，坐山秤药不争星。"

所以拂尘曰扰帚。《字林》："扰，拂也。都感切。"字亦作"担"。《玉篇》："担，拂也。音亶。通作'胆'。"《礼记·内则》："桃曰胆之。取义于拭，拭亦拂也。"

引火纸卷曰捻子。《正韵》："捻，读若年，上声。"按：陇上称灯芯曰捻子。

雨盖曰伞。《说文》新附："伞，盖也。"《通俗文》："张帛避雨谓之伞。"《史记·五帝纪》注："舜以雨伞自扞。"《晋书·王雅传》："遇雨，请以伞入。"《集韵》："伞，或作'巾散'。"《类篇》："伞，亦作'伞'。"《南史》："王缙以笠伞覆面。"

博具曰簺（sài，古代的一种博戏，也称格五戏）。《说文》："行棋相塞谓之簺。"《韵会》："通作'塞'。"《庄子·骈拇》："则博塞以游。又作'骰'。"

《广韵》:"骰,度侯切,音头。"唐朱湾有咏骰子诗,温庭筠亦有玲珑骰子安红豆之句。今读塞音。

骡马负重曰佗子。《汉书·赵充国传》:"以一马自佗负三十日食。"颜师古曰:"凡以畜产载负物者皆为佗。佗,音惰。俗作'驮、驼'。"

器柄曰欘。《唐韵》:"欘,刀柄名。"杨慎《丹铅录》:"得此欘柄。"

木段曰橦。《类篇》:"橦,木一截也。"唐式,柴方三尺五寸为一橦。

稻之黏者曰糯,黏稻也。不成粟曰秕。《说文》:"秕,不成粟也。字亦作'粃'。"《孔子家语·相鲁》:"是用秕稗。"注:"秕,谷之不成者。"

菜心抽茎作"华"曰薹,曰蕻。《广雅》:"蕠,薹(tái,①薹菜。②薹草。③蒜,韭菜,油菜等蔬菜的花茎,嫩的可作蔬菜)也。"《广韵》:"蕻(hòng,①菜薹。②茂盛)草,菜心长也。"《野菜谱》:"四明有菜名雪里蕻。即此字。"

篱豆曰稨豆。《集韵》:"稨,篱上豆。今俗作'扁豆'。"

浇花木菜蔬曰饮水。《广韵》:"饮,于禁切,音荫。"以饮饮之也。

呼鸡曰朱朱。《洛阳伽蓝记》:"沙门宝公曰:'把粟与鸡呼朱朱。'朱为喌之转音。"《说文》:"喌(zhōu,唤鸡声),呼鸡,重言之。喌音祝。或借祝祝。亦作'咮',又作'粥粥'。"

鸡伏卵曰菢。《通俗文》:"鸡伏卵,北燕谓之菢。"

卵中曰黄。《集韵》:"黄,胡光切。"卵中黄。陇上谓之黄瓢子。

马曰生口。《三国志·魏书·王昶传》注:"任嘏与人共买生口,各雇八匹,后生口家来赎,时价直六十匹,嘏取本价八匹。"按:生口,言马也,今俗犹然。陇上家养佐农事者皆此名,非特指马。

牝马曰课。孔平仲《谈苑》:"俗呼牝马曰课马,出《唐六典》,凡牝四游而课,谓四岁课一驹也。"

阉畜曰骟。《臞仙肘后经》:"骟马、宦牛、羯羊、阉猪、镦鸡、善狗、净猫。'骟'亦作'扇'。"《五代史·郭崇韬传》:"谓继岌曰:'当尽去宦官,至于骟马,亦不可骑。'"陇上阉猪曰桥。

饲鸟兽曰萎。《说文》:"萎,食牛马也。通作'委'。"《诗·小雅·鸳鸯》笺:"则委之以莝(cuò,铡碎的草)。又通餧(wèi,喂养)。"《广雅》:"餧,食也。"《礼记·月令》:"餧兽之药。"注:"餧者,唊之也。"《楚辞·九辩》:"凤不食餧而妄食。"注:"谓不贪人飤己妄食也。"《汉书·张耳陈馀传》:"如以肉餧虎。"注:"飤也。"字亦作"喂"。俗作"喂",误。喂,恐也。

牲畜所食刍豆曰料。《唐书·李林甫传》:"立仗马食三品料,一鸣辄斥去。"

蚓曰曲蟮。《正韵》:"蚓,通作'螾'。"《集韵》:"亦作'蝘'。"《周礼·考工记》梓人疏:"螾衍,今曲蟮也。"

啮人跳虫曰虼蚤。《说文》：“蚤，啮人跳虫也。”或作"蚤"。俗呼虼（gè）蚤。《元曲选》："哈叭狗咬虼蚤。"翟灏云："虼，当为虼啮之虼。亦借作'獦'。"陆游《吴下田家志》："九九八十一，穷汉受罪毕，免得伸脚眠，蚊虫獦蚤出。"

手工曰手艺。柳宗元《梓人传》："彼将舍其手艺，专其心智，而能知体要者欤？"

俗饮以手指屈申相搏曰豁拳。唐皇甫松有手势酒令，明王徽福有拇阵谱。手势、拇阵即今之豁拳也。陇上曰划拳。

聚钱谷由少至多曰儹。《唐韵》："儹（zuì），积儹也。即产切。"又见《俗书刊误》。

凡物盛而多曰多委伙。《广韵》："多委，乌禾切。"燕人谓多曰多委。伙，胡火切。或作"夥"。《史记·陈涉世家》注："楚人谓多为夥。"

凡物已足曰够。《广韵》："够，古候切，音遘。"多也。

有余曰剩。《说文》："剩，物相增加也。"误作"剩"。俗作"剩"。

束物曰稇。《说文》："稇，絭束也。从禾、困声。"《广雅》："稇，束也。"《国语·齐语》："稇载而归。"皆误从困。字亦作"捆"。《孟子·滕文公》："捆屦织席以为食。"俗作"捆""梱"。

物自此移彼曰腾。王建贫居诗："蠹生腾药筴，字脱换书笺。"

搚撞曰揰。《字汇》："揰，彭去声。搚揰，撞也。"今转为捧，去声。俗作"碰"。

遮遏曰挡。《康熙字典》云："挡，遮遏也。"今俗用为抵挡字。

阻止曰当。《广韵》："当，止也。都朗、丁宕切。"

以刀断物曰剁。《广韵》："剁，都唾切。多去声。"斫剉（zhuócuò，用刀斧等砍削）也。《玉篇》："斫也。"

以枪刺物曰戳。《篇海》："戳，敕角切。"枪戳也。

物坚曰硬，曰牢实。释玄应《一切经音义》引《字略》："物坚曰硬。"又引字书："鞕，硬牢也。"《广雅》："硬，坚也。"又《广韵》："牢，实也。字亦作'窂（láo）'。"《篇海》："窂，坚固也。"

物易破曰脆。《说文》："脆，小耎易断也。"《广韵》："俗作'脆'。"

物松脆曰殠。《集韵》："殠。孙租切。烂也。"或作"𣨶"，今借指"酥"。

沸水曰滚水。《说文》段注："今江苏语沸水曰滚水。"滚水即涫（guàn，沸滚），语之转也。《说文》："涫，鬻也。古丸切。"

物相和曰䊓。《集韵》："䊓，部满切。"物之相和。唐张贲诗："应宜仙子胡麻䊓。"字亦作"拌"。

舍命曰㪒命。段玉裁云:"今人谓轻生曰㪒命。"《说文》:"㪒,词也。"徐云:"㪒者,任侠也。"由,用也,便捷任气自由也。字亦作"拚""捐",弃也。扬雄《方言》:"楚人凡挥弃物谓之拚。"俗误作"挤"。《集韵》:"挤,与翻同。"或省作"拚"。

安居乐业曰享福。《鹖冠子·王鈇》篇:"享其福禄而百事理。"

敬畏曰吓。《唐韵》:"吓,呼讶切。"《集韵》:"亦作'赫'。"《诗·大雅·桑柔》:"反予来赫。"《笺》:"口拒人谓之赫。"《释文》:"赫,本亦作'吓'。"郑笺:"许嫁反。咮同。"

事相邂逅曰斗凑。亦作"豆凑"。《西湖游览志馀》:"杭人以事相邂逅曰豆凑,盖斗凑之讹也。"陇上斗凑有二义,一为拼凑,一为凑和。

趋奉尊贵曰奉承。范质戒从子杲诗:"举世好承奉。"

因人受害曰带累。薛能诗:"莫窃香来带累人。"姚合诗:"转觉才华带累身。"

诅人及自诅皆曰呪。《国策》:"许绾为我呪。通作'祝'。"《书·无逸》:"否则厥口诅祝。"

以言请托曰诀。《广雅》:"诀,告也。"《通雅》:"以言托人曰诀。一作'唤'。"即今央求字。陇上曰央记,乃央及之音变。

停当曰妥怗。王逸《楚辞序》:"义多乖易,事不妥怗。"陆机《文赋》:"或妥怗而易施。"亦作"妥帖",俗作"妥贴"。

震动曰抖擞。扬雄《方言》:"东齐曰铺颁,犹秦晋言抖薮也。"《法苑珠林》:"抖擞烦恼,去离贪着,如衣抖擞,能去尘垢。"亦作"斗漱"。《公羊疏》:"无垢加功曰漱,若里语曰斗漱。"

约束曰收拾。苏轼《聚远楼》诗:"赖有高楼能聚远,一时收拾与闲人。"

联合曰龓(lǒng)络。《说文》:"龓,兼有也。"今作"笼络"。

有才曰能干。《后汉书·孟尝传》:"清行出俗,能干绝群。"

服役曰伏事。陆机诗:"谁谓伏事浅,契阔踰三年。"

相邀曰招手。《列子注》引《苍颉》曰:"挑,为招手呼也。"《书·立政》吁俊疏:"招手贤俊之人,与共立于朝。"

圆而转动曰磙。《集韵》:"磙,古困切。衮去声。转也。"作"滚",非。

第六节　慕少堂的《甘宁青方言录》

慕少堂(1871—1947),名寿祺,字子介,甘肃省镇原县人,晚清举人,早年为同盟会会员。三十年代初,曾受聘甘肃学院(兰州大学前身)文史系教授,讲授《经学概论》和《音韵学》，是陇上著名文史学者、教育家，也是甘肃方言、曲艺、戏曲、民间艺术研究者。学识渊博，著述丰富，治学严谨，一生计有专著四十余部。代表作品有《读经笔记》《甘宁青方言录》（又称《甘宁青恒言录》)《中国小说考》《敦煌艺文志》《音韵学源流考》等。向达先生在《西征小记·瓜沙谈往之一》中说，1942 年曾在兰州拜谒慕少堂，称他为"陇右前辈，熟于关陇掌故，著有《甘宁青史略》四十册"①。

《甘宁青方言录》包括张掖县方言、皋兰县方言、临夏县（即古河州）方言、陇西各县方言、陇东各县方言、镇原县方言、河西各县方言、永登县（即故平番县）方言、民勤县（故镇番县）方言、隆德县方言、西固县方言等大小十一地域的方言，计五万余字。这里只列出第一部分《张掖县方言》。对张掖县方言，记载语料不多，但分析了十三个方面，体例系统性不强，层次稍嫌零乱。按原作胪列如下：

（一）张掖县方言

扬雄仿《尔雅》而作《方言》，所谓"关西"者，皆"秦晋"也。张太素（唐时敦煌人）作《敦煌方言》，所著于篇者皆陇音也。之二人者，盖欲绎训释之明，悟语音之转，不待畴咨而涣然冰释也。张掖自汉以来，逼近羌戎，人户廖落，当时方言无可考矣。现在一切语言称谓，与南北各省大致相同，亦有吐音错讹，仅为张掖之一种方言。兹仿《畿辅通志》例，粗言大概，间附按语于各条后。

平仄不分者（字无复音，平音如乖斋开歪腮，仄声如买揣改矮歹，绝不相混，张掖则不然）：

中钟种众宫（概读宫）；春冲重空（概读空）；窗床穿川筐（概读筐）；
初出除哭（概读哭）；朱竹主猪珠（概读孤）；白伯北剖别（概读别）；
砖转庄馆光（概读光）；麦墨默灭（概读灭）；锥追坠归桂（概读归）；
锤垂吹亏（概读亏）；杨羊盐颜（概读颜）；棹捉菓过（概读过）；
浆与剪（概读剪，与凉州同）。

按：宋初，夏州赵道明内附，其礼、文、仪、节、律、度、声、音，无不遵依宋制。德明卒，子元昊嗣，视中国为不足法，谓野利仁荣曰："王者，制礼作乐，道在宜民。蕃俗以忠实为先，战鬬为务，若唐宋之缛节繁音，吾无取焉。于吉凶嘉宾、宗祀燕享，裁礼之九拜为三拜，革乐之五音为一音，令于国中，有不遵者族。"甘州为西夏所藤，与中国脱离关系，民众与蕃为伍，一切语言称谓合五音为一音，习俗相沿，至今未改。永登咸水河东属碱柴井之人，音同甘州，中

---

① 见向达《西征小记·瓜沙谈往之一》，《国学季刊》第七卷第 1 期（1950 年 7 月出版）。

钟种众宫概读宫,说者谓方言读音不同,大都因国音字母声韵母发音之不同而然,以愚论之,永登一县之大,独咸水河语言特别,岂张掖人之迁居于此耶?

(二)有与古韵通者

"沙门"之"沙"读"桑"(古无六麻韵,东乐人读桑。东乐分县。笔者按:东乐分县,即今民乐县),"祖宗"之"宗"读"尊"(古帝尊卢氏一作"宗卢","宗""尊"古通用),"天窗"之"窗"读"筐"("江""阳"古韵通),"学官"之"官"读"馆"(古"官""馆"通)。

按:《汉书》:"韩寿修治学官,文翁修起学官,王尊事师郡文学官,此郡文学之官舍,如博士官也。"师古曰:"郡有文学官而尊事之以为师,岂忘前注耶?""官"当读作"馆"。《易》:"官有渝九家。"作"官",蜀作"馆",古"官""馆"通。何武为扬州刺史,行部必先即学官见诸生,试其诵读,问以得失。注:"学官,学舍也。"

(三)古语之未变化者

谓看戏曰时(时音如待。《尔雅》:"待,视也。"古无舌上音,时读如待,戏呼人注意亦曰时)。谓岂曰前们(前们,岂之反切也)。谓去曰朅(朅,去也,读如竭,古音也)。

按:《楚辞》:"车既驾兮朅而归,不得见兮心伤悲。"旧注:"朅,去也。"张掖方言朅之为言"去"也,盖本乎《楚辞》矣。惟考《吕氏春秋》:"胶鬲见武王于鲔水,曰:'西北朅来,无欺我也。'武王曰:'不子欺,将伐殷也。'胶鬲曰:'朅至?'武王曰:'将以甲子日至。'"注:"朅,何也。"若然,则朅之为言"盍"也。若以解《楚辞》,则谓"车既驾矣,盍而归乎?以不得见,而心伤悲"。意尤婉至。则今文所袭用"朅来"者,亦谓"盍来也",非是发语之辞矣。《文选注》刘向七言曰:"朅来归耕永自疎。"颜延年秋胡妻诗曰:"朅来空复辞。"皆谓"盍"字始通。

谓吃曰菇(年老人齿脱遇肉则曰菇不动);颠冬(谓人常做错事);霉了(谓事坏了);霉透了(谓坏极了)。

(四)字之转音者

谓无有曰莫流(莫流者"没有"二字之转音也);谓早晨曰早神(神者"晨"字之转音也。晨本音申,读辰,乃西音);抓住(抓读瓜,住读故);读骊靬为力干(骊靬,县名,汉置,属张掖郡,在今张掖县东。按:骊靬废县,在凉州永昌县南。晋改属武威郡。颜师古曰:"取国名为县也。"骊,力迟反,今土人呼骊靬疾言之曰力虔。隋开皇中,并力干县入"番和","番和"即"番禾",今永昌县)。

（五）音韵错误者

我读若（与古人文义相反）；去读咯，衔读项（多用于语尾），呀读也（亦用于语尾）；藐，此字即"目"字，乃上古之音；晚上，晚读外，上读乞；夜日个，谓昨日也，日读儿；明日，日字亦读儿。

大前日，即前三日也，日读儿；唔个，指物也；可宜，与《论语》"可以托六尺之孤"意，但有两种表示：疾呼而首点曰好，缓呼而首摇曰坏。

"星轺"之"轺"读"遥"（邑人读"超"者，非）；"曾参"之"参"读"骖"（邑人读森者，非）；"兰谱"之"谱"读"补"（邑人读"普"者，非）；"张骞凿空"之"空"读"控"（邑人读平声者，非）。

按：张骞，汉中人。汉武帝建元中，以郎应幕使月支，为匈奴所羁。十馀岁乃得西而留月支，岁馀不能得其要领。还并南山，欲从羌中归，复为匈奴所得。南山羌，即今张掖黑番之居南山下者。后逃归，拜大中大夫，从大将军军，以识善水草处，使军无困乏，封博望侯。元狩四年，骞使西域，是时匈奴浑邪、昆邪王降。元鼎六年，分酒泉、武威之地置张掖、敦煌为河西四郡。

又按：空字有四音，平声音枯公切。《说文》："窍也。"天曰太空，沙名方空，从平声；上声音孔。《考工记》："函人眡其钻空，舜纪穿为匽空旁出。"《庄子》："礨空之在天泽。"注："小穴也。"《张骞传》："楼兰、姑师小国，当空道。"柳子厚祭张舟文："空道北出式，遏蛮陬大宛。"《传》曰："张骞凿空。"皆音作，上声；去声音控。《诗》："不宜空我师。"《论语》："其庶乎？屡空扬子酒。"《诰》之篇："饿空马。"唐诗"潭影空人心"，又曰"太空霜无影"，皆音去声；入声音窟。古者穴地穿崖而居，谓之土空。司空，官名，居四民时地利也，故曰司空。《周礼注》："司空，主国空地以居民。"空地即窟地也。天上星有土，司空亦映地之土穴。《诗》曰："陶复陶穴"，又曰："日为改岁，入此室处。"室即土司也。冬时万物闭藏，故司空之官属冬。

"不中用"之"中"字读作"中正"之"中"（言人无用曰不中用。《史记·秦始皇本纪》："始皇怒曰：'吾前天下书不中用者，悉去之。'""中"本仄声）。

"亲家"之"亲"字读作"亲戚"之"亲"（婚姻相通，例呼"亲家"，"亲"字作去声读）。

按："亲家"二字见《南史·沈攸之传》。《唐书·萧嵩传》："子衡尚新昌公主，嵩妻入谒，帝呼为亲家。"陇右两姻相遇，彼此均称曰亲家。俗有男亲家、女亲家之称。"亲"本读平声。萧瑀诗"天子亲家翁"，卢纶作王驸马花烛诗"人主人臣是亲家"，是以"亲"字为去声。又按：《史记·宋世家》："箕子，纣亲戚也。路史谓：'但言亲戚，则非诸父昆弟之称。'而不知非也。"古人称一家之人，亦曰亲戚。《韩诗外传》："曾子曰：'亲戚既没，虽欲孝，谁为孝？'"此以亲戚为父母也。《左传·僖公二十四年》："封建亲戚，以蕃屏周。"此以亲戚为伯叔子弟也。《左传·昭公二十年》："棠均尚谓其弟员曰：'亲戚为戮，不可以莫之报也。'"此以亲戚为父兄也。《战国策》："苏秦曰：'富贵，亲戚畏惧。'"此以亲戚为妻嫂也。

（六）口头常言者

喀列（谓前去也）；得到里（谓不知道也。靖远人曰的道些）；也不里（语义与上同）；稀奇（谓可宝贵也）；杂宗（实即杂种或直言杂疫）；摆风子（谓人太狂放）；张那里（指张家也）；百事通（讽人多言也）；个老子（对人表示自己不弱之词）；啰嗦（谓人欠文雅）；这个（谓此人此物，犹南人之云"阿底"，古人之"阿堵"也）；不理会（不管之谓，见张元对元昊语）。

按：黄山谷诗有句云"语言少味无阿堵"，谓无钱也。"阿堵"二字始于晋王衍。衍口不言钱，晨起，见钱堆床前，曰阿堵。近世不解，遂谓钱曰阿堵，可笑。晋人云"阿堵"犹唐人曰"若个"，今曰这个也。故殷浩看佛经曰："理亦应在阿堵中。"顾长康传曰："精神妙处，正在阿堵中。"谢安谓桓温曰"明公何用壁，后置阿堵辈"是也。凡观一代书，须晓一代语；观一方书，须通一方之言，不尔不得也（笔者按：此非慕寿祺语，实乃引自明杨慎《丹铅续录》）。

（七）语带叠韵者

呀哇（谓人语不正也。呀、哇同在麻韵）；糊涂（谓人心地不明也。糊、涂同在七虞）；槎笆孙（谓人欠文雅也。槎、笆同在六麻）；苦楚（谓人民困苦也。苦、楚同韵）；盘旋（谓此间小住也。盘、旋古通韵）；彼此都是一样（谓不分彼此也。彼、此同在四纸）；意见差池（谓主张不同也。差池同在四支）。

（八）语带普遍性者

忔蹬的一声把我晓了一跳（语本《坚瓠集》）；热闹（谓城市繁华语，本白香山）；滑稽（一曰诙谐，又曰谐谑，谓好谈笑使人解颐也）；沾恩典（谓受人恩惠也。韩琦文："被恩典之特优，顾人言而甚愧。"）；暧𪓔（玻璃类也，能照小物为大物，即今之眼镜）；谙练（《晋书·习协传》："久在中朝，谙练旧事。"）；历头（谓政府颁行之阳历，故又名"官历"。刘克庄诗："若菲野店粘官历，不记今朝是立春。"）；做满月（《北史》："刺史李式坐事被收，时其子宪生始满月。"唐元稹有《妻满月》诗）；打锣不打鼓（谓军官之不打仗也）。

按：《九华集·记绍兴采石大战始末》："岁辛巳冬，金主亮南侵。虞允文至采石，诸将皆无战意。允文方会诸将士，诘之曰：'我闻王节使在淮南，每日打锣不打鼓。'众曰：'果如此。'允文慰劳曰：'权不战，教汝辈不成事，令汝辈半死半活。'众皆唯唯。"

与老婆低个头（寻常夫妻反目，乡党出而调停，谓其夫曰："与老婆低个头不妨。"众笑之）。

按：《一统肇基录》："辛丑秋八月，明太祖伐陈友谅，径安庆直沂上流，至小孤山，风忽大作。左右言：'祭拜，当得济。'太祖口吟七绝云：'大孤过了小孤过，风浪迎船奈尔何。大夫自有凌霄志，谁肯低头拜老婆。'"盖俗讹"小孤"为"小姑"，"澎浪矶"为"彭郎矶也"。

大小火子，谓少年之有力者也。

按：宋员兴宗《西陲笔略》云："绍兴中，陕西宣抚司许西民勇鸷者编为义军，亦曰博，众推曰：'小火子或能牵制敌人，间挠敌势。'"

一把连，谓所有一切零星对象也。

按：明宫中，近御太监凡入侍，则抹布小刀一一佩带，以备上用，名"一把连"，见叶某《明宫词注》。

自家人，对外人而言之也。

按：宋员兴宗《记绍兴采石大战始末》："辛巳年冬十一月，金主亮为虞允文所败。十二月初一，金离杨门。初三日，建康早饭上马去，众议共谋杀之。夜，即其所居帐中，连发三箭，射中，又挟弓欲射。金主问曰：'你是江南人，是自家人？'万户答曰：'自家人。'金主曰：'我自去年煞做无道理事，今日饶我，也得由你辈，杀我，也得由你辈，不若早早快脆。'万户一人直入，即其帐中杀之。"

打家事，谓打破盆碟器具也。

按：朱子言："吕伯恭说少时性气粗暴，饮食不如意便辄打破'家事'，后因久病，只将一部《论语》早晚间看，忽然觉得意思平了，终身无暴怒。"《冬夜笺记》引此，可为变化气质法。

木寓，谓龙灯也，语本权文公。

唐权德舆（秦安县人）云："舟有溺，骑有坠，寝有魇，饮有醉，食有饐，行有躓，其甚则皆可以致毙，无非危机。其可如土偶木寓耶？"木寓，见《汉书注》："木寓龙是也。"《史记》作"本禺"。

（九）语用比体者

红头羊（谓出入公门渔肉乡民者也）；黑牡丹（谓牛之肥大而光润者也）；废丝子（谓市井无赖也）；白火石（指白丁）；忤逆虫（谓不孝于其亲也）；献世宝（即俗之现时报也）；老刀（谓人做事不爽快）；土鳖（指土豪）；牛皮灯笼（谓人外虽愚而内亮也）；黄连树下弹琴（谓苦中作乐也）；狗啃骨头（谓拾人牙慧也）；猪吃花椒（谓气闭也）；粮食虫（谓徒蝗粱黍也）；麦秸拐棍（谓人毫无

主张也);木头磬(谓人无用也)。(按:磬以铜为贵,有时不击自鸣。韦绚《嘉话录》云:"洛阳有僧,房中磬子日夜辄自鸣,僧惧成疾,求术士百方禁之,终不能已。曹绍床来问疾,僧具以告。俄击斋钟,磬复作声。绍床出怀中错鑢磬数处而去,其声遂绝。僧问其所以,床曰:'此磬与钟律合,故击彼应此,此皆无线电之理也。'")

(十)借用典故者

外甥打灯笼(谓诸事照旧办理也,"旧"与"舅"音同);赵钱孙李(社会往婚嫁丧葬,查礼簿,以人之行于我,如其数以送之。但"送"与"孙"平仄不分)。

(十一)言与古合者

千两黄金那里去买,谓古画之难再得也。

唐虞世南撰孔庙碑并书,北宋时已漫漶。昔山谷诗"孔庙虞书贞观刻,千两黄金那构得",其珍重可知矣。翻刻本之佳,一为饶州晋江书院本(见《烟云过眼录》),一为城武刻本(见《金石文考略》),今并罕见。

醉汉,谓醉人也。

《开元天宝遗事》:"李林甫与同僚议事,如痴醉人,未尝问答。张曲江常曰:'林甫议事,如醉汉恼语。'张掖觞政甚虐,酬应场中虽不饮如韦昭者,亦必以觥酹,醉汉之多,职是故耳。"

第一清、第二清、第三清,父老评论好官之等第也。

《魏书·辛雄传》:"雄上疏曰:'治天下者,惟在守令。'最宜建置,以康国道。请上等郡县为第一清,中等为第二清,下等为第三清。"道家以"玉清、上清、太清"为"三清",皆仙人所居之府,故多以为官观之名。

读"料理"为"撩理",料理犹言照料也,邑人读"料"为平声,人多笑之。

《晋书》:"比当相料理。"《世说》:"汝若为选官,当好料理此人。"日本谓烹饪曰料理。《说文》:"撩,理也。"邑人读"料"为"撩","反"与"古"合。

过我那边吃便饭,约相识者到家,用家常便饭也。

汉博士侯瑾(字子瑜,敦煌人),《汉皇德传》云:"盖晋敦煌人,性皎洁,自小不过人饭,佣书得钱足供而已,不取其馀。"(又见《太平御览》)"常调官好做,家常饭好吃"(见《独醒杂志》),真名言。

半个大豆吃不饱(菽,戎豆也,邑人谓之大豆)。

《广韵》"半"注"五升也",《汉书》云:"士卒食半菽。"孟康曰:"半,五斗,器名。"王邵曰:"言半,量器容半升也。"按之说,则孟康升误斗,王邵斗误升矣。张掖今年以来为摊歉所困，有以半个大豆充饥者矣。

点灯来，天晚各机关唤杂役点灯来，此亦有所本。

袁子才《咏上官婉儿一绝》云："旗下三郎宝剑开，婉儿亲自点灯来。奈逢龙子初飞日，了却蛾眉首不回。"三郎谓唐玄宗也。民国初，有人在敦煌得杨贵妃写经一卷，题曰"玉环为三郎祈福"。

麦苗冒橄橄子，又曰冒节节子，言长之速也。

按：郑氏《月令注》引《农书》："土土冒橄，陈根可拔，耕者急发。"又引《孝经说》曰："地顺受泽谦开张，含泉任萌滋物归。"皆韵语也，与张掖农事相符。

前件，谓上文已陈述也，此语惟文牒中用之。

隋唐以后，诏旨文牒中习用"前件"二字，如少林寺柏谷坞庄碑云"前件地及碾"，又"前件地为常住僧田供养"，会善寺《戒坛牒》亦有"前件"字样，而魏孙辽浮图墓志铭文内不书卒期，但云"前件月日"，知北魏时早为通用名词矣。

市井，邑人常谈"市井"字，又曰市井无赖，皆有所本。

按：《后汉书·循吏传》云："白首不入市井。"《注》引《春秋·井田记》曰："井田之义有五，一曰泄天时地气，二曰无费一家，三曰同风俗，四曰合巧拙，五曰通财货。因井为市，交易而退，故称'市井'也。"且《春秋·井田记》不见于他书，独此引用，故表而出之。

（十二）有与兰州同者

嗟（音如嘉），发语词也。《书·秦誓》公曰"嗟人无哗"，则"嗟"本秦音，或训叹辞。太阳曰热头。年希尧《五方元音》："日音热头，语助词，犹历头之类。"

娜（音如代，平声），叱声也，又戏相呼也。

按：《五音集韵》："娜，徒盖切，音大（去声）。"邑语呵叱人及戏相呼皆曰"娜"音，从平声。俗讹作"呔"，字书无之，今改正。或谓左思《吴都赋》："东吴王孙，輾然而咍。"注："楚人谓相调笑曰咍，则呔似应改作咍。"然考《唐韵》《集韵》《韵会》《正韵》诸书，咍，呼来切，并音薤，与此土语音不合，今不取。

（十三）有与靖远同者

苦尽忠（谓人勤苦异常也）；耗晒肋巴（谓人懒惰也）；吃虱子皮（谓人俭省太过也）。

昔应侯谓秦王曰："得宛，临流阳夏，断河内，临东阳，邯郸犹口中虱子也。"王莽校尉韩威曰："以新室之威，吞弱汉，无异口中蚤虱也。"《癸辛杂识》

曰："山翁野妪，扪身得虱，即口中嚼之。"西北民众有扪虱而谈者，则王猛之见桓温也。有闻诵《阿房宫赋》者，则苏隐被中之虱也。间有嚼虱子者，则乞丐之流耳。若云普通社会性嗜食痂，此莫须有之事。

有与吴语同者（明肃王就藩甘州，随员卫队多金陵人，其语言流传至今）。

呼妇人为女客（"女客"二字见《高唐赋》）；打谓之敲（《左传》："执其戈以敲之。"）；相连曰牵（亦曰牵连）；拆花曰抅花（语本元微之诗）；习气曰毛病（黄山谷《刀笔》云："此荆南人毛病。"）；器用曰家生（亦曰家火）；有病曰不耐烦（见《南史·庾炳之传》）；骂佣工曰客作（"客作"二字见《汉书》）。

谓罢必缀一休字曰罢休（《史记》："吴王谓孙武子曰：'将军罢休就舍。'"）；谓贪纵曰放手（《汉书》曰："残吏放手。"）；六畜总曰众生（"众"作平声）；数钱，五文曰一花（"花"字张掖读"黄"字）；热酒谓之锡（古谓之暖酒）。

胡说曰拉谈（宋时梨园市语）；妇人首饰曰头面（词语与甘肃同）；谓何人曰遐个（《诗》："遐不作人。"注："遐，何也。"）。

（十四）有用蒙古语者

谓黑鼠为他剌不花（《皋兰志》作"哈喇"，蒙古语"黑色"也）；俄博（累石为堆也。俄博营都司，旧隶甘肃提督）。

（十五）附蒙语之有解释者

藏王曲结（通经典之称也）；吉能、吉囊（皆"济农"之异译，作人名解者误）；扎萨克（蒙古执政者之通称也）；巴图鲁（华言勇士也）；诺们罕（《西藏赋》注："诺们。"经也，"罕"与"汗"通，作"王"字解）；呼图克图（谓有福人也）；扎萨（华言丞相也，明人称宰僧）；巴（部落之谓，唐古特语）；台吉（犹华人之称宗亲也）；黄台吉（称嫡嗣之当立者，犹中国之皇太子也）；达赖（海也，喻智慧如大海）；锁南坚错（即索诺木札木苏之转音也，是为第二世达赖）；赛音（唐古特语"好"也）；赛痕（称"好"之谓也）；库伦（城圈也）；喀拉托罗盖（谓黑山头也）；茶毗（即焚烧也）；胡同（谓井也）；喇叭（谓和尚曰喇叭，即今之喇嘛僧也）；格隆（唐古特语谓比邱也）；毕七沁（华言善书者也）；库尔喀喇乌苏（"库尔喀喇"译言"黑"也，"乌苏"黑水也）；绰尔济（唐古特语称"法师"也）；乌兰布拉（红泉也）。

（十六）蒙语之无解释者

称天曰吞格利，地曰噶曾。日曰喇勒，月曰萨勒，风曰萨尔溪，大风曰衣客萨尔溪，雨曰博能，下雨曰博阿尔诺，云曰屋礼，天晴曰阿冷勒百，山曰欧喇，人曰孔，目曰纽都，鼻曰噶木儿，口曰阿木，足曰措，父曰阿爸，母曰额叶，叔曰阿爸海，兄曰阿不亥，主曰额真，仆曰奇吞，男曰额立，女曰额，立曰博索，坐曰索，跪曰色克德，叩头曰莫尔郭，靴曰布各，带曰布色，骑马曰莫林吾六非，下马曰莫林包烟，兵曰七冷，刀曰色勒扪，水曰乌苏，火曰喀尔，碗曰阿叶黑麋，米曰布达，牛曰吾克勒，羊皮袋曰托隆，马粪曰阿尔哈，布曰博色，钮子曰托博即，细线曰吞尔浑吾塔苏，绵线曰格奔吾塔苏，茶曰差羊活钮，缎曰脱尔浑骆驼忒墨，犬曰老人，一曰勒黑，二曰怀叶勒，三曰姑尔八，四曰德尔，五曰他布（一作搭布），六曰米尔哈，七曰多诺，八曰奶妈，九曰一素，十曰阿尔邦。

（十七）番语

称寺院曰官坝，黄河曰玛曲，大川曰丹迪克，饭盆曰瓦查，山为拉，水为曲，哈达曰额，请汉人办文牍曰请米拉，打劫曰夹坝，称长官曰诸版。

（十八）称谓

贡爷，邑人见"五贡"统以爷称之。

前清贡生分五等。凡黉学生员，其食饩（考一等补廪）久者，各以其岁之额贡于成均，曰岁贡；有恩诏（如万寿及新帝即位）加贡曰恩贡（位居五贡之首）；各府、厅、州、县学官，举其生员之优者，三岁学政会督抚试而贡之曰优贡。十有二年学政拔廪生之优者而贡之曰拔贡，乡试副于正榜者曰副贡，是为科举时代之恩、拔、副、岁、优（见《清会典》）名之曰贡生，邑人称以"爷"者，尊之之辞也。

丈人，谓妻父也。

按：《三国志》裴松之注"献帝舅车骑将军董承"句云："古无'丈人'之名，故谓之舅。"松之，刘宋元嘉时人，则是六朝时已称妇翁为"丈人"矣。又陈后山《送外舅诗》："丈人东南英。"注谓"妇翁"之称。又吕蓝衍《言鲭》："唐时称父执及朋友之父曰丈人，因称母曰丈母，今以岳父母为丈人丈母，沿此。"

阿伯子，妇人谓夫之兄也。

按：《五代史补》："李涛弟瀚娶妇窦氏，出参涛，涛答拜，瀚曰：'新妇参阿伯，岂有答礼。'俗又称大伯子。"

老兄，称人之普通辞也。

按：《世说》："王司州尝乘雪往王螭许，司州言气少有忤逆于螭，便作色不夷，司州觉恶，便与状就之，持其臂曰：'汝讵复足与老兄计。'"笔者按：据《古今笔记精华录（上）》，"老兄"之称始于唐。《朝野佥载》云："来俊臣谓周兴嗣曰：'有内状勘老兄，请兄入此瓮。'"《世说》即有，则《精华录》误矣。

大舅（谓母之兄也。《后汉书》："光武见张况，大喜曰：'乃今得见我大舅乎！'"）；婆姨（称人之妇也）；某姐（婆称子媳如大姐二姐等）；相公（岳称婿也）；老年人（称年长之辞也）；你小哥（对年幼者之泛称也）；老爷爷（尊敬官吏与乡绅之称，如孙之在祖父膝下也）。

按：《玉篇》俗呼父曰爷，《木兰诗》"不闻爷娘唤女声"，杜诗"见爷背面啼""爷娘妻子走相送"，俱以父为"爷"也。今北人呼祖为"爷爷"。宋燕山府永清县大佛寺内有石幢，系王士宗建，末云亡爷爷王安，娘娘刘氏，是称其大父大母也。则此称自宋时已有之，然则当时北军有宗爷爷、岳爷爷之称，直以祖尊之矣。狄道人称杨椒山为"杨爷爷"，可谓推崇备至矣。

老相公，谓婿年已长也。

按：《剪胜野闻》："明时内阁诸老缙绅于外称呼，亦不过曰某老先生而已，分宜（即严嵩）当国而谀者称老翁，而华亭、余姚与同事则别姓以异之，然不尽尔也。至江陵晚年则直称曰老相公，而他皆别以姓矣。"相公、老相公，今以之称骄客矣。

小人，百姓见兵士称老爷，自称则曰小人。

小人之称，自古有之。小人有母，皆尝小人之食矣。颍考叔称之于君，愿以小人之腹度君子之心，閽没女宽称之于相，后乃为厮役下贱之称矣。共和告成，人民为主人翁，今乃自称小人，不得已也。

沐恩小的，旧日提标把总外委谒见提督自称"沐恩小的"。

按：王世贞《觚录》云："余于西曹，见谈旧事投刺有异者：一大臣于正德中上书太监刘瑾云：'门下小厮某，上恩主老公公。'嘉靖中，一仪部郎谒朔国公勋则云：'渺渺小学生某。'皆极卑謟可笑，然至余所亲见，复有怪诞不经者，一自称不佞至通家，一家不佞治，下不佞治，下佞眷不佞；一自称牛马走，亦曰通家治下牛马走，一曰湖海生形浪生，一曰神交小子，一口将进仆，一曰未面门生，一曰门下沐恩小的，一曰何罪生，此皆可呕秽，不堪捧腹。今之下级军官见阃外将军，概称沐恩，当不仅张掖一处也。使凤洲见之，其评论又将如何耶？"

太太，民间称曾祖母之词也，今则官吏内眷不论官秩大小皆以"太太"称之。

按：明东越胡应麟《甲乙剩言》云："有一边道转御史中丞作除夕诗云'幸喜荆妻称太太，且斟柏酒乐陶陶'，盖部民呼有司眷属，惟中丞以上得呼'太太'耳，故幸而见之歌咏。读者大为绝倒。"

鸦鬟，谓婢女也，或又呼之为丫头。

按：宋人《异闻杂录》："建康杨二郎，遇一妇人为鬼母，遣小鸦鬟出探，又分付鸦鬟为置一室。"刘宾客诗："花面丫头十三四，春来绰约向人时。"为小樊而作花面者，未开脸也。见长洲吕钟玉《言鲭》上卷："宁夏人称闺女为丫头。"

第七节　范紫东《关西方言钩沉》

范紫东（1879—1954），名凝绩，字紫东，陕西乾州（今乾县）人。五岁发蒙，七岁起即读古诗、经史，有"神童"之称。清光绪二十八年参加七县秀才统考，以第一名入选三原宏道学堂。四年修业期满，考试成绩仍名列第一，旋被西安府中学堂聘请为理化教习，又应邀在健本学堂兼任语文教员。清宣统二年（1910年），经井勿幕、焦子静介绍加入中国同盟会。1914年以后，历任易俗社评议员、评议长、编审部部长、编辑部部长等职，创作了80余个剧本。范在教书和编剧之余，还于1936年至1939年编纂了《永寿县志》《陇县新志》及《乾县新志》。1946年针对戴季陶散布"西北人野蛮，语言粗俗"的谰言，编写了《关西方言钩沉》一书，以确凿有力的证据，阐明关中民间语言源远流长和它对丰富民族语言词汇、裨益戏剧创作的贡献。

《关西方言钩沉》，民国三十六年元月初由西京（西安）克兴印书馆印行，署为"待雨楼著作之一"，全一册，共四卷（甘肃省图书馆收藏）。全书总共2万余字，分称谓、名物两卷，收录关西方言词语155条。体例为条目式，先列词目，后训释词义，后考索语源。文稿显然是未竟之作，然而从现有内容来看，多从生活中获取方言材料，因而显得非常宝贵。

一、称谓之部（卷一）

称谓之部，共注解32个（组）词语，此举第一例。

中华：我国谓之中华；民族亦谓之中华。

按我国名称，大抵因朝代而变易；其一贯之名词，不甚确定。盖当秦汉以前，列土分封，则以各诸侯之封域为国。而四海之内，统谓之天下，并不称为国。故大学治国以后，又言平天下。帝王统治诸侯之国，谓之君临天下，富有天下。其后虽变为郡县，而天下之称自在也。至中国之称，古今意义不同。礼："故圣人能以天下为一家，以中国为一人。"天下与中国分言，则所谓中国者，系指中土之国而言；故以一国为一人，而合各国为一家，谓之天下；自秦汉以后，废封建为郡县，统为一国；故所谓天下者即中国也。而中国二字，成为对外国之称，亦非确定之国名也。其以地域为标准，无朝代之关系，自古及今，称谓不变者，厥惟中华二字。而民族遂亦称为中华人。至民国成立，始确定中华为我国之名，前此中华二字，载籍中尚不多见；文字中亦不常见；完全在语言中流行，极为普通而伟大。究竟此语如何发源？不能不从事考证也。

《列子》："皇帝梦游与华胥氏之国。"《帝王世纪》："包牺氏母曰华胥。"《寰宇记》："陕西蓝田县有华胥氏陵。"是包牺之母，为华胥国之女；而国即在华阳，故名华胥。皇帝所梦游者，乃梦想古国之政教也。此在结绳时期，关西有华胥之国，即已有"华胥"之语可知也。

《尔雅·释山》："河南华，河西岳。"《职方注》："岳，吴岳。"《郑志·杂问》云："周都丰镐，故以吴岳为西岳。"吴岳，《禹贡》名为汧山。《汉志》："右扶风汧（县）吴山在西；古文以为汧山。"《汉书·郊祀志注》："吴山在今陇州吴山县。"是当时陇州之吴山为西岳也。

《周礼·职方》："豫州其山镇岳华山。"《九域志》："华山四州之际，东南豫；东北冀；西南梁；西北雍。十字分之，四隅为四州。"豫州为中州。《周礼》以华为豫州之镇。《九域志》又以华为十字之交点，居四州之中了，然则《邵氏正义》谓："成州以华山为中岳。"确有根据也。盖岳位以周初为变易之界限。周以前以吴山为西岳；华山为中岳。周以后，始以华山为西岳，嵩山为中岳。该民族东渐，拓地较广；而华岳不居中心，乃改称西岳耳！故《尔雅》首言："河南华，河西岳。"并无嵩山，与《虞书》同。此述旧说也；最后又言："华山为西岳，嵩山为中岳。"此新说也。

由此可知古以华山为中岳，故山称中华。而古代国都皆在华山附近，故称黄河流域之地为中华。《三国志》："若使游步中华，骋其龙光。"《魏书》："下迄魏晋赵秦二燕，虽地居中华，德祚微浅。"此仅称黄河流域之地，实与国名无涉。其后疆域渐广。凡隶版图之地，亦可称为中华矣！

自大禹建国以后，始有区夏、诸夏之称；民族亦有夏人之号，又与中华二字合并，称为中夏、华夏。皆以朝名相沿袭，虽散见于经典，而未通行于语言。不若中华称谓之普遍。此关西语之最古者也。

二、名物之部（卷二）

名物之部，注解了136个（组）方言词，此举前3例：

髑髅颡（sǎng，额头）头：谓之髑髅（音独楼）；又谓之颡（今读桑阿之合音）。

《说文》："髑髅，顶也。髑，徒谷切，音独。"今语仍存古音；而文字中多读触音，遂与语言隔绝矣！《庄子·至乐篇》："庄子之楚，见空髑髅。"空即腔也。此谓头骨之腔，皆与今语合。

《玉篇》："颡，额也。"文中多读为上声。王念孙谓古音读平声。《易林》："玄鬣黑颡，东妇高卿。"与乡为韵。魏文帝东巡观兵诗："古公宅岐邑，实始翦殷商；孟献营虎牢，郑人惧稽颡。"与商为韵；故《集韵》及《韵会》并音桑；

今语犹存古音；但恒带阿之尾声。而由阳韵转入麻韵矣！

囟：小儿头盖未合处谓之囟（音信）。

《说文》："囟，头会脑盖也。象形。"今谓小儿头盖曰囟门口也。《内则正义》引《说文》云："囟，其字象小儿脑不合也。"人部儿下曰："上象小儿头盖未合也。"是儿字上从囟也；脑思细等字皆从囟。今所谓囟门口，乃极古雅之名词也。

膊髆（bó，肩，肩膀）：颈项谓之膊，肩胛谓之髆。

按膊为胫骨之名。《仪礼·乡饮酒礼》注："后胫骨二，膊胳也。"髆骨挺而长，故颈项亦借称髆项。《说文》："髆，肩甲也。"肉部曰："肩，髆也。"肩与髆互训。应邵《汉书注》："大宛天马汗血，汗从前肩髆流出如血。"又肩甲灵枢经作肩胛。是肩胛、肩髆，皆古语也。

三、状语之部（卷三）

状语之部，共注解 81 个（组）词语，多为形容词，此举前 5 例。

爨（cuàn）：芳香谓之爨（音窜）。

《说文》："齐魏炊曰爨。"《诗·小雅》："执爨踖踖（qìqì，敏捷而恭敬貌）。"炊饭时米肉之香气，易感人鼻，故以芳香为爨。则此语亦最古雅也。

美：大好谓之美。

《说文》："美，甘也。"注："羊大则美。"美为会意字；羊大则美，故字从大；其意亦重大。盖肥大则味自甘美也。今关西凡大而好者，皆称为之美，古音古义也。母、马、美，古音同部。一声之转，三声皆含大意。如龐（páng）之大者称为龐；猴之大者称为猴、母猴、沐猴。此见于史传者，今语刺荆之大。兰之粗者曰马兰。又有马缨花、马疥之语。皆最可玩味也。又按《正韵》："美，嘉也，好也。"此美丽之义也。美丽之美，其正字为媄。《说文》："媄，色美也。"今所谓美人，美女者，皆应作"媄"。作"美"者、省借字也。

奘蕞（zuì，小貌）：粗大谓之奘。小谓之蕞（音遂）。

《正韵》："奘，驵大也。"扬雄《方言》："秦晋间人大谓之奘。"亦作"壮"。《尔雅》："壮，大也。"壮奘义略同。今或曰蟒奘。蟒者、蛇类之最奘者也。故又以蟒形容之。

《说文》："蕞（祖外切），小貌。"《左传·昭公七年》："蕞尔国。"左思《魏都赋》："宵歌蕞陋。"今语蕞与大对称，亦古语也。

哿（gě，表示称许。可，嘉）：显荣谓之哿（今音阔）。

《说文》："哿（古我切），可嘉。"此字从可加，乃形声包会意也。既已可矣，而又有所加，所谓锦上添花也，是之谓哿。《诗》曰："哿矣富人，哀此惸独。"言富人何其㪍也。可哀者此惸独之人。诗意最为沉痛。读诗者、不解㪍字之意味，而诗境索然矣！今语谓㪍人、㪍气，而不能举其字。或以阔字当之，非其义矣！杨维桢诗："孰云富而㪍，甚矣贫不继。"㪍字见于诗最为古雅。人多忽之。

泰：奢侈谓之泰（音岱，上声）。

《晋语》："恃其富宠，以泰于国。"注："泰，侈也。"《孟子》："后车数十乘，从者数百人；以传食于诸侯，不亦泰乎？"《说文》："岱，泰山也。"《正字通》："东岳古但称太山、太代音同。故借代加山为岱。"是泰古读若代。今语仍沿古音，耐人寻味也。

四、动词之部（卷四）

动词之部，共注解178个（组）词语，此举前10例。

世：生谓之世。

《说文》："三十年为一世。"今父子相继曰世，是一世犹一生也。《列子·天端篇》："亦如人自世之老，皮肤爪发，随世随落。"注："世与生同。"言人自生至老，皮肤爪发，随生随落。今关西称天生为天世，乃世之本义，亦古语也。

魇：恶梦惊惧谓之魇（音衍）。

《说文》："魇，梦惊也。"《类篇》："魇，眠不祥也。"字从厌从鬼者，梦中如有鬼物厌迫也。然则睡魇，亦古语也。

忖：惹人谓之忖（音兜）。

《篇海》："忖，音兜，轻言曰忖。"今所谓忖人笑，忖人哭，皆轻言也。

害：患病谓之害（音亥）。

《说文》："害，哭也。"《广韵》："害，痛也。"《通俗文》曰："思愁曰害。"今关西患病皆曰害病。患疮曰害疮，又有害怕害羞之语。亦极古雅之辨也。

怵悥（hùn，忧虑，担忧）：忧心谓之怵（音出），或谓之悥（音困）。

《说文》："怵（丑律切），恐也。"孟子曰"怵惕"，即今语所谓怵心谓念念在此不能松放也。

《说文》："悥，忧也。"《左传·昭公六年》："主不悥宾。"杜注："悥，患也。"《礼记·儒行》："不悥君王。"《汉书·陆贾传》："无久悥公为也。"皆与今心悥之语同。

首：强迫谓之首（音瞽）。

《说文》："首，䯉蔽也。从儿（人字别体）。象左右皆蔽形，两旁有门以蔽之；读若瞽。"人为左右所拥蔽，不能自由，即为强迫之状。今语所谓"硬首"

也。《说文》谓"读若瞽音"，盖汉时假瞽为首，其义较近。人为左右所拥蔽，则与瞽者同也。此字经传罕见。然载籍中所谓蛊惑者，其本字应作首惑。蛊者，同音假借字也。今语谓强迫曰首，极为古雅，而能举其字者鲜矣！

缩：头入于内谓之缩（音爽，上声）。

《玉篇》："缩，退也，止也。"《广韵》："缩，敛也，短也。"今语凡缩小皆读入声，音所六切。通语也。惟头入于内曰缩（音爽），则读上声，所两切。

頜：头低谓之頜（音谦）。

《说文》："頜，低头也。"《左传》："卫侯入，迎于门者，頜之而已。"《前汉·扬雄传》："頜颐着胸（è，①鼻梁。②同额，额头）。"《广韵》："頜，去金切，音钦。"今凡行路低头者皆曰頜下，音同谦。所谓栽頜头，则音近钦。俗作跟头非也。

颤：头动谓之颤（音战）。

《广韵》："颤，四肢寒动也。"《玉篇》："颤（之膳切），头不正也。"头不正者，动之象也。经籍多假战为颤。《诗》云"战战兢兢"是也。今语谓寒而栗曰颤。此本义也。

闪姉：露面谓之闪。出头谓之姉（音昔）。

《说文》："闪（失冉切），窥头门中也，从人在门中，会意。"今语谓闪面，乃本义也。引伸之，反暂皆曰闪，如闪电闪光是也。

《说文》："姉（丑林切），私出头视也。"今语出头皆曰姉头，不重在视也。

《关西方言钩沉》的最大特点是广泛引用各类文献阐释语义语源。如前述"中华"一条，就引用了《列子》《史记》《寰宇记》《通志》《汉书》《周礼》《九域志》《三国志·魏书》等多种文献。统计全书，范紫东在阐释方言词语的语音语义、考索语源的过程中，涉及到以下类型的文献（括号内数字是使用次数）：

第一类是字书、韵书。

引用最多的是许慎《说文》及其注本（88次），其次依次为《集韵》（27次）、《玉篇》（26次）、《广韵》（22次）、扬雄《方言》及其注本（13次）、《康熙字典》、张自烈《正字通》（10次）、张揖《博雅》（即《广雅》，范紫东书中二名各用3次，共6次）、《释名》（5次）、《类篇》（5次）、王太《篇海》（5次）、《正韵》（3次）、玄应《一切经音义》（3次）、《三苍》（3次）、孙愐《唐韵》（2次）、《字汇》（2次）、《增韵》（2次）、《通俗文》（2次）、《急就篇》（2次）、《五音类聚》《埤苍》《古韵标准》《通雅》《韵会》《字林》（6种各1次）。

第二类是史书。

《史记》(12次)、《汉书》及注本（8次)、《后汉书》(3次)、《唐书》(3次)、《宋史》(3次)、《晋书》(2次)、《三国志》(1次)、《魏书》(1次)、《南史》(1次)、《宋书》(1次)、《齐书》(1次)、《通鉴》(1次)、《辽元志》(1次)、《通志》(1次)。

第三类是经书。

经书中的《尔雅》又是字书，所以引用较多，其他经书引用率也高。

《尔雅》(10次)、《诗经》(8次)、《礼记》(6次)、《春秋集传》(6次)、《尚书》(5次)、《周礼》(5次)、《论语》(4次)、《仪礼》(3次)、《易经》及相关著作（3次)、《家语》(1次)、《孟子》(1次)。

第四类是文学作品。

文学作品的重复引用情况不多，《关西方言钩沉》涉及到的有：《木兰辞》、赵孟頫诗、王维诗、卢纶《王驸马花烛诗》、瞿佑《骰子》诗、白居易诗、苏舜钦诗、《楚辞》、魏文帝《东巡观兵》诗、会孀《齐州冬夜》诗、《咏雾凇》诗、《古诗》、《上林赋》、杜甫《夔州除草》诗、《礼记·公室视丰碑》、韩愈《赠张籍》诗、温庭筠诗等。

第五类是其他文献。

《庄子》(5次)、《本草》(4次)、《齐民要术》(3次)、《老子》(2次)、《列子》(2次)、《九谷考》(2次)、《野客丛书》(2次)、《泰山道里记》(2次)、《酉阳杂俎》(2次)、《常谈丛录》(2次)、《山堂肆考》(2次)、《珊瑚钩诗话》(2次)、《水经注》(2次)、《风土岁时记》(2次)、《大明会典》(2次)、《诗纬·氾历枢》(2次)、崔豹《古今注》(2次)、《晋京口谣》(1次)、《国语》(1次)、《农政全书》(1次)、《丹铅录》(1次)、陈藏器《本草拾遗》(1次)、《朝野佥载》(1次)、《寰宇记》(1次)、《九域志》(1次)及王念孙的训诂著作。

第八节 章太炎《新方言》中记载的西北方言

章太炎（1869—1936），初名学乘，字枚叔。后改名绛，号太炎。汉族，浙江余杭人。清末民初民主革命家、思想家、著名学者，研究范围涉及小学、文学、历史、哲学、政治等等，著述甚丰。所著《新方言》《文始》《小学答问》，上探语源，下明流变，颇多创获。1907年，章太炎四十岁时撰《新方言》，并开始在《国粹学报》连载。1908年10月，《新方言》在《国粹学报》续完。按孙毕的研究，《新方言》中有 1466 个今语词（同词异字计为一个词）①。在这些语词的解说中，涉及北方方言的有 53 条，其中明确提到西北方言的占 23 条，胪列如下：

《释词第一》中 2 条：

（1）《易象传》："蹇，难也。"《方言》："寋（即蹇），展难也。""蹇"见《楚辞》，亦或作"謇"。…亦皆训乃，或为然后，或为适才，或为顾反。随文解之（《楚辞》两言"謇謇"，皆与发端言"謇"者异，近人遂不能别）。训"然后"者，今语言介或转如佉而入麻部（凡蹇健等字，甘凉音转入麻部，亦元寒、歌戈通转之理也）。

（2）焉，犹于是也。……为言于，即训是。今淮西、蕲州言此物在是，则指曰于。"于"读如"好恶"之"恶"，直隶音转如阿，陕西言彼亦曰于，音亦如阿，彼人曰于人，彼事曰于事。彼此同言，犹"之其"通互也。

《释言第二》中 8 条：

（3）《说文》："开，平也，象二干对构上平也。"按：《汉书地理志》："罕开，应劭音羌肩反。"泾阳开头山，师古音牵，今通谓两物对构取平曰和开。正如应颜所音："说文弗挤也。"

（4）《尔雅》："昌，当也。"郭璞引《书》"禹拜昌言"，孟子注引《书》作"禹拜谠言"，《逸周书·祭公》："解王拜手、稽首、党言。"党、谠皆即昌。《字典》引蔡邕注："谠，直言也，直亦训当。"《说文》云："当田相直也。"然则直是当直，不谓侃直，名当，其实谓之昌。申子曰："名者，圣人之符。"（《群书治要》引）荀子《正名》曰："名无固宜，约之以命，约定俗成谓之宜，异于约则谓之不宜。合符得宜，是之谓名，是之谓昌。"陕西、江南、浙江、江西皆谓名为名昌，昌读如堂，古音昌本在舌头，故或字作"谠"也。

（5）贾子道《术篇》："反慧为童。"《春秋》："晋胥童，字昧。"《广雅》："僮，痴也。"蕲州谓骏不解事为童，音如董，犹言懵懂矣。又《方言》："董，锢也。"陕西、河南谓以函胡语使人不解为"锢董住"。

（6）章炳麟《新方言·释言》："沇州谓欺曰詑，托何切。吴扬之间，谓以虚语欺人曰跳驼子，其虚巧甚者，谓之飞驼，皆詑字也。焦循说，汉中曰冲驼子。"

（7）《方言》"相难"，秦晋言"相惮"，今蕲州谓骂人曰惮。《方言》注："所谓难而雄也。"

（8）《方言》："凡相窃视谓之瞚，或谓之眮，或谓之占。"今音转如张。《尔

---

① 见孙毕《章太炎〈新方言〉研究》，复旦大学博士学位论文，2004 年。

雅》："胥，相也。"《诗·大雅》曰："聿来胥宇。"今四川谓窃视曰胥，音转如梭，俗作"睃"，汉中亦如之。

（9）《说文》："柬，动也，动作也。"自西安以至四川皆谓自作不靖曰柬乱子，亦曰柬祸，佗处多言"撞祸"，撞从柬声也。

（10）《说文》："缦，缯无文也。"《晋语》韦解："缦，车无文也。"《说文》："慢，惰也。趄，行迟也。"曼声得转如墓（如曼训"无曼"，北作"母北"）。四川谓色不扬曰缦，音如墓；迟钝曰慢，音如墓。浙江谓迟钝曰慢，音如莫。陕西谓迟钝曰慢诞，音如麻达，或转如磨朗。

《释亲属第三》中 1 条：

（11）姥既同社，故为母称。山西平阳谓叔母曰姥姥，音多驾切（多可之转），谓父曰爹，亦同此音，陕西西安呼父亦尔。

《释形体第四》中 4 条：

（12）《说文》："颡，额也。从页，桑声。"苏朗切。西安谓头曰颡，开口呼之如沙，此以小名代大名也。

（13）《说文》："臣，颐也。"篆文作"𦣝"。今宁武朔平大同之间犹称下辅为"𦣝"。

（14）䣛盖，陕西、四川、湖北、江南、浙江皆谓之盖䣛头。

（15）《说文》："毫，兽豪也。"《广雅》："毫谓之豪。"则不别人兽矣。曹宪音汗（《广雅》注）。今直隶、陕西、江浙、广东皆谓豪为毫毛，读平声。福建音转如轲毛（元寒歌戈对转，故毫读如轲。《考工记》注："笴，矢翰也。"又，"若干"亦作"若柯"，皆二部对转之证）。

《释器第六》中 2 条：

（16）《说文》："鲝，臧鱼也。侧下切，字亦作'鲊'。"《淮南》："言鲝如字。"《广韵》："鲝音如想。"今浙江谓臧鱼为鲝，陕西、四川皆云"来鲫、去鲝"，读并如想。

（17）《尔雅》："藐，茈艹。"郭璞曰："可以染紫。"《释文》："藐，亡角反。"今人谓浅紫曰藐色，音与福不分，因傅之"福康安"，谬矣。陕西但言"紫"，未有言"藐色"者。

《释天第七》中 2 条：

（18）《尔雅》："暴雨谓之涷。"郭璞曰："今江东呼夏月暴雨为涷雨。"《离骚》云"使涷雨兮洒尘"是也。涷音东西之东。今陕西、四川皆谓夏月暴雨为"偏涷雨"，涷正音"东"。偏者，夏月暴雨，一二里内雨旸各异，故谓之偏，亦曰分龙雨，亦曰白雨。广东谓之"白撞、雨撞"，从柬声，涷音转"撞"，若呼一重为一撞，变柬祸为撞祸矣。

(19)《说文》:"滕,仌出也。"《诗》曰:"纳于滕阴。"或作"凌",力膺切。华山之阳,汉中、保宁谓雹及霰皆曰凌子,读上声,湖北谓雨而未冰为"油光凌",读去声。

《释动物第十》中 4 条:

(20)《说文》:"毂,犬属,要以上黄,要以下黑,食母猴。从犬𣪊声,读若构。"今甘肃有是兽,音舒如吼。

(21)《尔雅》"犘牛"郭璞曰:"出巴中,重千斤。"《释文》:"犘,亡巴反。"郝懿行曰:"今西宁府西宁卫有之,呼如莽牛。"

(22)《说文》:"夏羊,牡曰羖,公户切。"(此与《尔雅》"牝羖"、《诗》笺谓"羖羊,兼有牝牡"说异)今湖北谓牡羊曰羊羖子,移以言牛,谓牡牛曰牛羖子,陕西称羊皮为羖子皮。

(23)杀、镏互训,古称以兵斩人为"镏",今秦晋间亦以斩人为"潘杀"。名为"潘",犹之"杀"名为"镏",此今言因古语而明者也。

第九节 散见于其他文献中的近代西北方言

除了研究西北方言的上述专著外,还有很多方言材料散见于注疏、字书、笔记、杂记之中。这些资料很零散,是笔者多年读书时比合现今西北方言辑录的。数量不多,列为一节简单描述之。

一、见自注疏文献者

今北方呼好为喝采,南方衣服鲜丽为粲,声如餐。(陈奂《毛诗传疏》)

北人谓长亲为阿舅,犹言长者也。(《通鉴辑览注》)

北人谓匕为抄。(仇光鳌《杜诗详注》)

𨍺,车网也。车轮之网,今北人谓之瓦,即古语之牙也;谓之牙者,如草木萌芽句曲然。(《说文》段注二上)

黑雉,陕人谓之青鸡,秦俗以青为黑也。(郝懿行《尔雅义疏》)

北人谓之黄米,色深黄。稷、齐,大名也,黏者为秫,北方谓之高粱,通谓之秫秫,又谓之蜀黍,高大似芦。(陈瑶田《九谷考》)又:稷,北方谓之高粱,或谓之红粱,其黏者红白二种,所谓秫也;秫为黏稷,而不黏者通呼秫秫,而他谷之黏者,亦假借通称之曰秫。

今北方谓谷子之黏者为秫谷子,其米为小黄米,谓高粱之黏者为秫秫,亦曰胡秫。(郝懿行《尔雅义疏》)

蟘，螽也，今北人所谓之趋趋，即促织、蟋蟀之语声相转耳。（郝懿行《尔雅义疏》）

车搑（同扼），雗（zhuī）札也，北人谓之鹝（jí）车，鹝车者，鹝鸠之转音。（王树枏《广雅补疏》）

今北人谓田为一晌，云南谓田一亩为一双。（高士奇《天禄识馀》注）

北人土语以候为等。（高士奇《天禄识馀》）

今北人骂顽童为崽子。（高士奇《天禄识馀》）

靸，今北人语正作翣音。（周亮工《闽小记》注）

射鹄二字今北音读如时鼓。（阮元《揅经室诗注》）

今北人读直为志。（蒋任荣《〈孟子音义〉考证》）

今北人土语呼临为隆。（李富孙《〈诗经〉异文释》）

关中人谓落为妥。（仇兆鳌《杜诗详注》）

今大河以北谓畜类所生曰崽子。（丁杰《〈方言〉校正补遗》）

今关中人读豆为渡。（戚学标《毛诗证读》）

儿郎伟者，犹言儿郎懑（本音闷，俗音门，犹言辈也），此关中方言也。（《困学纪闻集证》）

受枢之达，其名曰阤（shì，门轴），而北方则有落时之名，故曰枢达。北方谓之落时，落时谓之阤。（俞樾《尔雅平议》）按：阤，音俟。

陆放翁云："今人谓后三日为外后日。"意其俗语耳。偶读《唐逸史·裴老传》，乃有此语。裴老为大历中人，则此称已久矣。（《陔馀丛考》，同上《卷五》引）

自关而西盆盎小者曰甂。（洪兴祖《楚词补》）

二、见于字书（包括词源）者

关西呼训侯，山东呼为之训狐，即鸺也，一名鸺（xiū）鹠，蜀人呼轱轳鸟。（《正字通》）

鸹，关西呼鸹鹿，山东呼鸹鹠，南人呼为鸹鸡，江人呼为麦鸡。（《正字通》）

朁（cǎn，副词，表示出乎意料，相当于"曾、竟"），发声之辞，今北方人称我曰朁，即此字之误，声亦转也。（朱骏声《说文通训定声·临部》）

北人呼水池为湫。（《康熙字典·水部》）

穄（jì，一种粮食作物，也叫糜子，跟黍子相似，但不黏），糜也，不黏者呼糜子，呼穄，而黏者专得黍名，今北方皆呼黍子、糜子、穄子。（程瑶田《九谷考》）

今北方人谓驴马之类为生口。(赵翼《陔馀丛考》)

今北方人谓无妨碍曰不相干。(翟灏《通俗编》)

北音我与袄相近。(钱大昕《十驾斋养新录》)

客、怯、克皆溪母,茄本群母,北人作溪母读。(钱大昕《十驾斋养新录》)

又:京都语客如茄也。

今北人读伯声近霸,又近祸。(汪中《经义知新记》)

打迭双声,北人读迭如跌。(钱大昕《恒言录》)

秦晋人读风如分,东如敦,蓬如彭。(钱大昕《十驾斋养新录》)

三、见于笔记、杂记者

北人谓医曰大夫,南人谓之郎中;木工、金工、石工之属皆为司务。(顾炎武《日知录》)

北人以土为床而空其下以发火,谓之炕(炕,一作"坑")。(顾炎武《日知录》)

今北人谓地亩为顷。(李调元《剿说》)

关中谓好为盐。《古今词话》:"盐与艳通。"《正韵》收在去声。

北俗呼外祖母曰老老。(《思益堂日札》)

尊章,犹言舅姑。今关中俗呼舅姑为钟;钟者,章声之转也。(《天香楼偶得》)

关内呼黄莺为水鸦儿,汗干累月,气如焚柴,忽对头睨睕数声,则滂沱立至,故获此名。(钮琇《觚剩》)

秦人谓大为老。(《霁园主人夜谈随录》)

关中下俚人言音,谓水为霸。(《启颜录》)

又如去字,山西人为库,山东人为趣,陕西人为气,南京人为可去声,湖广人为处。(陆蓉《菽园杂记》卷四)

无名氏《兰州风土记》云:"土人以一人为一块。生子则称某娃,往往至老不改。"(《陇俗纪略》,见《古今笔记精华录》)

无名氏《兰州风土记》云:"又呼妯娌为先后,呼妻为婆娘。"(《陇俗纪略》,同上引)

筲箕,饭具也。始于秦汉。(《事物绀珠》云,同上引)

凡以面为餐具者皆谓之饼。以火炕曰炉饼。有巨胜(黑芝麻)曰麻饼,即今烧饼。以水瀹曰汤饼,又曰煮饼,即今切面。蒸而食者曰蒸饼,唐曰笼饼,即今馒头。绳而食者曰环饼,又曰寒具,即今馓子。(《名义考》,同上《卷二》引)笔者按:《燕翼贻谋录》云:"宋仁宗诞日赐群臣包子。"包子即馒头别名。

据《古今笔记精华录（上）》，"包子"之名始于宋。

甘州人谓姊妹之夫曰挑担，其异父之昆曰隔山，名其子女多曰仓曰库，不慧之子曰瓜子。（黎士宏《仁庶堂笔记》云，同上《卷四》引）

呼妻为婆娘，"婆"而系之以娘，尊之也，非贱之也。（《辰俗杂录》）。又：呼妻为婆娘。（《陇俗纪略》）

第四章 近代西北方志中的方言文献

第一节 含西北方言的方志文献概说

方言入志，最早见于县志。因地方行政机构中，以县历时最久且变化最小，因此县志中记载的内容往往是比较可靠而持久的。但是明代以前的志书一般都没记载方言。据中华书局 1990 年影印《宋元方志丛刊》记载，宋元方志计有 400 多种，现存仅 30 多种。明代方志据统计多达 3000 余种，现存 1000 余种。明永乐十年颁布《纂修志书凡例》17 条。永乐十六年修订为 21 条，规定志书应包括 21 项内容，举凡建制沿革、疆域、城池、山川、坊郭、镇市、物产、贡献、风俗、户口、学校、军卫、寺观、古迹、人物、诗文等，无不在内。这是文献可考的第一次由政府颁布修志条例（参见杜泽逊《文献学概要》)①，但还没有方言的项目。

清朝地方志是我国地方志发展的一个高峰。据统计，现存清代方志多达 5000 余种。清顺治十八年河南巡抚贾汉复主修《河南通志》五十卷。康熙元年贾汉复调陕西巡抚，又主持修纂《陕西通志》三十二卷（修《陕西通志》的具体执笔人实为刘於义及沈青崖）。康熙十一年清政府拟修《大清一统志》，命令各省纂修通志，并将贾汉复《河南通志》《陕西通志》颁发全国，以为示范。贾汉复是清顺治、康熙期间的人，《陕西通志》于雍正十三年（1735 年）刊行，在本书中已经有了"方言"的记载，说明方言入志不会晚于康熙十一年，估计也不会早于明末清初。雍正期间规定地方志 60 年一修，方言入志的体例应该是延续下来了。经康熙、雍正、乾隆三朝努力，各省普遍修了通志，为纂修《一统志》打下了基础。

西北涉及方言材料的方志刊本，年代多较晚近。在明末清初的西北地方志中，还没有见到方言的记录。迄今所见最早记载西北方言的志书是雍正十三年（1735 年）刊行的《陕西通志》、乾隆期间的《同官县志》（十卷）、《华阴县志》（二十二卷首一卷）、《西和县新志》（四卷）。其余都为清道光以后编纂。总计

---

① 杜泽逊《文献学概要》，中华书局，2001 年。

63 种。其中陕西省含方言的地方志 23 种（清代 11 种、民国 12 种），按年代前后排列如下：

雍正《陕西通志》，刘於义修，沈青崖纂，雍正十三年刊本。

乾隆《同官县志十卷》，袁文观纂，乾隆三十年（1765 年）抄本。

乾隆《华阴县志二十二卷首一卷》，陆维垣、许光基修，李天秀等纂，乾隆五十三年（1787 年）。

道光《安定县志八卷首一卷》，姚国龄修，米毓章纂，道光二十六年（1846 年）。

光绪《定远厅志二十六卷首一卷末一卷》，余修凤纂，光绪五年（1879 年）。

光绪《重修永寿县新志十卷首一卷》，郑德枢修，赵奇龄等纂，光绪十四年（1888 年）。

光绪《绥德州志八卷首一卷》，孔繁扑修，高维岳纂，光绪三十一年（1905 年）。

光绪《米脂县志十二卷》，潘松修，高照煦纂，光绪三十三年（1907 年）。

光绪《蓝田乡土志》（不分卷），佚名纂，陕西省图书馆藏抄本。

光绪《留坝乡土志》（不分卷），王懋照修，吴从周纂，影印本。

光绪《宁羌州志五卷》，《西北稀见方言文献·敕修陕西通志·卷四十五》。

民国《安塞县志十二卷》，安庆丰修，郭永清纂，民国三年（1914 年）。

民国《澄城县附志十二卷首一卷》，王怀斌修，赵邦楹等纂，民国十五年（1926 年）。

民国《重修镇安县志十卷》，滕仲黄纂，唐汉承、王德兴点校，民国十五年（1926 年）。

民国《潼关县新志二卷》，罗传甲修，赵鹏超纂，民国二十年（1931 年）。

民国《续修石泉县志》，朱自芳修，民国二十一年（1932 年）。

民国《葭县志二卷》，陈管修，赵思明纂，民国二十二年（1933 年）。

民国《岐山县志十卷》，田惟均修，白岫云等纂，民国二十四年（1935 年）。

民国《新西安一卷》，王望纂，民国二十九年（1940 年）。

民国《同官县志三十卷首一卷末一卷》，余正东修，黎锦熙纂，民国三十三年（1944 年）。

民国《洛川县志二十六卷首一卷末一卷》，余正东修，黎锦熙、吴致勋纂，民国三十三年（1944 年）。

民国《宜川县志二十七卷首一卷末一卷》，余正东纂，黎锦熙校订，民国三十三年（1944 年）。

民国《府谷县志十卷》，王俊让、王九皋纂，民国三十四年（1945 年）。

甘肃省含方言的地方志 40 种（清代 13 种，民国 27 种），按时间先后排列如下：

乾隆《西和县新志四卷》，邱大英纂，乾隆三十九年（1774 年）。

光绪《重修皋兰县志三十卷首一卷》，光绪十八年（1891 年）。

光绪《续修通渭县志》，邢国弼修，卢敏纂，清光绪三十二年（1906 年）。

光绪《岷州续志采访初稿》，陈如平纂，光绪三十四年（1908 年）。

光绪《陇西分县武阳志五卷》，周裕杭修，杨学震纂，光绪三十四年（1908 年）。

光绪《山丹县志十八卷首一卷》，陈兆麟纂，光绪三十四年（1908 年）。

光绪《打拉池县丞志》，廖丙文修，陈希奎纂，光绪三十四年（1908 年）。

光绪《金县新志稿》（又名《金县续新志》），佚名纂。

光绪《陇西县志稿二卷》，马如鉴、刘文炳纂。

光绪《合水县志》，佚名纂，光绪期间抄本。

宣统《甘肃新通志一百卷首五卷》，升允等修，安维峻等纂，宣统元年（1909 年）。

宣统《狄道州续志十二卷首一卷》，联瑛修，李镜清纂，宣统元年（1909 年）。

宣统《镇番县志十卷首一卷》，佚名纂，宣统元年（1909 年）。

民国《会宁县志续编》（抄本），进士刘庆笃、举人张济川纂，民国十二年（1923 年）。

民国《徽县新志八卷》，董杏林修，赵钟灵纂，民国十三年（1924 年）。

民国《高台县志八卷首一卷》，徐家瑞纂，民国十四年（1925 年）。

民国《创修渭源县志十卷首一卷》，张兆钾修，陈鸿宝纂，民国十五年（1926 年）。

民国《重修崇信县志四卷》，张明道等修，任瀛翰等纂，民国十七年（1928 年）。

民国《创修红水县志》，佚名纂，民国十九年（1930 年）。

民国《和政县志九卷》，马凯祥修，王诏纂，民国十九年（1930 年）。

民国《泾川县采访录》，又名《造赍泾川县采访县治各项事件清册》，张振江纂，民国十九年（1930 年）。

民国《甘肃通志稿一百三十卷首一卷》，刘郁芬等修，杨思、张维等纂，民国二十年（1931 年）。

民国《庆阳县志稿》，张精义纂，陆为公、杨季熊整理，民国二十年（1931 年）。

民国《续修导河县志八卷首一卷》，徐兆藩修，黄陶庵纂，民国二十年（1931年）。

民国《续修导河县志八卷首一卷》，徐兆藩修，黄陶庵纂，民国二十年（1931年）。

民国《华亭县志四卷》，张次房修，幸邦隆纂，民国二十二年（1933年）。

民国《重纂礼县新志四卷》，张津修，孙文俊纂，民国二十二年（1933年）。

民国《重修镇原县志》，钱史彤等修，焦国理、慕寿祺纂，民国二十四年（1935年）。

民国《灵台县志四卷首一卷》，张东野修，王朝俊等纂，民国二十四年（1935年）。

民国《金塔县志十卷》，赵仁卿等纂，民国二十五年（1936年）。

民国《天水县志十四卷》，姚展等修，贾缵绪等纂，民国二十八年（1939年）。

民国《古浪县志九卷首一卷》，李培清修，唐海云纂，民国二十八年（1939年）。

民国《平凉县志四卷》，刘兴沛修，郑浚纂，民国三十二年（1943年）。

民国《临泽县志十四卷首一卷》，章金泷修，高增贵纂，民国三十二年（1943年）。

民国《重修敦煌县志十卷》，吕钟纂，民国三十三年（1944年）。

民国《靖远县新志》，郝遇林修，范振绪纂，民国三十五年（1946年）。

民国《重修西和县志》，朱秀梓撰，民国三十六年（1947年）。

民国《清水县志十二卷首一卷》，刘福祥等监修，王凤翼、王耿光等纂，民国三十七年（1948年）。

民国《创修民乐县志十二卷》，樊德春纂，民国三十八年（1949年）。

民国《重修定西县志三十八卷首一卷末一卷》，杰三郭汉儒编，抄本，具体年代待考。

民国《创修临泽县志》，佚名纂，具体年代待考。

宁夏回族自治区含方言的地方志5种（清代1种，民国4种），按时间先后排列如下：

光绪《海城县志十卷》（注：海城县，即今海原县），杨全庚纂，光绪三十三年（1908年）抄本，1965年甘肃省图书馆油印本一册，内有"方言"。

民国《朔方道志三十一卷》，马福祥修，王之臣纂，民国十五年（1926年）天津华泰印书馆铅印本八册，甘肃省图书馆藏，其卷三"舆地志·风俗"附方言。又，1968年台湾成文出版社影印本四册。

民国《重修隆德县志四卷》，桑丹桂等修，陈国栋等纂，中华民国十八年（1929年）六月至二十四年（1935年）十一月修，石印本，1965年甘肃省图书馆油印本。又，1976年台湾成文出版社出影印本。其中有"方言"。

民国《化平县志四卷》，盖世儒修，张逢泰纂，传抄民国二十九年（1940年），平凉一心印书馆石印本，甘肃省图书馆藏，内有"方言"。

民国《固原县志》，叶逸凡纂，1991年宁夏人民出版社铅印本二册。其中有"方言"。具体编纂年代待考。

青海省含方言的地方志只有1种，系民国期间纂修：

民国《贵德县志稿四卷》，姚均修，赵万卿纂，民国二十九年（1940年）修，青海省图书馆藏稿本，内有"方言"。青海省民委少数民族古籍整理规划办公室编《青海地方旧志五种》（青海人民出版社，1987年11月版）收录。

新疆维吾尔自治区含方言的地方志计3种，均系民国期间纂修：

民国《新疆地理志》，收中国方言丛书，张献廷初稿，民国三年石印本影印，成文出版社印行。其中收载部分民族语言的内容，词条均与汉语进行对译。

民国《新疆概观》，吴绍璘纂，民国二十二年（1933年）南京仁声印书局铅印本。其中有"语言"一节，描述了部分维吾尔语词汇。

民国《续修乌苏县志》，邓缵先纂修，《中国西北文献丛书二编》第一辑第七卷，甘肃古籍文献整理编译中心编。其中也有维汉语词互译的部分。

第二节 清代《陕西通志》中记载的方言

《陕西通志》，刘於义修，沈青崖纂，雍正十三年刊本，陕西师大图书馆藏线装本，其卷四十五"风俗"中有"方言"，四千余字，大部分是扬雄《方言》郭璞注中辑录下来的涉及陕西的部分（145条）。此外，从汉代的史书、杂记中辑录了15条，从《说文》《启颜录》《补笔谈》《邵氏闻见后录》《老学庵笔记》《西溪丛语》中各引1条。值得注意的是，本书引了《临潼县志》及《延绥镇志》中的《方言》（计85条），说明这两种志书当早于《陕西通志》，应为陕西最早记录方言的志书。这两种志书今已不传，因而所记方言内容更为可贵。

（一）从汉代的史书、杂记中辑录的15条，解释体例一般是以通语释方言，格式为"关西/三辅/关中/西方＋谓……为……"

三辅谓日出清济为晏。（《史记·孝武本纪注》）

关中俗谓桑榆蘖生为葆。（《史记·天官书注》）

京师人谓粗屑为纥头。(《汉书·陈平传》晋灼注)
秦陇间谓父曰翁。(《汉书·高帝本纪注》)
冯翊呼蔡音如谁。(《汉书·武帝本纪注》)
三辅谓山阪间为衍，娣姒关中为先后。(《郊祀志注》)
极，屋梁也，三辅间名为极。或曰：栋，极也，三辅间名栋为极。(《天文志注》)
西方谓亡女婿为丘婿。丘，空也，兄亡空有嫂也。(《汉书·楚元王传注》)
梁益之间所爱谓其肥。(《邹阳传注》)
关西俗谓得杖呼及小儿啼呼为呼呴。(《灌夫传注》)
尊章犹言舅姑。今关中俗妇呼舅姑为钟。钟者，章声之转也。(《汉书·广川王传注》)
关西人谓补满为适。(《汉书·黄霸传注》)
三辅谓忧愁面省瘦曰憔冥。以漆漆物谓之髤（xiū，以漆漆物），今关西俗云"黑髤盘，朱髤盘"。(《汉书·外戚传注》)
秦俗呼人为黔首，谓奴为苍头。(《汉书·光武帝纪注》)
长安市人语各不同，有葫芦语，镊子语，纽语，练语，三折语，通名市语。(《西京杂记》)

(二) 从晋代郭璞所作《方言》注中辑录陕西方言词语145条

1. 训释体例为"某，某也，秦/关中/自关而西 + 曰/谓之某"者，计有88条。

虔、儇，慧也（谓慧了），秦谓之谩（言谩訑）。娥，好也，秦曰娥（言娥娥也）。烈、捈，余也，秦晋之间曰肄（传言夏肄是屏），或曰烈。陶，养也，秦或曰陶。矜，悼哀也，秦晋之间或曰矜，或曰悼。悼，伤也，秦谓之悼。悬、湿，忧也，自关而西秦晋之间，凡志而不得，欲而不获，高而有坠，得而中亡，谓之湿（湿者失意潜阻之名，沮，一作"阻"），或谓之悬。悬，慎思也，秦晋或曰慎。凡思之貌，亦曰慎（谓感思者之容），或曰悬。假、夏，大也，秦晋之间凡物壮大谓之假，或曰夏。假、洛，至也，邠唐之间曰假，或曰洛（邠在今始平县）。嫁、逝，徂也，自家而出谓之嫁，由女而出为嫁也。逝，秦晋语也。刘、琳（lín，①杀。②打），杀也（今关西呼打为琳），秦晋之间谓杀曰刘。亟，爱也，自关而西秦晋之间，凡相敬爱谓之亟。鲐，老也，秦晋之郊曰耇鲐（言背皮如鲐鱼）。寻，长也，自关而西秦晋梁益之间，凡物长谓之寻，周官之法，度广为寻，幅广为充。抵（触抵也）、儆，会也，雍梁之间曰抵，秦晋亦曰抵，凡会物谓之儆。蹋（古蹋字），跳也，自关而西秦晋之间曰跳，或曰蹋。躐、洛（洛亦训来），登也，自关而西秦晋之间曰躐，梁益之间曰洛，或曰跂。逢，迎也，自关而西或曰迎，或曰逢。

钊、薄，勉也，秦晋曰钊，或曰薄，故其鄙语曰薄努，犹勉努也（如今人言努力也）。朦、厖，丰也，自关而西、秦晋之间凡大貌谓之朦，或谓之厖，丰，其通语也。窕，美也。自关而西秦晋之间，凡美色或谓之好，或谓之窕。奕、僷，容也，自关而西凡美容谓之奕，或谓之僷（奕、僷，皆轻丽之貌）。魏、笙、擎、掺，细也。自关而西秦晋之间，凡细而有容，谓之魏（魏魏，小成貌），或曰徥（言徥偕也）。凡细貌谓之笙，敛物而细谓之擎，或曰掺。俴（言环玮也）、浑（们浑，肥满也）、膘（膘晒充状也）、䑋（rǎng，肥胖）、䐈（liáo，盛大）、泡，盛也，自关而西秦晋之间语也，秦晋或曰䑋，梁益之间凡人言盛及其所爱曰讳，其肥䐈（shèng，肥）谓之䑋（肥䑋多肉）。私、纤、荍、稺（古稚字）、杪，小也，自关而西秦晋之间，郊梁益之间，凡物小者谓之私，小或曰纤。缯帛之细者谓之纤。布帛之细者，秦晋曰靡（靡，细好也），凡草生而初达谓之荍（锋萌始初）。稺，年小也。木细枝谓之杪。奄、殢，微也，自关而西秦晋之间，凡病而不甚曰奄殢（病半卧半起也）。倚、踦，奇也，自关而西秦晋之间，凡全物而体不具谓之倚，雍梁之西郊，凡兽支体不具者谓之踦。逴，惊也，自关而西秦晋之间，凡蹇者或谓之逴（行略逴也）。体而偏长短亦谓之逴。了，快也，秦曰了。赧，愧也，秦晋之间凡愧而见上谓之赧（《小雅》曰："面赤愧曰赧。"）。憸（惵憸，小痛也），刺痛也，自关而西秦晋之间或曰憸。挤捎，选也（此妙择积聚者也），自关而西秦晋之间，凡取物之上谓之挤捎。瞷、睇、睎、略，盰也，自关而西秦晋之间曰盰餰（消息）。喙（口喙），息也，自关而西秦晋之间或曰喙，或曰餰。钑（劈历）、揽、裁，梁益之间裁木为器曰钑，裂帛为衣曰揽，钑又斫也（皆折破之名也）。错，坚也，自关而西秦晋之间曰错。盖，余也（谓遗余），自关而西秦晋之间，炊薪不尽曰荩。幢，翳也（儓者所以自蔽翳也），关西曰幢。掺、略，求也，秦晋之间曰掺，就室曰掺，于道曰略。略，强取也。矜，遽也（谓遽矜也），秦晋或曰矜，或曰遽。赖，雠也，秦晋曰雠。剿（jiǎo，狡猾）、蹶、狯也（古狡狭字），秦晋之间曰狯。侮，奴婢贱称也，秦晋之间骂奴婢曰侮（言为人所轻弄）。斟，协汁也（谓和协也，或曰渖汁，所未能详），关西曰汁。苏，芥草也（《汉书》曰"樵苏而爨"，苏犹芦，语转也），自关而西或曰草，或曰芥（关之东西或谓之苏，或谓之荃。逞、晓、恔，苦快也（快即狡，狡戏亦快事也），自关而西曰快。胶、谲，诈也，自关而西或曰谲，或曰胶。擢，拔也，自关而西或曰拔，或曰擢。眘（tà），及也，关之东西曰眘，或曰及。瘼（mò）、瘼（fú，病重发），病也（谓劳复也），秦曰瘨（chén，病，再病）。络头，陌头也，自关而西秦晋之郊曰络头。

扉、屦、麤，履也，自关而西谓之屦，中有木者谓之鵖。履，其通语也。絇、繶，绞也（谓履中绞也），关之东西或谓之絇，或谓之繶。绞，通语也。

耸、暖，欲也（皆强欲也），自关而西秦晋之间相劝曰耸，或曰暖，中心不欲而由旁人之劝语，亦曰耸，凡相被饰，亦曰暖（字书中未见该字）。

辟（zǎi，半聋，听不清），聋也。半聋，梁益之间谓之辟（言胎辟烦愦也）。秦晋之间听而不聪，闻而不达谓之辟，聋之甚者，秦晋之间谓之聵（wài，极聋，言口无所闻知也）。

恧，惭也，若梁益秦晋之间言心内惭矣。

謇，展难也，若秦晋之间言相惮矣。铪、龛，受也，犹秦晋言容盛也。矔，转目也，梁益之间，瞋目曰矔（guàn，①目光灌注。②转目顾视。③瞪视），转目顾视亦曰矔。

嗌，噎也（皆谓咽痛也），秦晋或曰嗌，又曰噎。

誣、諿（yàn，诬谤），与也，犹秦晋言阿与（相阿与者所以致誣諿也）。

索，取也，自关而西曰索或曰狙。

搴、妯，扰也（谓躁扰也），人不静曰妯，秦晋曰搴。

挈，持也，秦曰挈。稟，敬也，秦晋之间曰稟。铺颁，索也，犹秦晋言抖薮也（谓斗薮举索物也）。

参、蠡，分也（谓分割也），秦晋曰离。

㿫（xī，声破；沙哑），散也，秦晋声变曰㿫，器破而不殊，其音亦谓之㿫，器破而未离谓之璺（wèn，裂纹）。

缙，施也，秦曰缙。纰，理也，秦晋之间曰纰。譒（同谛，审也），审也，秦晋曰譒。错，灭也，周秦曰错。秦晋凡物树稼早成熟，谓之旋。綑，竟也，秦晋或曰綑，或曰竟。擫（yǎn）、劓（yè），续也，秦晋续折谓之擫（yǎn，续），绳索谓之劓（yè，接续）。嗳，恚也（谓悲恚秦晋曰嗳，皆不欲膺而强会之义也）。谆，憎所疾也，若秦晋言可恶矣。肖，类法也，秦晋之西鄙使犬曰哨，西南梁益之间，凡言相类者亦谓之肖（肖者似也）。皮缪，强也（谓强语也），秦晋言非其事，谓之皮缪。暷、晒，暴也，秦之西鄙言相暴僇为暷（暴僇谓相暴磔恶事）。暴五谷之类，秦晋之间谓之晒。胹，熟也，自关而西秦晋之郊曰胹。贺，儋也，自关而西谓之贺，凡以驴马駞驼载物者谓之负他，亦谓之贺。屑屑，不安也（往来之貌也），秦晋谓之屑屑，或谓之塞塞，或谓之省省，不安之语也。领、颐，颔也（谓领车也），秦晋谓之颔，颐，其通语也。筑娌，匹也，今关西兄弟妇相呼为筑里。鼻，始也，梁益之间谓鼻为初，或谓之祖。祖，居也（鼻祖皆使之别名也，转复训以为居所。代语者也）。篓（古筥（jǔ）字），小者，自关而西秦晋之间谓之箪。毁，曲也，自关而西秦晋之间曰毁。

2. 训释体例为"某，秦/关中/自关而西＋曰/谓之某"者，计有48条。

众信曰谅，周南召南之语也。相谒而飱（昼饭为飱，谒请也），秦晋之际河阴之间（冯翊合阳是其处也）曰饇餽，此秦语也（关西人呼食欲饱为饇餽）。凡草木刺人，自关而西谓之刺。凡饮药傅药而毒，自关而西谓之毒。凡人兽乳而双产，秦晋之间谓之㷟（liàn，孪生）子。禅衣，关之东西谓之禅衣。襜褕，自关而西谓之襜褕，其短者谓之短褕，以布而无缘，敝而紩之，谓之褴褛。自关而西谓之裗裾（俗名裾掖），其敝者谓之致（致缝纳敝，故名之也）。汗襦，自关而西或谓之衹禂（亦呼为掩汀也）。蔽膝，自关东西谓之蔽膝。袴，关西谓之袴。釜，自关而西或谓之釜，或谓之鍑（鍑亦釜之总名）。盉（yǎ，酒杯），梧也，秦晋之郊谓之盉（所谓伯盉者也）。案，自关东西谓之案。梧落（luò）（盛梧器笼也），自关东西谓之梧落。箸筲，自关而西谓之桶梡（今俗亦通呼小笼为桶梡）。罂，秦之旧都谓之甎（zūn，酒器），自关而西其大者谓之甄（zhuì，瓮、坛一类容器），其中者谓之瓿甎。甖瓴谓之盎（按：《尔雅》："瓴，康壶。"而《方言》以为盆，未详也），自关而西或谓之盆，或谓之盎，其小者谓之升瓯。甂（biān，下瓦盆），自关而西谓之甂，其大者谓之瓯。箩，自关而西谓之注箕。扇，自关而西谓之扇。繘（汲水索也），关西谓之繘缏。饮马橐，自关而西谓之淹（ān，饮马器皿）囊，或谓之淹筼，或谓之幓筼。钩（悬物者），自关而西谓之钩，或谓之镢。枷（今连架所以打谷者），自关而西谓之棓，或谓之柫。刈钩，自关而西或谓之钩，或谓之镰，或谓之锲。薄，自关而西谓之薄。槌（郭璞注："丝蚕薄柱也。"蚕薄柱也），自关而西谓之槌，其横关西曰楴（亦名校），胡以县梼，关西谓之㠜。簟（diàn，①竹席。②竹名），自关而西谓之簟，或谓之菥（zhé，断草，今云菥蒉蓬也），其麄者谓之籧篨。筕篖（似籧篨，直文而麄，江东呼笪），自关而西谓之筕篖。床其杠，自关而西秦晋之间谓之杠。户钥，自关而西谓之钥。簿，谓之蔽，或谓之箘，秦晋之间谓之簿）。凡尊老，秦陇谓之公，或谓之翁。凡以火而干五谷之类，关西谓之㷲，秦晋之间或谓之㷅（同炒），凡有汁而干谓之煎。凡戟而无刃，秦晋之间谓之釪，或谓之镳，谓其大者曰镘胡（泥镘），其曲者谓之钩釪镘胡（即今鸡鸣句孑戟也）。三刃枝（今戟中有小子刺者，所谓雄戟也），其柄自关而西谓之柲，或谓之殳。箭，关西曰箭（箭者竹名因以为号）。剑鞘，自关而西谓之鞞。盾，关西谓之盾。车枸簍（即车弓也），秦晋之间自关而西谓之枸簍。轮，关西谓之輮。车纣，自关而西谓之纣。辖（guǎn，包裹在车毂上的金属套，截管状圆环形，或作六角形），关之东西曰辖。车釭，自关而西谓之釭，盛膏者乃谓之锅。舟，自关而西谓之船，泭谓之簰（字书中未见该字），簰谓之筏，筏，秦晋之间通语也。水中可居为洲，三辅谓之淤（《上林赋》曰"行乎洲淤之浦"也）。冢，秦晋之间谓之坟（取名于大防也），或谓之培，或谓之堬，或谓之采（古者卿大夫有采地，死葬之因名也），或谓之埌（泪浪），或谓之垄（有界埒似耕垄因名之）。

3. 训释体例为"秦晋之间/自关而西秦晋之间＋某某谓之/曰某"者，计有9条。

秦晋之间凡好而轻者谓之娥（今关西人呼好为媌），自关而西秦晋之间故都曰妍（秦旧都，今扶风雍邱也，其俗通呼好为妍）。

秦晋之间美貌谓之娥，美状为窕（言闲都也），美色为艳（言光艳也），美心为窈（言幽静也）。

自关而西秦晋之间，凡大人小儿泣而不止，谓之咷，苦极音绝，亦谓之唴。

秦晋之间，凡人之大谓之奘，或谓之壮。秦晋之北鄙谓贼为虔。

自关而西秦晋之间，凡人语而过谓之遇，或曰金。

自关而西秦晋之间，凡物之状大者而爱伟之谓夏。

自关而西秦晋之间，凡取物而逆谓之篡。

自关而西秦晋之间，凡物力同者谓之台敌。

自关而西秦晋之间，凡言相责让曰谯让。

（三）零星摘自《说文》或笔记中的有6条，没有固定训释格式

关中谓天为祆。（《说文》）

关中下俚人言音，谓水为霸。（《启颜录》）

官名中尚书本秦官，尚音上，谓之尚书者，秦人音也。至今秦人谓尚为常。（沈括《补笔谈》）

潘邠老云："花妥莺捎蝶。"妥音堕，乃韵。邠老不知秦音，以落为妥上声，如曰"雨妥、花妥"之类。少陵，秦人也。（《邵氏闻见后录》）

秦讹青字，则谓青为妻，谓经为稽。（《老学庵笔记》）

八米，关中语，岁以六米七米八米分上中下，言在谷取米，取数之多也。（《西溪丛语》）

（四）摘自县志中的方言词条计85条

酒肆曰务酒，坛曰瓨（xiáng，长身的瓮坛），取物曰刁水，滚曰尖。浑者，全也。奯者，长也。促者，短也。顸者，横也。眼黑者，憎恶也。疙喇者，言不顺理也。囊囊突突者，背地短人也。阿跌多者，怪叹声也。这搭，此处也，兀搭，彼处也。吃扎填，早饭前食饼也。开系，袍也。生活，笔也。颇烦者，厌弃不耐也。虎淡者，其人大不才也。收拾几下者，管教子弟也。廉耻几句者，呵叱子弟也。皙者，美也。骇者，丑也。哥赠者，可爱也。乓乓者，快也。胡基者，土坯也。矢巴牛，蜣螂也。打捶者，厮打也。镇早晚者，这时节也。言喘者，说话也。棱吞者，老大也。不接撑者，羞见人也。其四乡，或以俺嗳，以咱为才，以父为达，以大为垛，以地为剃，以了为老。谓祖母为阿婆，伯母为阿姆，婶母为娉。朋友中之长者称为某师，子曰娃，小女曰女娃。及笄者曰客人。妻曰屋里的。山峪为豳（bān，①通"斑"，斑纹。②杂色花纹），韦姓为御，惠姓为戏，雎姓为徐，岳丈为姨父，岳母为姨。（辑于《临潼县志》者53条）

隶（音钻，去声），水入土也。壵（làn，平地涌泉），水冒土上而流也。卡（音嘎），食在喉中上不上下不下也，今伏路兵亦谓之卡。粜（同觑），三人不出头也。苲（同瞎），人入井也。闟（同钻），身入门中也。囸（同磉），土入口也。炵（音进），火炒豆则迸也。勀（音挣），能自立身也。刘勀，人名见《宋史》。鏨（音班），俗以为文武全才也，因有取以为名者。峁（音卯），山之冈坡皆谓之峁，鱼河堡有鱼儿峁者是。墟（音蛙），山之污下也。烟（音烟），两山中临溪之小径也。绥，德州有一步烟者是。垧（同晌），牛之耕地曰几垧也。塂（音寻），山之田不能亩计者曰几塂。吉（同缝），土开口也。埜（同野）、籸（音参），荍麦仁也。鉨（xǐ）与钉同。冇与无同。梁，俗呼山脊为梁。甪，俗呼器具为家使，作此字。吃哒，乱说也。圪塄（音格劳，去声），山之窝处也。圪塔，小山相连峰起之名，长乐浦东二十里有一湖，傍起五沙峰，俗名五圪塔。吉古（音格喇），亦缝也。猪猪（音客娄），小猪也。蚼螌，神名即蚼蚄。暹遹（音先生），俗呼瞽者之能巫卜也。嵺崾，山之过峡处也。喜（同喜），俗以二喜为喜。码，俗以码碯之码为法马之马，又骗人曰码驴，是马扁之讹。轹（音变），急走也。穮（然字，去声），俗以麦秸和泥土壁谓之穮草。（辑于《延绥镇志》者，32条）笔者按：《延绥镇志》中所记录20个左右的俗字，在清道光时期的《安定县志》、民国期间的《安塞县志》《葭县志》《府谷县志》中也有记录，今多数字已不传，少数仅在地名中还有保留。

第三节　清代陕西县（州）志中记录的方言举例

一、《同官县志十卷》

袁文观纂《同官县志十卷》，乾隆三十年（1765年）抄本，甘肃省图书馆藏传抄本六册，其卷四"风俗"中有"方言"。1969年台湾成文出版社影印。

半晴阴曰搭阴子，云遮月曰笼月子，雹曰冷雨，霰曰地由子，冰曰冬轮，月大小曰大尽小尽。昨日曰夜里，去年曰年时，午饭曰晌饭，下午曰后晌，早起曰打齐鸡。诸神皆曰爷，官亦谓之爷，父谓之爹，爹亦曰达达，母曰妈妈，祖曰爷爷，祖母曰婆婆，曾祖父母曰老爹老婆，高祖父母曰祖爷祖阿婆，伯叔祖父母亦曰爷婆而冠以行，伯父母曰阿伯阿姆，叔婶亦冠以行而谓之爹妈，嫂呼小叔亦曰弟，妇呼夫兄亦曰哥，妻父母曰姨父姨姨，妯娌曰先后，夫少曰夫婿，长曰当家人，妻少曰媳妇子，中年以后曰婆媳，儿曰娃，女曰女娃，及笄者曰客人。称秀才曰相公，吏亦曰师，各匠亦称师，役谓之班长，兵谓之将爷。剃头曰待诏。巫曰巫婆，巫见曰神官。为人见官自呼小女子，富翁曰买主，穷人曰紧汉。那边曰务搭，这边曰这搭，东边西边曰东岸西岸，上边下边曰头起底下。怎么曰诈（上声），几人曰几块，说话曰言喘，多闹曰嚷，曰遭孽，曰惹气，曰牵强。粮价曰斗头，量谷曰按，较戥曰吊，亦曰制。不足曰接不上，不满曰破斗子。耕地曰结地，扫地曰绰地，伐木曰打树，土坯曰胡基。真言曰拉沟，谎言曰诳皮袋。庆贺曰追往，赴席曰吃汤水。水滚曰煎。余曰残的，挐曰摊，夺物曰刁。脑后曰脑勺子，发辫曰髻角子，腮曰牙叉骨，颧曰脸络子，脐曰脖脐窝，肩曰胛子骨，项骨曰锁子骨，腹骨间曰月兼窝。快速曰花的。呼少者曰小伙子。初起曰打头子，事毕曰落尾子，亡命曰硬郎儿，欺人曰把儿客，游手曰毂辘子。一事不能曰二家郎。几时曰糟番哩，这会儿曰镇藏番。连襟曰挑担，俭岁曰年程，祭毕会族曰吃节坐。鸢曰饿老，鸤鸠曰班子，瓦鹊曰速子，蝙蝠曰夜别呼，蚁曰虮蜉马，小猪曰猪猪，袍曰开繫。笔曰生活，管教子弟曰收拾几下，呵叱子弟曰廉耻几句，羞见人曰不接撑，山之过峡处曰崾崄，山之窝处曰圪崂，山之高处曰圪塔。去曰弃，惠曰喜。

这部分方言材料体例单一，训释格式均为"某某曰某"或"称某曰某"，行文简洁。最后的"去曰弃，惠曰喜"两句是说方言与通语读音有别，从语音的角度给予了关注，也引人注目。一百年后，郑德枢修、赵奇龄等纂，光绪十四年（1888年）刊刻的《重修永寿县新志》辑录了类似的方音现象：读稻如讨，读大如垛，读拿如哈，魏姓为御，惠姓为戏，睢姓为徐。这对于研究方言语音史是很好的材料。

二、《华阴县志二十二卷首一卷》

陆维垣、许光基修，李天秀等纂《华阴县志二十二卷首一卷》，乾隆五十三年（1787年）修，传抄本，民国十七年（1928年）西安艺林印书馆铅印本，甘肃省图书馆藏，其卷二"风俗"中有"方言"。

称曾祖曰老爷（牙音），曾祖母曰老奶，祖曰爷爷。《淳化阁帖》（唐太宗书）："两度得大内书，不见奴表，耶耶忌欲恒死，……今日已后，但头风发，信便即报耶耶。"《韵会》："爷本作耶，俗谓父为爷。"邑俗不以称父而称祖。祖母曰奶奶，又曰婆婆。父曰大，亦曰爹。《韵会》："谓羌人呼父也。"《韵藻》："荆土方言谓父为爹，又曰奢。"《韵会》："吴人呼父为奢。"今邑人称父，兼有数呼。母曰妈，亦曰娘。兄曰哥，嫂曰嫂，伯曰阿伯，叔曰叔。妇人称翁曰公公，亦曰阿公，姑曰婆婆，亦曰阿家。按：阿公、阿家之呼，见于《宋书》《唐书》，俗沿如故。夫之兄曰阿伯子，弟曰小叔子；妯娌曰先（去声）后。妯娌一作筑里（方言）。"筑妯，匹也。关西兄弟妇相呼为筑里。"按："先后"二字本于《诗》"予曰有先后"。《传》云："相导前后曰先后。""神君者，长陵女子以子死，见神于先后宛若。"（《史记·封禅书》注）"兄弟妻相谓先后。"（《后汉书·郊祀志》注）"姊姒，关中为先后。"母之兄弟曰舅舅，舅之妻曰妗子，妻之父曰丈人，母曰丈母，妻之兄弟曰舅子，余与他邑略同而音或异。暴风曰黄风，以其色也；大风曰潮风，以其声也；大雨曰白雨。《羯鼓录》："头如青山峰，手如白雨点。"杜甫诗："青山万里静散地，白雨一洗空垂萝。"杨巨源诗："定爱红云然楚色，应看白雨大江声。"焦茂孝《说桔》："关中谓雹曰白雨，妄谈也。雹，俗云冷子，曰硬雨，曰冷雨。"《轩渠录》："有一村人，多为不善者，夜中行人闻神过曰付硬雨施行，次日雨雹，大损禾稼。"

"见人持弄腥血厌见之物，则嗔之曰颠（吝音）不剌（辣音）的何不弃置。"《西厢记》"颠不剌的见了万千"即此语，盖《元曲》多用西北乡村土语，解者乃或妄引曲说。

覆发姣好之女子，人艳称之则曰好可（音憎层）模样儿。解者未悉其音，遂至如字歧误？

凡牵扯沉重之物，众人併力，为之先约曰叫号子，遂齐呼曰曳落河。"曳落河"其号，本于拉舡之夫，迄今犹然，盖齐心合力之谓也。安禄山劫同罗之兵，号"曳落河"，解者谓"犹言健儿"，是又一说也。

遇人争持而不知其缘由，则诘之曰为底事。杜牧《桃花夫人》诗"至今息亡缘底事"即此语，解者多不知其音。《左传》："周子有兄无慧。"注："不慧，盖世所谓白痴。"今邑人遇人之不晓事而语言轻突多犯者，则斥笑之曰白痴子，固有所本，但其义小别。雷洲诗："齿颊荆棘真白痴。"

谓孩童之不训者曰刁厥。元代李治《敬斋古今黈》引陶毅诗："尖檐帽子卑凡厮，短勒鞯儿末厥兵。"末厥，盖俗语也，犹今俚语俗言"木厥"云耳。木厥者，木强刁厥之谓，其解犹未确也。木厥亦曰劣厥。蔡邕《短人赋》："劣厥偻䘿。"

"丫髻聚坐，刺作女红，每唱词曲，以警疲顿。"其词不知起于何时，作于何人，颇类古之歌谣。曲之发端有曰"伊优儿亚"者，人多不得其解。按：东方曼倩舍人妄为谐语曰："今壶龃，老柏涂，伊优亚，狋吽牙。"朔曰："伊优亚者，辞未定也。"赵壹诗："伊优北堂上，肮脏倚门边。"朱紫阳诗"剩善君才老更成，伊优丛里儿孤撑"，则似另作一解也。

野史氏曰："语言不通，诸多误会，故同文之世，每命辀轩采访异俗鄙言，藏之秘府。此即十五国风编诗遗意，所谓政不易俗，教不变宜也。金元谊主每禁种人华言，不忘土语之戒，均重方言也。若概鄙为谚俚，虽同邑尚有语言不同之处，何论远方？此前贤所以有方言之著也。今之语言专科虽甚精深，设不游历各国，身亲经验，能尽晓其俗名之称谓乎？录此一格亦犹行古之道耳，焉敢付夏五郭公之例哉！"

按：志书鲜有撷取方言者，意谓近于琐屑也。夫四方之音不同呼，曰鼠为璞，谓乳云穀，不谙乡语，将入其国而惘然矣。周秦尝以八月遣𬨎轩使采异俗方言，藏之秘府，扬雄云于《法言》《太玄》而外，旁及《方言》，郭景纯且为之注，苟非征之简牍，岂概获诸轮蹄！附兹数条，将质于诠释之家，似亦无嫌于琐琐也。

上述方言材料也是在通语说法后交代方言说法，但与《同官县志》不同的是，引用了相关的书证材料。这种训释方式在近代西北方言中应该是最早的，显然具有开拓价值。

三、《安定县志八卷首一卷》

姚国龄修，米毓章纂《安定县志八卷首一卷》（注：安定县民国二十四年改为子长县），道光二十六年（1846年）抄本，1970年台湾成文出版社影印，其卷一"舆地志"有"方言"。

壏（làn，平地涌泉），浸同，水冒土上而流也。𣲙，音钻，水入土也。𡉏，缝，像土滴口也。囬，硸同，土入口也。㷠，音进，或炒豆则㷠也。𨵿，音钻，身入门中也。𡉺𡉺，音格剌，土缝也。猪猪，音客娄，小猪也。（以上十字本《榆林府志》）

塄，《集韵》音寻，田三亩为塄。晌，《字典》晌同，谓牛一晌时所耕得之地为一晌。峁，《字典》音卯，山之冈坡谓之峁，红石峁、常和峁皆是。梁，山脊为梁，走马梁、土地梁皆是。砭，《字典》音窆，山之沿边路曰砭，石家砭、李家砭皆是。塌（同堰），《字典》音烟，山中临溪之径，朱家塌、南家塌皆是。嘴，山横出一小尖，如鸟喙之嘴，柳家嘴、白家石嘴皆是。坪，《正韵》音坪，亦作㘭，山地之平者，水沟坪、栾家坪皆是。凹，窊也，如荆家圪凹是。杨慎《丹铅录》："土洼曰凹，土高曰凸。"凸，《韵会》"高也"。石圪凸、吴家圪凸皆是。垇垇，音格劳，去声，山之窝处，吴家垇垇、郝家垇垇皆是。崾崄，山之过峡处，闫家崾崄、史家崾崄皆是。㘭，《字典》音洼，山坡地迫沟处谓之沟，省作㘭，候家㘭、张家㘭皆是。岔，《字异补》音妢，三分路也，水路曰汊，山路曰岔，南沟岔、三郎岔皆是。塔，《字典》音塌，阪地之平者，西河塔、柳树塔皆是。坮，《字典》台同，累土因坮，高家坮、赵家坮皆是。圪塔，音客苔，小山相连峰起之名，如黑圪塔是。圪坮，音客台，山间小阜曰圪坮，如杨家圪坮是。靗，音挣，能自立身挣钱也。刘靗，人名，见《宋史》。咀，《正韵》音沮，土人谓吃饭为咀，《广韵》："咀嚼。"一云举箸也，作"举"字。喇话，《集韵》音辣，土人谓说话为喇话，刺喇不休意，《玉篇》："喝，喇言也。"吃哒，音圪垯，乱说也。《集韵》"哒"，语不正，俗云七哒哒八哒哒。

以上方言条目，主要交代当地地名、地理及日常生活用语中的俗字，并通过相关字书、韵书予以解释。依照"名从主人"的观点看，也颇有记录的价值。稍后，余修凤纂，光绪五年（1879年）刊刻的《定远厅志》也辑录了几个俗字：隐人为闾（读如钻），越占为夈，读如卡；锯截之木为厇，读埻上声，并说"往往见诸公牍"。可见使用俗字在当时的关中是习以为常的。我们还注意到，《安定县志》中的个别地名词条还反应出"圪头词"的特点，如"圪塔、圪垍"之类。

四、《蓝田乡土志》

清末佚名纂《蓝田乡土志》（不分卷），陕西省图书馆藏抄本，其上册"风俗"中有"方言"。这组方言文献虽然不多，但按照不同义类进行编纂，虽显简单，也具作俑之功，故全部辑录于下。

（一）家庭称谓

称父曰耷（zhē），或曰爸，或曰爹；称母曰妈，亦曰娘；称祖父曰爷；称祖母曰婆（妇称翁姑、祖翁姑，音同上；婿称岳父母、岳祖父母，音亦如之）。谓小孩曰娃娃，称小姑曰姐家。

（二）畜虫别呼

呼牛曰蛮蛮，呼骡马曰唧唧，驴曰得得，呼犬曰摇摇，呼猪曰猪猪，亦曰潦潦，呼猫曰媚媚，呼鸡曰沽沽，呼鸭曰鸭（呢呀合读）。醋蛛，本促织之转音，麻郎，乃蜻蜓之异号。

（三）日用琐语

称我们曰咱（只才合读），谓他人曰呷（呢呀合读）。这搭，此处也；兀搭，彼处也。谓清晨曰早起，日午曰晌呢，日晡曰后响。镇早、镇晚者，这时候也。称对象曰东西，呼器具为家伙。冒该者，发辫之别名也。圪蹴者，踞坐之通称也。称雇工曰火计（音其），号医生曰大夫，小儿啼呼曰叫唤，老大无用曰棱吞，言人之肥曰瀼（rǎng，肥胖），讥人之痴曰闷，笑笨浊曰捕欺，谓麻蔓曰麻大（音答）。曰倘忙、曰马利、曰兵之邦郎，皆谓作速也；曰徜汪、曰牛牵、曰谟立谟囊，俱谓迟钝也。诋好游荡者曰胡逛，又曰胡浪。訾大强暴者曰甚冷，亦曰甚争。圪喇者，谓词家无理之语也；囊囊突突者，言皆地短人也；破烦者，厌弃不耐也；浑旦者，苦人无才也；囊脏者，不洁净也；窝错者，大乖张也；晢者，美好也；骇（音瞎）者，丑拙也。打捶者，厮打也；言（音年）喘者，说话也；劲，身勉自立也；吃哒，语不通情也；扢垮，屋内之曲室也；圪塔，物之高凸处也；快变（别戒合读），催人急走也；靠住，约人践言也。

第四节　清代《甘肃新通志》中记载的方言

宣统升允等修，安维峻等纂《甘肃新通志一百卷首五卷》，宣统元年（1909年）刻本，甘肃省图书馆藏，卷十一"舆地志·风俗"中列"方言"。据统计，共载方言条目108条。其体例有四：

（一）指出一个词之"音转"的

百，俗转卜音，或转北音。

说，或读如字，或转设音，或转雪音，或转秱（同稌，大豆）音。

曹，俗谓我们也，曹读如字，或转为遨音。

阿家，家俗读如字，不读姑。

我，或读如字，或转卧音。

你，或读如字，或转哑音。

麦，俗转墨音，或转灭音，俗讹煤音。

茶，读如字，回族则曰搓。

榆，俗转为儒音。

雀，俗转鹭音，呼他鸟亦如之。

鸦，俗转哇音。

可是，可俗转渴音，亦发语词。

一个，个俗转为拐，或转块，或转改。

我们，俗但云袄或转为鳌。

你们，俗但云钮或转为牛。

这里，俗以为致哒，或以为宰嗒。

那里，俗以为务嗒，或以为歪哒，歪读上声，方合俗音。

（二）音义兼释或指出用法（语法意义）的

嗟，俗读若嘉音，曰嗟，发语词；曰嗟嗟，惊叹声。

喝，读入声，亦发语词。

角，俗谓各音，总角，俗曰角儿。

铧，俗谓犁铁为铧，音华。

耩，俗读刚，上声，谓耒耜也。
磨，去声，俗谓覆种之器，即耰也，非磨面之磨。
规矩，矩俗转居音，谓循分守礼者。
整治，治读持音，凡物损坏修理皆曰整治，非整饬之谓。
手钏，钏，俗转宽，去声，手钏也。
耳坠，坠，俗转为垂音，即耳环也。
上户，上俗转为商音，富家之称。
穷汉，汉俗转为寒音，贫家之谓。
藏藏，藏读苍，去声，闲游之谓，亦曰浪浪。
吃上午，上俗转商音，午俗转吾音，谓晚饭也。
好搀行，行音杭，谓干预人家事。
牲口，亦曰头勾，勾即口之讹转，皆骡马之谓。
作时哩，作读上声，即做什么之谓。
不要的，要俗读平声，即无容之谓。（按：原本作"容"，或即"用"字之误）
大汉家，汉俗转平声，大人通称，或止云大汉。
大汉子，汉读如字，谓身长体大也。
老汉家，汉俗转平声，长老之通称。
锅块，块俗转平声，谓锅烙之厚饼，亦曰干粮。
哈，俗发语词。
儿，本小子之称，俗指物皆带一"儿"字，竟似语助词，如"钱儿、帽儿、房儿、棹儿、耳坠儿、手钏儿"之类。
哈得，承应之辞。
嘎哒，语助词。

（三）释义或释义中兼注音的

假，以物予人之辞，与乞假互相通解。
舀，如舀水、舀饭之类，陇右为恒言。
瞎，俗以不好为瞎，非必瞽者也。
爷爷，祖父之称，若称父则曰爹、曰达、曰爸，从无称爷者。
婆婆，祖母之称，寡曰奶奶，若称母则曰娘、曰妈，娘或转为牙音。
亲家，两姻相谓之称，亲读去声是矣，亦有竟读平声者。
迎亲，即迎婚之谓，迎读若应音，却合去声。
娃娃，婴孩之谓，儿女通称。
挑担，即连襟之谓，民间两婿俗称也。
乖爽，即佳爽之讹。

活人，俗谓勤苦营生也。
歹毒，歹者好之反，俗以人心残忍如酖毒，谓之歹毒。
可恶，俗谓人凶狠，或读去声，或读入声。
高兴，俗谓人浮躁轻狂也。
冒失，谓言行唐突也。
扬气，凡物华美俗谓扬气，非扬眉吐气之谓。
标致，俗以品貌骨格隽俏为标致。
体面，谓美貌也。
子细，俗谓俭啬，非精细之谓。
别致，俗谓异常也。
垧（shǎng，土地面积单位），地亩数，二亩半为一垧，陇右为恒言。
窝囊，俗谓人不整洁为窝囊。
伙计，俗转为伙结，同赀合谋之谓。
刁乖，性情蛮野诡僻，俗谓之刁乖，乖俗转拐音。
真哥，即真个之讹语。
衣裳，衣服通称，俗每二字连说，非古所谓上衣下裳也。
笔砚，俗亦二字连称，其实单指笔言。
劳忉，俗谓烦琐，《诗》："劳心忉忉。"
些许，亦曰些须，俗言少也。
排场，俗以局面大方为排场，或转为排畅。
坐席，俗谓吃酒席也。
鬼魂，俗指无赖辈，即鬼祟之谓。
花儿，民间歌谣之曲。
啾势，病剧之谓。
挣扎，俗谓勉强出力。
缓着，谓人养病之谓。
汗祖，即汗衫，亦曰汉袿，小里衣之称，皆指单衣言，若袷棉，则言称袄矣。
凉鞾（同靴），省城但云鞾子，省外无论袷棉，通呼曰凉鞾。
连枷，打谷具也，陇右无二名。
羖䍽，山羊也，羖如字，䍽俗转里音，或以羖为殳音，䍽为卤音。
我呐呐，惊讶之辞，或云我戛戛。
吃干粮，俗谓早饭也。
轻些儿，谓病渐瘥也。

新发户，谓新近发财也。
莫意思，即没兴趣之谓。
莫倚抓，即无靠落之谓。
癯的很，癯俗转阙去声，即清癯之谓。
是莫兜，即怎么样之谓。
夜里哥，即昨日个三字之讹。
明后遭，即明朝后朝也，遭即朝之转音。
啯噜子，指博徒诱拐者。
生眼骨，或曰生典故，皆为不安分也。
无其奈何，即无聊之谓。
脱头弄卯，俗谓任事无信，有始鲜终者。
过去了么，去转弃音，问病之辞，谓痊愈也，不自知其语犯忌讳。
粗枝大叶，俗谓不精细。
麻利尖钻，俗谓黠慧之辈。

（四）释义且溯源的

奘，在党切，驵大也，俗以凡物粗大谓之奘。扬雄《方言》："秦晋间人大谓之奘。"

顿，俗谓一餐。《世说》："罗友曰：'欲乞一顿食。'"杜甫诗："顿顿食黄鱼。"又云"打一顿"，谓答责一次。《唐书》："打汝一顿。"

棑，同箪，俗以木筏谓之桴，革筏谓之棑。《后汉书·邓训传》："迷唐复欲归故地，训乃发湟中六千人，令长史任尚将之，缝革为船，置于箪上以渡河，掩击迷唐。"

先后，先读去声，即娰娌之谓。扬雄《方言》："关西人兄弟妻相称为娰娌，今则通称为先后。"

阿谁，阿读屋音，谁读时音，或转若微音，问人语，或连三字说阿谁个，个转为国音，或转为该音。《古诗》："家中有阿谁。"又："战袍经手作，知落阿谁边。"

睡觉，觉读教音，杜牧诗："十年一觉扬州梦。"程颢诗："闲来无事不从容，睡觉东窗日已红。"皆睡已醒之辞。陇右则甫就寝即曰睡觉，惟睡醒曰睡了一觉，则与牧之诗合。

伊尹，俗以田中收成曰有伊尹，无收成曰莫伊尹，岂因伊尹耕莘故，相沿成此语欤？

有商，俗以雨泽深透，田土积润为有商。岂因汤有七年之旱，桑林祷而致雨，为有商庆，此后相沿以得雨泽为有商欤？

有东道，谓有酒食。《左传》："若舍郑以为东道主，行李之往来，供其困乏，君亦无所害。"

第五节 《西和县新志》与《重修皋兰县志》中的方言

一、甘肃最早记录方言的志书——《西和县新志》

清末甘肃的志书中，有 11 种记载了方言，而记录方言最早的志书是西和县知县邱大英纂修的《西和县新志》，乾隆三十九年（1774 年）刻本，甘肃省图书馆藏，卷二"风俗·岁时纪"有"方言附"。该书 1970 年台湾成文出版社影印。记载内容主要是借账及典当土地之类的称谓：

赠钱：立券行息曰借，无券无息曰那。今西俗向人那钱暂用，名曰赠钱。

引亲：婚娶曰迎亲、娶亲。今西俗称曰引亲。

脚占田地：土著老户耕种之田，系前人招徕开垦，立户输赋，永为己业，并非契买，称曰脚占。

佃地：将己业招人耕种，写立佃契，载明粮数，交耕地者承耕，立户完粮，永为耕地者之业，称曰佃地。

典地：原业户逃亡丁绝，本图里长将所遗之地招人耕种，岁交典钱输课，有不愿耕者退地，交还里长，称曰典地。

当地覆价：业户因需钱用，将己业出当与人耕种，钱粮当地之家输纳，数年后又欲增加当价，名曰覆价。

伙种田地：或己业或当地招人耕种，业户与种地人按亩各出籽种之半，至收获时业主与种地人均分，称曰伙种。

二、大量征引书证训释方言的志书——《重修皋兰县志》

张国常纂修《重修皋兰县志》（三十卷首一卷），光绪十八年（1891 年），计稿本十五册，民国六年（1917 年）陇右乐善书局出石印本，甘肃省图书馆藏，卷十一"风俗"有"方言"。共训释兰州方言词 23 条，其中还有来自少数民族语言的词条，如"哒吖哼啰、阿干"等。其特点是每一词条下都罗列大量书证，足见作者的渊博学识。现将 23 条如数胪列于下：

嗟（音如嘉），发语词也，重言之则曰嗟嗟（采访）。

按《书》："王曰嗟，公曰嗟，嗟予有众。"《诗》："父曰嗟，母曰嗟，兄曰嗟，嗟我怀人，嗟嗟臣工，嗟嗟保介。"《礼》："嗟，来食。"注皆训叹辞，考《广韵》："嗟，咨也。"《释名》："嗟，佐也。"言不足以尽意，故发此声以自佐也。是嗟亦有不尽作叹辞解者。邑俗凡与人言，与人物，皆曰嗟，或曰嗟嗟。意盖同此。全嗟音咨邪切，韵书俱音赍，今呼如嘉，盖赍嘉双声叠韵，本自相通。如《续通鉴长编》"嘉勒斯赍"，《通鉴辑览》作"赍勒斯赍"是也。

嘠答，语助词也，急言之则曰嘠（音如沙，平去二声）。

按：《集韵》："嘠，所嫁切，沙去声，声变也。"老子《道德经》："终身（日）号而嗌不嘠，和之至也。"《尔雅·释言》："答，然也。"《礼记·儒行》注："答之谓应，用其言也。"邑俗凡问人及呼人，每缀"嘠答"二字以助之，或仅曰"嘠"，皆有变其声而使之，必用其言意。其实可有可无，今则作此语者亦仅矣。

呔（dài，音如代，平声），叱声也，又戏相呼也。

按：《五音集韵》："呔，徒盖切，音大，去声。"邑语呵叱人及戏相呼皆曰呔，音从平声，俗讹作"呔"，字书无之，今改正。或谓左思《吴都赋》："东吴王孙辴然而咍。"注："楚人谓相调笑曰咍。"则"呔"似应改作"咍"。然考《唐韵》《集韵》《韵会》《正韵》诸书，咍，呼来切，并音痎（hāi，①病。②久病不愈），与此土语音不合，今不取。

恩呵（音如阿，转入麻韵），嗌（音盎），皆诺辞也。又口然而心不然也。

按：《说文》及诸韵书，恩训惠，训爱，训泽。邑语则为应诺声。《韵会》："呵，漫应声，通作'阿'。"老子《道德经》："唯之与阿，相去几何？"注："唯与阿迟速小异。"邑语义本此。《集韵》："嗌，声也，或作'嗌訣'。"邑语则与"恩呵"同一诺意。若语重声长，均为口然而心不然之辞。呵嗌，声轻而缓，亦为问辞。或谓恩即哼之转音字，应从"哼"。考《集韵》："哼音亨，愚怯貌。"此土所谓哼，乃恨声。又呻吟曰哼，皆与应诺意不合，今不取。

窖（音教），田地段数也。

按：《月令》："穿窦窖。"注训"地藏"，此古今通语也。邑语田地成段曰窖，俗讹作"噭"，字书无之。今据《兰州府志》改正。

垧（音如尚），田地亩数也。

按：《篇海》："垧，音赏，垧午也。"此亦通语。邑语田二亩半曰垧，音从尚，俗书作"垧"。考《广韵》《集韵》，垧并音竉（lǒng，①孔穴。②地名用字），垧塔不安貌。与此土音义不合。姚文燮《圈占记》："每壮丁分给五垧，垧六亩。垧者，折一绳之方广。"其法捷于弓丈，今据此改正。

阿（音沃）干镇，名也。

按：《晋书·吐谷浑传》："吐谷浑，慕容廆'（wěi，人名用字）之庶长兄也。鲜卑谓兄曰阿干，廆思之作《阿干之歌》。"此阿干之名所由始。《宋史·地理志》："兰州领阿干堡。"此阿干镇名之所由始。考阿干镇因阿干山得名。《三国志·陈泰传》《晋书·张轨传》"阪名，岭名，俱作沃干"，是阿干即沃干也。阿干之阿应从入声，沃音。邑俗皆呼作平声，转入麻韵。或又呼阿如蛙，干如冈，辗转相为，本音愈晦，爰附正之。

哒吪哖啰，地名也。

谨按：《钦定元史国语解》："达实，唐古特语志祥也。"又岭名"孛罗"，蒙古语青色也。县西南乱山中有地，名哒吪哖啰，盖因番蒙旧语，然今人无知，其取义所在者。

哈喇，鼠名也。

谨按：《钦定元史国语解》："哈喇，蒙古语，黑色也。"此鼠《唐书》名鼧鼥鼠。李时珍谓"蒙古人名答剌不花"。《甘州府志》作"他剌不花"（《古浪志》同）。《武威志》作"哈剌不花"。邑语则谓之"哈喇"（平番与县境西北接壤亦同此称）。答、他、哈音近译殊，其义一也。又今本《唐书》"鼧鼥（tuóbá）"之"鼧"作"鼦"，"鼦"字，《康熙字典》未收，盖系传写之讹。旧县志仍之，误矣。今据《正字通》改正。

自称曰阿（音如沃，上声）。

按：《本草纲目》："阿芙蓉，一名阿片。"李时珍曰："阿，方言称我也。"《韵会小补》："阿音屋。"《古诗》："家中有阿谁。"《木兰诗》："阿耶无大儿"，"阿妹闻姊来"。《莫愁诗》："十六生儿字阿侯。"阿并乌葛翻。《通鉴·陆逊与全琮书》："卿不师日磾而宿留阿寄。"胡三省注："阿，相传从安入声。"邑语称阿，则从沃上声，皆我之转音也。今京师及凉州人称阿皆从沃音，邑语饥饿之饿亦从沃音。

倩人曰詇（音如央，上声）。

按：《博雅》："詇，问也。"《类篇》："詇，告也。"邑语倩人谓之詇告，或云詇及，或云詇求，皆与问告意同。

寻觅曰找（音如爪）。

按：《集韵》："找音华，与划同。"《正韵》："拨进船也。"今俗谓补不足曰找，音从爪。邑俗寻人觅物亦谓之找，音盖本此。

盈掬曰抔（音裒）。

按：《礼记·礼运》："污尊而抔饮。"疏："以手掬之而饮也。"《汉书·张释之传》："假令愚民取长陵一抔土。"注："抔，谓手掬之也。"《唐韵》《集韵》《韵会》《正韵》抔并音裒。邑中粥蔬者，凡葱及白菜用马兰叶束缚，谓之把；不用束缚，惟以手掬而成把，则谓之抔。人皆习闻其语，而不知其字，由误读抔为杯勺之杯故耳。

太阳曰热头。

按：《说文》："日，实也，太阳之精不亏。"《诗·王风》："有如皦日。"年希尧《五方元音》："日，音热。"邑语呼太阳为热头，即日头也，头则为语助词。

潦池曰瀄（kū，水涌出貌）沱。

按：《广韵》《集韵》《韵会》《正韵》潦并"郎到切，劳去声，与涝同，淹也；一曰积水"。王充《论衡》："无溶瀄而泉出。"《玉篇》："瀄，水深貌。"《诗·小雅》："俾滂沱矣。"注："大雨貌。"郭璞《江赋》："与波潭沲（同沱）。"注："随波貌。"邑语称雨潦所积之地为"瀄沱"，义盖同此。或云《西宁府志》"河拉库托"，公牍皆作"哈剌库图库"，图为蒙古语，今所谓瀄沱，即库图音转也，亦通。

汗襦曰汗褟（音如塔）。

按：扬雄《方言》："汗襦，自关而西或谓之祇裯。"《玉篇》："褟，音答，衣也。"邑语称汗襦为汗褟，义取诸此。

刺谓之札。

按：扬雄《方言》："凡草木刺人，自关而西谓之刺；江湘之间谓之棘。"《史记·陈平世家》："平乃刺船而去。"《释名》："拨船之棹曰札。"邑语称刺为札，义盖取此。俗书皆相沿作"扎"。考韵书：扎并训拔，与刺之义不合。今改正。

耰谓之摩（音如磨，去声）。

按：《说文》徐注："耰，摩田器。布种后以此器摩之，使土开发处复合以覆种也。"《唐韵》《集韵》："按摩之摩，并莫卧切，磨去声。"邑语摩地及摩地之器，皆曰摩，音义本此。

耒耜谓之广。

按：《考工记》："耜广五寸。"贾公彦疏："耜谓耒头金，金广五寸，耒面谓之庛，庛亦广五寸。"邑语谓耒耜曰广子，义盖取此。

革柁谓之柡（音牌）。

按：《尔雅·释地》疏："桴柁编木为之，大曰柁，小曰桴，乘之渡水。"《唐韵》："柡，筏也。"邑俗以大木联属，纵横各二三丈者，呼为木柁。以牛羊浑脱为囊，其数或四或八，或十余不等，上用围一二寸小木数根相联属者，呼为"柡子"，亦名"皮柁"。盖即小曰桴之义，所以别于木柁也。《康熙字典》："簰，一作'柡'，亦作'箄箪'，并音牌。"邑语本此。扬雄《方言》："泭谓之簰（pí，人名用字）。"注："簰音敷。"与此土语音不合，今不取。

果核谓之胡。

按:《本草纲目》:"胡桃一名核桃。"李时珍曰:"羌音呼核如胡名,或以此。"邑语谓胡桃曰核桃,而百果之核则皆称为胡,滥觞盖自西羌而起。

烟草谓之芋。

按:《皇朝通志》:"烟草本名:'淡巴姑',亦称为烟酒叶肥大至径尺愈正蠻吃。"《烟事》述:"烟草出于吕宋其地名曰淡巴姑。"(《物理小说》"淡巴姑"或呼"担不归")明时由闽海达中国。《本草备要》:"烟草一名相思草。"纳兰性德《渌水亭杂识》:"今所噉烟草,孙光宪已言之,载于《太平广记》。有僧曰:'世尊言山中有草,燃烟噉之,可以解倦。'"初疑为兰州之五泉水烟。赵学敏《本草纲目拾遗》:"沈君士云:'水烟真者出兰州五泉山。'"又《正韵》:"芋,音烟。"《广韵》:"芋,恶草。"《百草镜》:"芋一名相思草。"《药性考》:"芋味辛性温。"《同州府志·崇俭书序》:"严禁有三,其一兰州之五泉水芋。"邑语则通称为芋,不名烟草也。

萁席谓之萁箕。

按:钦定《续通志》:"萁(原注萁或从竹,作箕)。《国语·郑语》'压弧箕服',《汉书·五行志》'压弧萁服。'"刘向以为"萁服,盖以萁草为箭服"。颜注:"萁草似荻,而细织之为服也。"任昉《述异记》:"席具草,一名塞路生。"北方古诗:"千里席具草。"《五代史·契丹》:"裹泽有息鸡草,味美而本大,马食不过十本而饱。"《古浪志》称为"萁萁"。《甘州志》称为"蕂蕂"。《武威志》及王全臣《宁夏渠务书》称为"席萁",黄志称为"萁席",其实皆一物也。《宁夏府志》名"夕芨",又名"芨芨",即席萁、萁萁之讹。邑何锡爵《饬禁河桥诸弊碑》亦书作"芨"。考《玉篇》:"芨,堇草即鸟头也。"《本草纲目》:"白芨可作糊,本名连及草。或作'白及',或作'白给'。"谢灵运《山居赋》自注:"芨皮可作纸。"皆与此草异种。黄志谓:"萁席,俗名积积。"似即《甘州志》称蕂蕂之义。顾"积积"音系(入)声,与此土之呼作平声者不类,今依《续通志》作萁,依《古浪志》定为萁萁,庶与土音稍相合欤?

张国常在文末专撰一段"又案",概要介绍了"皋邑"的历史变迁与方言特点,分析了"前贤诸志,俱无方言"的原因,也表达了自己训释兰州方言词语的目的——"以溯原起而正舛误"。"又案"全文如下:

扬子云仿《尔雅》而作《方言》,盖欲绎训释之明,悟语声之转,不劳畴咨而遇物能名也。皋邑自汉唐宋元以来,逼近羌浑,人户寥落,当时方言不过存千百中之一二,余皆渺无可征。有明肃藩肇封此土,凡扈从及迁谪而至者,寄帑受廛,长养子孙,逮我朝建立省会,风气大开,爰止益众。一切语言称谓,大率与南北诸省互相出入。虽音之清浊、高下、轻重、疾徐小有转变，然同者实多。前贤诸志，俱无方言，殆是故耳。今酌仿《畿辅通志》例，粗举数条，并附案语于各条后，以溯原起而正舛误。其世所通称，或字同音异，与夫有声无字，及虽有其字而非字典所收者，一概从略。物产俗名颇伙，具见本类各物之下，亦不多及。故所辑止此云。

三、其余十种县（州）志举例

（一）《续修通渭县志》

1. 邢国弼修，卢敏纂《续修通渭县志》，清光绪三十二年（1906年）抄本，甘肃省图书馆藏，其中有"方言"。

凡杂已于众呼曰曹。曹，侪辈也，犹他省云你们、我们，即"文章教尔曹""雄风属我曹"之类是也。

七情：曰高兴、曰得意，喜也；曰着气，怒也；曰恐怕，惧也；曰情愿，欲也；曰挂念，思也；曰忙迫、曰着急，遽也；曰欸（音袄霭），叹声也。

问候：问老人曰刚杰、曰矫健，康强也；问小儿曰精爽，清快也；称妇曰俊俏，姣也；曰伶俐，慧也；曰㒤襫，不晓事也。

器具：曰宽展，大也；曰窄褊，隘也；曰结实，坚也、厚也、亦多也；曰欶，吸动也。

县之西北父谓之奓（zhē，方言，父亲），祖母谓之奶；县之东南父谓之爸，祖母谓之婆；至母谓之妈，祖父谓之爷，一县之通语也；凡不知其人而问，或曰阿是，或曰洒是，盖即通语所谓谁何也。凡不知其物而问，或曰社豆，或只曰是，盖即通语所谓甚么也。

（二）《岷州续志采访初稿》

陈如平纂《岷州续志采访初稿》，光绪三十四年（1908年）抄本四册，民国二十二年（1933年）传抄本，甘肃省图书馆藏，"民族"中有"方言"。

按岷人言语，与川、陕、直隶大致相同。其不同者，民间方言：呼天如铁音，呼日如热音；谓父曰达，谓伯父曰爹爹，伯母曰阿嬷（东乡如此），谓叔父曰爸爸，谓姑母曰娘娘；谓妻之父曰伊父，妻之母曰伊娘；母之姊妹曰阿姨；谓舅母曰妗子。谓瞽曰眼麻，谓鳏曰光棍；谓头曰多脑，颈曰板颈，亦曰脖子；呼马之牡者为牷马，其牝者曰骡马，驴之牡者曰叫驴，牝者曰草驴；猪之牡者曰牙猪，猫之牝者曰女猫。言畴昔则曰阿回，言今兹则曰叶者。仿佛曰帮尖，拣取曰的留；谓人强曰坳，人弱曰否（不泰之否）。人美曰扬气，亦曰拶（zā，逼；挤；压）劲；人丑曰捺呆，亦曰灭嘈；誉人曰雄式，骂人曰儍角。问如何曰阿孟，答是的曰那嗑。

又附郭人言"勺、说、水"等字或作唇音。乡间言"风、房、非、扶"等字，横口呼而不作唇音。言"的、定、丁、听"等字作舌腹音而不作舌头音，此皆岷人之方言也。此外，若西南近番者，多作番语，则非译不可通矣！

（三）《陇西分县武阳志五卷》

周裕杭修，杨学震纂《陇西分县武阳志五卷》，光绪三十四年（1908年）抄本五册，甘肃省图书馆藏，卷三"风俗"有"方言·附称谓"。

五方风气不同，音节也异。山水有清浊，风土有薄厚，此古人所以分五声七音也。漳辖地方，惟东南新寺一镇，插宁远境中，且系五方杂汇，习染多方，故齿牙较轻，语稍近宁远。至本城及他乡里，则民皆安土，浑穆各肖其山川，声音言词亦遂不相谋矣。如：

谓下雨为堕（上声，盖即唐诗"长风吹林雨堕瓦"义，东南则云下雨）；谓盛饭及各器曰托（读近堆，入声，盖及古人和盘托出义。东南则读如端，亦犹托字之转也）；阿谁问谁阿（谁读如撒，作上声。东南谓之时，盖犹四支韵也）；伲（读如泥，入声。或即京师读近宁之转音）；我（读伦，或即"卬"之转音，与秦人读如敖相近）；他（读如滔）；家谓舍，舍谓合（读如恰，入声，如他舍曹舍之类。至阿谁舍，某甲舍，则读如字，去声）。通称侪辈曰曹（或吾曹之省音也）；称父爹（叶麻韵）、母妈（叶麻韵。东南则皆呼平声）；祖母曰奶（东南则谓之婆）；芋谓杨遇（或直书作杨遇，以谓杨氏之遇也）。（按：某书载，有人读刻本《三都赋》注："蹲鸱，芋也。"其人误以为羊会友人，以羊肉赠其人，启曰"承惠蹲鸱"。友人不鲜见而问之，其人以所用典对。友笑曰："是芋非羊也。"意者"羊芋"之名或始此乎？本城称姊父"某氏哥"（新寺则姊父兄弟以行次相排，通称姐夫。姑父亦然。是过与不及皆失中者）。四乡称秀才某先，三里某师（或者皆先生师傅之省声也，惟行辈皆以字行）。称其父丈人（由泰岳有丈人峰而并称，岳，曰泰山，母曰泰水，面称则曰姨父，不知父字固难牵合，即'夫'字亦与'姨之夫'相混，且益不为合称矣）；两婿相谓挑担（东书则称连襟）；妇称舅阿翁、姑阿家（即曹大家及《唐书》"阿家阿翁"）。

（四）《打拉池县丞志》

廖丙文修，陈希奎纂《打拉池县丞志》（注：打拉池，原隶海城县，后划归靖远县），光绪三十四年（1908年）抄本一册，甘肃省图书馆藏，其中有"方言"。

池属土语称曾祖父曰太爷，曾祖母曰太太，祖父曰爷爷，祖母曰奶奶，父曰达，母曰妈，伯叔曰爸爸。来去曰来弃，闲游曰闲浪，请客曰瞧客，问谈曰扯沫，观看曰瞧至，于词调字音与各府州县虽有略异，然而不甚相远。

（五）《狄道州续志十二卷首一卷》

清代联瑛修，李镜清纂《狄道州续志十二卷首一卷》，清宣统元年（1909年）刻本（八册），甘肃省图书馆藏，卷二"风俗"有"方言"。

呼父曰哒哒，母曰妈妈，又曰娘。呼曾祖曰太爷，曾祖母曰太太。祖父曰爷爷，祖母曰奶奶。呼伯曰大爷，伯母曰大娘。呼叔曰爸爸，叔母曰婶婶。呼兄曰哥，嫂曰嫂子。言那个曰恶个咿，言昨日曰昨噶儿，言刚才曰将头噶儿。言做甚么曰阿们俚，言那里去曰阿里去（里读俚，去读气）。言那不是曰恶不是吗。言在那里曰恶来的（来音奈，去声）。言谁家曰谁适，言你们我们曰你适我适。言谁曰阿斯怪，言是曰呵代。言请你看曰哎你瞧。言那个曰恶几怪。言你就那样做曰你就恶们做。言那叫我该怎样处曰恶早教我呵们做哩。呼物必带一儿字。如"钱儿、梨儿、蜂儿、蚕儿、驴儿、羊儿、盆儿、碗儿"等类，多以"二（儿）"字袋（代）"子"字，"恶"字代"那"字，余仿此。

（六）《金县新志稿》

佚名纂《金县新志稿》（又名《金县续新志》），清宣统年间传抄本，甘肃省图书馆收藏，"风俗"中有"方言"。

金邑毗连皋兰，方舆混一，故言语大抵略同。读书同音韵，器具同称谓，其间偶有不同者，不过唇齿舌音之判耳。较之陇南、陇西一带，地方已远，言语稍殊。陇南人呼笔为必，金县人呼为生活；陇南人呼墨为煤，金县人呼为默；此称谓之不同也。陇南人读阶为街，读肃为薮，读祥为墙，读瑞为蕊；金县人读阶为该，读肃为薮，详读强，瑞读为税；此音韵之不同也。他如西至安、肃，东至平、庆，北至宁夏，其音韵之不同者，不能殚述，大抵讲解同义耳。

（七）《陇西县志稿二卷》

马如鉴、刘文炳纂《陇西县志稿二卷》，光绪年间抄本，1963年甘肃省图书馆油印本，原题《续采陇西志草》，油印时改书名为《陇西县志》。又见1995年影印《中国西北稀见方志》本一册。卷二有"方言"。

陇西地接兰州，语言大概相同，衢巷妇孺寻常称谓不但鄙俚难解，率多有音无字。谨略举数联：称生勇为大师；问何事曰佐的哩；续粮曰坐；呼赌棍为方容；琉璃抚指无奈也；谓汝曰谬；问时候曰多鐏（zān）；半年汉，言无知也；谓我曰熬；军流犯曰勃跛鸥；磕齐码，又言速也；逃走曰颠山；亡命徒曰赖皮；胡里麻搭言粗也；应诺曰哈地。

（八）《合水县志》

清代佚名纂《合水县志》，光绪期间抄本，见于《中国西北稀见方志（八）》，中国全国图书馆文献缩微复制中心编辑。其中《民情》一节有"称谓"，即"方言"。

官谓之爷，父谓之爹，母谓之娘，祖谓之爷爷，祖母谓之奶奶，伯祖爷如祖之称而冠以行，伯谓之大爹，叔亦冠以行而谓之爹，妻父亦曰叔，又曰亦父，甥亦谓之侄，侄孙亦曰孙，嫂呼小叔亦曰弟，妇称夫兄亦曰哥，连襟曰挑担，妻曰婆姨，小儿谓之娃，名其女曰某女子，称乡约曰官府，亦曰乡长，称秀才曰师，亦曰先生，吏亦谓之师；有手艺曰司，差役谓之班长，兵谓之将爷，马夫亦然，剃头为待招，巫曰端公，医生为大夫，妇人见官曰小女子；昨日曰夜里，去岁曰年时，下午曰后晌；那里曰务荅，那时曰起头；远曰鸳，长又曰鸳；不识字曰瞎汉，瞎之音若"虾蟆"之"虾"；丑好曰瞎好，无曰莫，去之音若弃，弃之音若耳，煞（去声）即什么之谓，窃取之曰刁；誓曰鸣公，减岁曰年成，粮价曰斗头，谷曰粮食，凡粮曰颗子；小曰碎，几人曰几块；不言曰不喘；其余曰残，诈（去声）即怎么之谓；光棍曰咽噜子；闹曰遭孽；穷曰紧，富曰有道，财主曰买主，量米曰按，称戥（děng，一种小型的秤）曰吊；水极热曰煎，砍柴曰斫；走曰足颠，跪之音若溃。西北之话音极官，无难解者，然亦微有乡俗不同之处，固不止此，只就堂事问所闻诸民者如右。俚俗之语，敢拟《方言》志之以告初莅兹土者，是亦旧令尹之政耶？博一粲。

第六节　民国期间陕西地方志中的方言举要
　　　　——《洛川县志》

民国期间，陕西记录方言的地方志中，以黎锦熙先生编纂的《洛川县志》等几种为代表，体例完备，内容全面，可称专业性的方言著作。《洛川县志》全名为《洛川县志二十六卷首一卷末一卷》，余正东修，黎锦熙、吴致勋纂，民国三十三年（1944年）泰华印刷厂铅印本，甘肃省图书馆藏，卷二十四为"方言"，成文出版社影印。

该志方言分四部分：（一）方音谱，含纽韵表和同音常用字汇；（二）方言分类词汇，含名物、动静、虚助；（三）俗谚类征；（四）歌谣小集。鉴于语音部分的描述是最为系统和最具专业的部分，在此将纽韵表展示出来，其余部分从略。

方音谱

纽韵表（一名洛川注音符号发音表）

表例：（一）以本地方音需用之注音符号为主。其音为国音所无者，则按照相当音位，增列方音注音符号于表中，简称"方符"（方符系采用民国三十二年教育部国语推行委员会之修订草案所定，凡已习国音注音符号者，读之自喻）。（二）注音符号亦名注音字母，故称"声母""韵母"，分为二表。（声母古称"纽"，即子音，语音学上名辅音；韵母即古之所谓"韵"，今母音，语音学上名元音，但注音字母之鼻声韵母不纯为母音、元音）（三）每字母下注"国际音标"，此为发音之定准，凡习语音学者读之皆能吻合，本表列此备查，不加说明。（四）又其下注一国字，即是本字母之读法。除方符外，最好照国音读；如照方音读，亦可，但声母下所注字其韵母不合国音，韵母下所注字则上有声母，本表皆加（　）为记。（五）韵母中有不用以拼音者，加（　）为记。（六）附注一栏，颇关重要。凡发音方法、方国比较、转变来源等，皆略有说明，本地方音之特征，此栏中已精为提要矣。

1. 声母（见表一：声母表）

声母三十个：比国音二十四个，少万一个，多ㄓㄔㄕㄖㄗㄘㄙ七个。

2. 韵母（见表二：韵母表）

韵母十六个：比国音十七个（连ㄦ计），少ㄛ一个。其结合韵母二十二个，比国音二十一个（除一ㄛ不计），多ㄩㄛ一个。

（附一）声调谱

说明：表示调值，须用"线谱"，以印刷不便，简谱又易滋误会，故只于下表中，以一般之"调值记号"图线说明之，验诸唇吻，不难肖也。

调类	调值		调号	例字	变调
	国音	同官方音			
阴平	高平	低平降 高中低	无号。必要时，可作一（横）。	妈坡翻汤 三深中诸	如复合词，国音：两上声相连，则上一字变阳平；上声字下连他字，则成"半上"（即低降而不升）。凡双字紧连，下一字多成轻声（低平）。
阳平	中升	中升高 中低	´（挑）	麻婆凡糖 民谋华如	
上声	低降升	高平微降 高中低	ˇ（拐）	马匹反倘 主远语此	

表一　声母表

方法＼部位		两唇	唇齿	舌尖		舌边	尖腭翘舌尖	尖面		舌面	舌根
				平舌尖	正舌尖			平舌尖面	撮唇尖面		
塞爆声	不送气	ㄅ [p] 玻			ㄉ [t] 得						ㄍ [k] 格
	送气	ㄆ [pʻ] 坡			ㄊ [tʻ] 特						ㄎ [kʻ] 客
塞擦声	不送气			ㄗ [ts] 资			ㄓ [tʂ] 知	ㄐ [tʃs] 绩	ㄓㄨ [tʃɔ] 朱	ㄐ [tɕ] 基	
	送气			ㄘ [tsʻ] 此			ㄔ [tʂʻ] 池	ㄑ [tɕʻ] 妻	ㄔㄨ [tʃʻɔ] 厨	ㄑ [tɕʻ] 欺	
鼻声		ㄇ [m] 摸			ㄋ [n] 讷					[ȵ] 你	ㄤ [ŋ] 额
摩擦声	不带音		ㄈ [f] 佛	ㄙ [s] 思			ㄕ [ʂ] 十	ㄒ [ʃs] 西	ㄕ [ʃɔ] 书	ㄒ [ɕ] 希	ㄏ [x] 喝
	带音					ㄌ [l] 勒	ㄖ [ʐ] 日		日 [ʒɔ] 如		
附注		此行同国音，唯ㄅ母所拼之字亦有少数转入ㄆ，如步、败。	国音ㄈ下有万，但不用；今以方音为主，亦不用，遂不列。音位曰"唇齿"者，谓下唇与上齿相触而发音也。下如"尖腭"亦仿此。	国音在ㄓㄔㄕ一部分字转入此，如之、乍、柴、诗（多数为旧属庄、初、床、山诸纽者）。此行合口呼有转入ㄐㄑㄒ之撮唇呼者，如钻、存、孙与捐、群、熏不分。有混于撮唇尖面音者，如宗混中。ㄗ母字亦或转ㄘ，如字、坐、在。	ㄊ之齐齿呼全转为平舌尖面音，如雕、天与焦、千不分。此行合口呼全改为广，如泥、牛；合撮两呼多消失声母，如暖、嫩与远、运不分。ㄉ母字亦或转ㄊ，如杜、豆。	与ㄋ分别最清。唯合撮两呼亦或消失声母，如乱、吕与怨、雨。	合口呼全转为撮唇尖面音，如猪、川、水、人。ㄓ母字亦少数转ㄔ，如赵、丈（此下各行例推，不备举，大都去声字，旧属浊音者）。"尖腭"谓舌尖翘起与上腭相触，上腭俗名天花板。	此三母为方音符号，其字有二来源：一为ㄉㄊ之齐齿呼，如低、梯、丁、厅；二为ㄐ、ㄑ、ㄒ齐齿呼之"尖音"，如绩、妻（与上四字不分，而与"团音"之基、欺、经、轻有别）及西、星（与"团音"之希、兴有别）。	此四母亦方符。其字皆翘舌尖之合口呼所变，如展、转，上字ㄓ母，下字即此ㄓ也。拼音时，其下不必再用ㄨ或ㄩ。此两行日"尖面"者，谓舌尖与舌面之前部，同时并用以发音也（本行乃前行之圆唇化，与合口呼稍别，故分之）。	ㄐㄑㄒ同国音，唯以"团音"字（即旧属见、溪、群、晓、匣者）为限，而"尖音"字（即旧属精、清、从、心、邪者）则皆另为平舌尖面音。广国音不用，此以拼ㄋ之齐齿呼，又拼一部分"一"母字，如疑、衣（俗）。	同国音。唯ㄤ国音不用，此以拼一部分国音无声母之字，如我、安、欧。

表二 韵母表

	类\法	单韵母					单韵母		复韵母				鼻声韵母			
		开口韵母		声化韵母		齐齿韵母	合口韵母	撮口韵母	齐齿韵母收		合口韵母收		鼻声化		鼻声随	
韵母	开口呼（丨ㄨㄩ各如其韵）	ㄚ [a] 阿	ㄛ [o] 哦	ㄝ [ɛ] 诶	ㄭ [ɿ][ʅ] 资知	ㄦ [ər] 儿	一 [i] 衣	ㄨ [u] 乌	ㄩ [y] 迂	ㄞ [ɛi] 哀	ㄟ [ei] 欸	ㄠ [ao] 熬	ㄡ [ou] 欧	ㄢ [æ̃] 安	ㄣ [ɛ̃] 恩	ㄤ [aŋ] 昂	ㄥ [əŋ] 鞥
	（舌位及唇鼻）	舌前下降，口开	舌后半升，唇圆	舌前近中半降，唇平	舌尖上升，唇平	舌中，卷尖	舌前上升，唇扁	舌后上升，唇紧圆	舌前上升，唇紧圆	开ㄝ加丨	关ㄝ加丨	后ㄚ加ㄨ（近ㄛ）	ㄛ加ㄨ	前ㄚ稍关带鼻音	前ㄝ带鼻音	后ㄚ收鼻声	中ㄜ收鼻声
结合韵母	齐齿呼（[丨]起）	一ㄚ [ia] 呀		一ㄝ [iɛ] 叶						一ㄞ [iɛi] 崖		一ㄠ [iao] 妖	一ㄡ [iou] 忧	一ㄢ [iæ̃] 烟	一ㄣ [iɛ̃] 因	一ㄤ [iaŋ] 央	一ㄥ [iŋ] 英
	合口呼（[ㄨ]起）	ㄨㄚ [ua] 蛙	ㄨㄛ [uo] 窝							ㄨㄞ [uɛi] 歪	ㄨㄟ [uei] 威			ㄨㄢ [uæ̃] 弯	ㄨㄣ [uɛ̃] 温	ㄨㄤ [uɑŋ] 汪	ㄨㄥ [uŋ] 翁
	撮唇呼（[ㄩ]起）		ㄩㄛ [yo] 约	ㄩㄝ [yɛ] 月						ㄩㄞ [yɛi] 冤	ㄩㄟ [yei] 云			ㄩㄢ [yæ̃]	ㄩㄣ [yɛ̃]	ㄩㄤ [yaŋ]	ㄩㄥ [yŋ] 雍
附注		舌位分前、中、后三部位，皆就舌面而言，不涉舌尖；又分上升、半升、半降、下降四形式，升即关，降即开。	全同国音。	ㄛ上皆带ㄨ，故亦不单拼，但便宜上一律用ㄛ亦可。国音ㄛ韵拼ㄅㄆㄇㄈ者多入此，如"科、何"。国音无ㄛ，只一唷字，方音虽有，亦从省。ㄩ国音无，此以拼ㄩㄝ音一部分字，如约、略、学。	方音ㄝ比国音舌位稍移后，近舌中央之ㄜ，一律用ㄜ亦可。国音ㄜ韵拼ㄓ组者亦多入此，如"者、车、舍、热"。一ㄝ偶见吴语之入声尾，如滴（ㄗ一ㄝ）与跌同音。	此母国音方音皆不用以拼音，但表示皆有此韵耳。此两行名"声化"者，谓作用皆在舌尖，为舌尖声母所同化。	方音ㄝ比国音	国音ㄭ韵少数字转入此，如"碑、被"。	时有消失声母之字，如"驴、吕"。	ㄞ之发音比国音唇较开。国音ㄞ韵少数字转入此，如"谋、否"。但方音拼ㄅㄆ两组之字又概转ㄡ，如"皆、鞋"（文）。ㄩㄞ不用以拼音，说详下栏。	ㄟ比国音平，口不大开而舌位较高（收音之一亦较不显），本宜用ㄝ一，因方音中另无正式之ㄞ，故即以ㄞ代之。一ㄞ有国音一ㄝ韵之字，乃表示撮唇尖面四个声母下拼ㄞㄟ者，系此结合韵耳。	ㄠ比国音深，舌位较后，收音之ㄨ甚不显，故整个似ㄛ，国音ㄛㄨ韵拼ㄅ、ㄍ、ㄗ三组之旧入声字皆转入此。	ㄡ比国音圆，收音之ㄨ亦较不显而近ㄛ。	ㄢ与ㄣ皆不以舌尖收鼻音，但于ㄚ与ㄝ同时发鼻音，故曰鼻声化，与国音稍异。一ㄢ国音较关而方音仍开。ㄨㄢ拼ㄉㄋ则转ㄩㄢ，如"暖、乱"；ㄗ组亦然，如"攥、窜、酸"与"卷、劝、宣"不分。	参照前注。一ㄣ与ㄩㄣ不以拼音（稍关）。ㄨㄣ亦如前例转ㄩㄣ，如"嫩、轮"（消失声母），又如"尊、存、孙"与"君、群、勋"不分。	ㄤ比国音，舌位较后。ㄩㄤ不以拼音，同ㄩㄢ之例，参看ㄟ栏。	全同国音，唯ㄨㄥ比国音唇更紧圆，ㄩㄥ确系ㄩ一起。ㄥ拼ㄓ组之字不转ㄩ；拼ㄐ组之字不可省ㄨ。（因ㄨㄥ实已离ㄥ另成一韵，国音新韵十七庚外另为十八东也。）

续表

调类	调值		调号	例字	变调
	国音	同官方音			
去声	高降	高升 高中低	、（捺）	骂破饭烫 义虑调类	方音：双字紧连，上一字阴多变上（高平易听清故），下一字皆似阴平（低平同轻声故），下一字皆似阴平（低平同轻声故）。不悉述，可自详。
四声，同国音。（调类谓一切字共分为若干声调，某字应属某声，各归其类。除入声为国音所无外，凡字之分配平上去者，千余年来，全国大体一致）	阴平调值与国音正相反，阳平则全相同；上声高低有殊；去声升降异势。习国音之标准调值者，一比较即了然。（调值谓各调类在口头上之实际音值，某字虽同属某声，两地一致，而读时之高低升降则两地可以大异。故书本上之调类为最统一者，口头上之调值为最分歧者，不可不知）		全照国音，加于韵母之右上角。（只分调类，不表调值）	此行四字，同音异调。此行四字，拆配成句。	

（附二）注音举例

右注国音；本地读音与国音不同者，则左注方音，同音不复注。方国对照，以资比较而便矫正。（因印刷上无"注音国字"字模，故省略四声之"调号"；又重见各字皆未重注）

ㄨㄛ ㄋㄧ ㄊㄚ ㄉㄡ ㄕ ㄓㄨㄥ ㄍㄨㄛ ㄖㄣ
我　你　他　都　是　中　　国　人

ㄕ ㄒㄧㄥ ㄍㄨㄛ ㄗ(ㄘ) ㄉㄨ 一ㄣ ㄋㄧㄠ ㄓㄨㄣ ㄏㄨㄚ
实　行　　国　　字　　读　音　标　　准　　化

ㄊㄨㄥ 一 ㄍㄨㄛ ㄩ ㄉㄜ(ㄉㄟ) ㄕ(ㄙ) ㄎㄜ(ㄎㄟ) ㄐ一
统　　一　国　　语　德　　　始　　　克　　　己

ㄌㄩ ㄌ一 ㄓ ㄔ ㄓㄨ(ㄓ) 一ㄣ ㄈㄨ ㄏㄠ ㄍㄜ
履　礼　知　耻　注　　音　符　号　歌

第七节　民国期间甘肃地方志中的方言举要
　　　　　——《甘肃通志稿》

　　刘郁芬修，杨思及张维等纂《甘肃通志稿》，共计一百三十卷，稿本完成于民国二十年（1931年），定稿于民国二十五年（1936年）。卷三十"民族·十"专列"方言"一目，约27000字，可谓丰赡。

　　《甘肃通志稿》（下称《通志稿》）方言部分起首就陈说了撰写"方言"部分的目的、训释方式等。其目的是："陇右虽僻处边陲，然其方语多合雅诂。……兹编所录以外，虑挂漏尚多，倘推广探索于研究国粹，未始无益。而文言出于一源，亦可考见也。吾国幅员辽阔，恒有一邑之内语言亦多隔阂。凡方言之不得其字者，仿旧志例，译音附录于后，期为考察风土之助。设统一国语，亦足资借镜焉。"训释方式为："凡各方特殊语，则着其地，其今谓云者，皆甘肃通语也。"

　　《通志稿》方言部分共记录、解释了224条词语，除从宣统《甘肃新通志一百卷首五卷》（下称《新通志》）中辑录的12条外，计有212条。

　　《通志稿》的最大特点是，解释绝大多数词语时书证非常丰富。这里列举10例：

　　1.《广雅》："无虑，都凡也。"又："嫥㩁，都凡也。"皆约略计算之义。王念孙曰："《庄子·齐物论》：'孟浪之言。'李颐注：'孟浪，犹较略。'"《吴都》刘逵注："孟浪，犹莫络，不委细之意。"莫络、孟浪、约莫、无虑，皆一声之转。总计物数，总度事情，皆谓无虑。今凉州亦谓揣度事宜曰母量，又谓大概之数为大母子，或讹为大谱子。又谓粗率嫥量为毛嫥，讹为冒估。以修造之预算为估工，货物之悬值为估价。盖无虑疾呼成"无古"音，模、母、毛、莫，皆无之声转。《汉书·赵充国传》"无虑万二千人"，即母量有万二千人。《礼运》："非意之也。"郑注"意所无虑也"，即所母量，亦曰大蓝母，即"大无虑"之倒语（虑蓝双声。）《汉书·贾谊传》"虑无不帝制，而天子自为者"，即大蓝母算计，没有不想自为天子者，作"大验谋"。亦通谓大略、验（"验"本作"论"，与敛俱从念得声。敛廉秽之敛，今音近蓝，存（从）验，亦读蓝之转也）问，谋虑也。按：今普通话有估摸，兰州话有大搂母，搂情，均为"估量"之义。另有毛姆打卦，估算不准之谓。

　　2. 今人于所爱之子女多呼之曰狗娃子、猫娃子（他省，或呼狗儿子或呼狗崽、猫崽、猫弟、猫妹之类）。某，《说部》载："欧阳永叔不喜佛学，而与某禅师善。师尝问曰：'公言儒家不信佛，而生子乃名僧哥，何叶？'公笑曰：'亦犹呼儿以狗子、猫子之意耳。'是以狗呼子宋时已然。"按：狗字之音，孳乳于后。《说文》："后，继体君也。"引申为后，推而及于兽类。《释畜》曰："犬未成豪狗。"是狗亦总体之犬也。《释兽》曰："熊虎丑其子狗。"又《晋律》："捕虎一，购钱五千；其狗半之。"是熊虎之小者，亦名为狗矣。《汉书·朱家传》："乘不过軥牛。"晋灼曰："軥牛，小牛也。"又乳羊为羔，与狗为一声之转。小马曰驹，从句得声。小鸟为鷇，《广雅》释"亲鷇子"也。

3. 短黜黜，或曰秃黜黜，或又为短茁茁，转麻韵。《方言》："黜，短也。"凡从叕声字，皆有短义。掇为梁上短楹（见《尔雅》）。窡为短面（《说文》）。惙为短气（《众经四引音义卷声类》）。顡为头短（《广雅》）。叕，短也。《淮南·人间训》高诱注："掇，拾也。亦含短而易取之义。"短木橛曰掇子，拾取曰掇上。女童掇石为戏曰掇堕儿。棳掇等字俱读如"短黜黜"之"黜"。敝帚其短者曰条帚骨苖，即葦帚屈黜（屈同骨，古音）。粪屈而短者曰矢骨掘，即矢屈黜。"屈""黜"俱含短义，山短而高曰崛（《淮南子》许慎注），笔短而秃曰掘笔，是其证也。今谓收拾曰拾掇（都括切）。《诗》："采采芣苢，薄言掇之。"今尚谓摘花枝曰掇，音稍抗作拙，上声。《考工记》："毂虽敝，不藃。"藃，音翘。今谓物不平妥者曰藃。又《尔雅》："句如羽乔，上句曰乔。"小枝上缭为乔，今谓髭须之上绕，或张侈者曰乔胡子，均音竅。

4.《说文》："铦，锐利也，读若镰（从廉声）。"此当为"尖"之本字。《汉书·贾谊传》"铅刀为铦"，即铅刀以为尖利，亦借作"覃"。（《说文》"铦，读若棪"，棪覃声近）。《诗》"以我覃耜"，即尖利之耜。《毛传》云："覃，利也。"实覃实訏，即实尖实大。今谓声音清刚曰尖，即实覃实訏之覃。《汉书·扬雄传》："大潭恩（思）浑天。"潭读为覃（"覃思"犹云"锐思"也。释者望文生义，以潭思为深思，非也），即思想尖利，无孔不入之义。作廉亦通（从廉得声）。《吕览·孟秋纪》"其器廉以深"，即尖以深。《必己篇》"廉则挫"，即尖则挫折。郭璞注："尔雅以鑯，为今尖字。"《说文》："鑯，铁器也。一曰镌也。"

5. 今谓行路曰上路，亦曰上道。展墓曰上坟。如京曰上京。问何之曰上那去。于古亦然。《汉书·龚胜传》："随使者上道，必死道路。"《扬雄传》："每上甘泉，常法从。"《汉书·儒林传》"自表上师冢"，上皆为行走。

6. 今稽查字当作"讥查"。《礼记·王制》"(關)关讥而不征"，《礼记·正义》"讥，呵察也"，即稽察而不征税。《玉藻》"御瞽几（幾）声之上下"注："几，犹察也。"几借为讥，即稽查。稽为稽留之稽，查为山查之查，无考问之义。今谓查问曰盘问，即审问亦曰盘查，即审查。量粮曰盘粮，即审粮。谋虑曰盘算，即审算。审与潘俱从来得声。《史记·六国年表》"鄱吾"索隐云："鄱音盘。"是其证也。审，《说文》作"宷"，宷，从采得声。采读如辨，今作办，与潘音近，能背诵而不知其说曰"盘口歌子"，盘即今翻译之翻。古人作"反"。

7. 《说文》："玓瓅，明珠光也。"亦作"的皪"。《汉书·司马相如传》："明月珠子，的皪江靡。"引申今谓目光极活泼曰的皪都（都音或近屠，俱从者得声）卢。凡音之近都卢者，皆含圆转之义。今谓圆形曰圆果都卢，果音转若孤。头形圆故呼头为项颅。《说文》："项，颅头骨也。"会宁等县谓头为项颅，音如多楼，又转为髑髅。剑形圆，故剑之名有"属镂"（《史记·伍子胥传》："赐之属镂之剑自裁。"属镂与髑髅得声同），亦曰独鹿。《荀子·成相篇》："恐如子胥，身离凶，进谏不听，到而独鹿，弃之江。旋转不息，曰輴轳。"《汉书·扬雄传》："輴卢不绝。"师古曰："輴轳，环转也。"今呼汲水之器曰鹿轳，竹形圆故竹之名有"箘簵"（《楚辞》作"箟簬"）。虫之圆而善转者，蜾蠃又转为"蒲卢"。（《诗》："蜾蠃负之。"《毛传》："蜾蠃，薄卢也。"）人之身短而行步旋转者曰朱儒（朱都，古音。近通语朱儒）。扶籚，段玉裁谓即《西京赋》之"都卢"。俱音近而义相类，故目如明珠而活泼者曰的皪都卢，旋转不已曰都卢卢转（转读如"传记"之"传"，转、传俱从专，得声）。都卢又转"多罗"，今谓展转不已曰滚多罗弹，即倾都卢转，言"倾侧都卢"而旋转也。

8. 《说文》："焯，明也。"今谓确有所见曰真知焯见。《周书》："焯见三有俊心。"此焯见二字所本。通以灼字为之。今谓赤色甚显明曰红丢丢，赤日曰日头红丢丢，红花曰花儿红丢丢。丢即"的的""灼灼"等字之转（得声同）。《说文》的"灼"并训"明"。《论语》："小人之道，的然而日亡。"言如日之红丢丢，不转瞬而真情毕露矣。宋玉《神女赋》"朱唇的其若丹"，即嘴唇红丢丢，如丹沙。《诗》："灼灼其华。"《毛传》云"华之盛"，即花儿红丢丢。贾谊《新书》"若日出之灼灼"，即日头红丢丢。

9. 今谓人或虫之多曰合穰穰，即浩穰一声之转，或曰黑压压的。皆稠密拥挤之形容词耳。《汉地志》"浩亹"，孟康读"合门"二音，《水经注》阚骃云"浩"读"合"是其证也。《汉书·张敞传》："长安中浩穰，于三辅尤为剧。"师古曰："浩，大也。穰，盛也。言人众之多也。"解以俗语，即长安中人马合穰穰的。《史记·货殖传》："天下壤壤皆为利往。""壤"借为"穰"，即合穰穰的来往。

10. 今言希疏曰希零薄拉，即"希零暴乐"之转。希零与暴乐义相近，内则羊冷毛而毳膻。《正义》："冷音零，谓毛本希冷。"《诗》："将采其刘。"《毛传》："刘，暴乐而希也。"《诗》"将采其刘"，即律着採（将古音律以五指取也）。日久则桑叶希零薄拉，不甚多了。暴乐与驳荦、斒斓、班烂、炳灵，一声之转。今谓包扫曰希离花拉，裂物声亦月（日）华拉。李善注《文选·吴都赋》:"苴钀雷硍,为崩弛之声。"作"罅裂"亦通。今谓色不纯曰杂薄拉,即杂驳荦。积垢刺目曰巴烂骇怪,即驳荦骇怪。亦月（日）巴烂个积,即驳荦垢积。《史记·司马相如传》:"赤瑕驳荦。"注云"采点也",即赤瑕之色,巴烂骇怪的。"驳荦斑斓"皆连绵字,其单言驳者如谓凑合者,曰杂办,俗书作拌当,即杂驳。于文为"驳杂"。杂菜荞中而食之曰办荞,即驳荞。虎文曰斑（《汉书·尹敏传》）,亦曰彪。《说文》:"彪,虎文,彭也。从虍彬声。"物之文采曰辬。《说文》:辬,驳文也。"人之文采曰彬,亦作"豳"。《汉书·司马相如传》:"被,斑文。"《史记》作"豳文",音义俱相类。

与《新通志》比较,《通志稿》还有如下几个特点:

1. 方言中的发声词、语助词、语已词、叹声词等,在《新通志》中未专门列出,而《通志稿》讨论得很具体:

凡发声字及语间词、语助词、语已词等字,今通俗文中则有"呢、吗、吧、呵、嚏、哩、那、末、啦"等字,足见人事日繁,语言转变,必有孳乳之字。以为应用,若一一以雅诂释之,不免穿凿附会。戴震谓"疑于声者,以义正之;疑于义者,以声求之",洵通论也。凡此类方言不再屡举。

（1）发声词

《说文》:"丂,反丂也。"有歌麻两韵读音。章炳麟谓:"凡发声言阿字,即丂字,今谓舅曰阿舅,娘曰阿娘,犹古之阿瞒阿蒙。"

发声之阿,推衍之,则首肯曰可,谓问曰何,怒责曰诃,自称曰我,我字合口读则为吾。陇南自称则由"我"而转为"遨"。又孳乳为曹,称彼则读为牛,或为泥尧切,皆你女声转。

发声字音随时转变,阿字于歌麻两韵平音之外更有作仄声者。今指彼处曰阿答（阿读如卧）,或曰阿（读如务）,答晋人语所谓"阿堵物"是也。又为发问词,陇东言阿答,阿读为乌哈切,狄道则曰阿哩、阿们,阿读为乌匣切。同一阿字,特音有抗抑之异。

（2）语间词

《说文》:"哉,言之间也。"言之间,即今所谓语助词。今凉州谓温暖适意曰煖煖哉哉,即煖哉煖哉。《说文》:"煖,温也,乃管切。"煖,今通用暖。

之乎者也等字,今语亦有。如言短路曰寸径之路;冷风曰潇潇之风;茶未沸者曰雨溅之茶。

伟为古人语间字,《大戴礼记·卫将军文子》:"孔子既闻之,笑曰:'赐,女伟为知人。'"俗书作"喂",天水则转为乌拐切,亦发声示意字。

（3）语已词

今人寻常相别时曰"你缓着"或"你忙着、你坐着"等语,末一字音在

"之""者"之间，实"只"字也。《说文》："只，语已词。从口，象气下引之形。"《诗》："母也天只，不谅人只！"亦通作"止"。

今言"可呢、不可呢、好呢、坏呢"，凡语末之"呢"，即"尔"字也（如尔即你是也。日母泥母相通）。《说文》作"尒"（同尔），云辞之必然也。《孟子》"然而无有乎尔？则亦无有乎尔"，即然则亦没有呢。今人言"你我"之"你"，即"尔、汝、若、而、乃"等字也。平凉谓迩来，曰而根，即而今。凉州谓近来，曰汝来，即迩来，如言"前明到汝来，前清到汝来"，即到迩来。谓现在曰眼汝，即眼迩，犹云眼前也。"迩"与"日"音近，故汉人谓现今曰日者。

之乎者也等字，今语亦有。……如"好呀、勇呀、强呀、弱呀"，皆也字音稍侈耳（章太炎谓"呀"，即"乎"之转）。

凉州语末多有"撒"音，如言"走撒、跑撒、吃撒、喝撒、来撒、去撒、知道撒"之类是也。"撒"即"旃"字（"旃"亦作"膻"，与"专擅"之"擅"得声同）。《诗》"舍旃舍旃"，即舍撒舍撒，"上慎旃哉"即谨慎者撒，"勉旃"即勉力撒。扬雄文"举兹以旃，不亦宝乎"，即举起这个重用撒，不亦可宝贵么。兰州语音近擅，缓言则曰沙答。

今人谓红曰红红儿，黄曰黄黄儿，好曰好好儿。狄道等处则曰红红各、黄黄各，儿即尔字，各即若字。古人于形容词不曰尔，则曰若，曰然也。卓尔犹卓然，犹然亦曰犹犹尔。（《礼记·檀弓上》："君子盖犹犹尔。"）《诗》"其叶沃若"，《毛传》释为"沃沃然"。今人则曰黑沃沃尔，与"红红尔""黄黄儿"辞例正同。

(4) 叹声词

今谓叹声曰咳，即"欸（āi）、繄、伊、意、噫"等字也。《说文》："欸，訾（zǐ）也。"《广韵》云："叹也。"唉，应也。《史记·项羽本纪》："唉！竖子不足与谋。"《左传》"尔有母遗，繄我独无"，即"嗐！我独无母可遗"。"繄！伯舅是赖"，即"嗐！惟赖伯舅"。故杜预云"语助词"。《庄子·在宥篇》："意！治人之过也"，即"嗐！此治人之过，不循自然也"。《诗》"伊可怀也"，即"嗐！可怀可想"。音或如埃（欸与埃得声同）。

《说文》："䰫，咨也，通嗟。"《诗》笺云："嗟嗟，美叹之辞。"（《烈祖笺》）今人警叹曰嗟嗟，音转如加加（歌麻通转）。

2. 对代词的讨论

今曰"这个那个"之"这"，即"之、兹、此、者"等字也。《诗》"之屏之翰"即这屏这翰。《左传·襄公十五年》中"郑人醢，之三人也"，即这三人。《庄子》："之二虫，又何知"，"之人也，物莫之伤"，即这二虫、这人。

今指此处则曰自答，或曰在答，即"者、此、之、兹"等字，俗书为这是也。又元曲中有"那答儿发付我"之句，西北之称阿答、自答，犹东南之称那党、这党。党或读为当，皆地字音转，古诗"慢腾腾地"，今语即慢腾腾的。宋人语录改"的"为"底"，"地、的、底、答，党"五字，皆一音转变也。党字本有"所也、方也"两训。

3. 对副词的讨论。如"宁、岂、都、刚才、没、原"等。

《说文》："宁，愿词也。"今谓情愿曰宁可，音或近能（去声）。

宁，古音南。然古读难。《说文》："然，或作'蘸'。"《汉书·五行志》："巢蘸堕地。"《陈汤传》："至蘸脂火夜作。"《广韵》引陆佐公《石阙铭》："刑酷蘸炭。""燃（然）"并作"蘸"，皆其证也。

今谓其不然曰南门难，即"宁不然"之古音。

然与乃古音同，今谓衣有积垢曰油乃，乃即油然。《礼记》："祭义易直，慈谅之心油然生矣。"注："油然，物始生好美貌。"《孟子》："天油然作云。"赵注："油然，与云之貌。"故引申谓垢之积厚而光泽者为"油然"，又转为"油腻"。

岂不、岂可等语，凉州语转为羌。《诗》"岂不怀归"，即羌门不想归。

今人谓皆食曰都吃，皆走曰都走，皆好曰都好。《列子·周穆王篇》："积年之疾，一朝都除。"《黄帝篇》："都无所爱惜，都无所畏忌。"东方声转如兜（虞模转尤侯），都之本义为都会，引申。今以裳承物曰挼，即都之声转，亦借作"猪"。《禹贡》"猪野"即挼水之野。"大野既猪""彭蠡既猪"（《史记·夏本纪》作"都"），即能挼水，使不泛滥也。《礼记·檀弓》"洿其宫而猪焉"，即坏其宫室，令可挼水以为污池。

今人谓俄顷曰刚儿，亦曰刚纔，凉州曰姜纔，即"见在"（见本喉音，与刚近。今书"现在"，从才得声，"才"与"纔"通）二字之古音。作"顷纔"亦得（顷与圭古音同，"頲"或作"跬"，是其证也。"圭"又通"蠲"，蠲有刚音，故顷亦读刚。《书》"顷纔"，指诗倪天之妹。韩诗作"磬夭矣"）。《书》《传》"言顷"或"俄倾"，即"刚儿、刚才"之"刚"。亦曰先纔，即囊（nǎng）纔。《说文》："囊（囊从襄得声），向也。"向，不久也。《礼记·檀弓》"囊者尔心或开予"，即先纔你与我开心。

今谓无曰没，没即无之古音。陇南一带读为莫，即"末"字。《论语》："吾末如之何也。"已亦训无。《说文》："无，或读为规模之模。"膴亦读如谟，是其证也。俗借用沉没之没，非是经传或借作"毋"。郑注《内则》："毋，读曰模。亦借勿或耗（耗以毛得声，毛、毋、没双声）字为之。"

《尔雅·释言》："原，再也。"《淮南·泰族篇》："再收之蚕曰原蚕。"《史记·叔孙通传》:"再起之庙曰原庙。"今人谓再为曰原,作原干,原读书,原写字是也。《礼》"祀文王,世子未有原",即常吃新鲜者,不要再吃旧菜。

4. 对程度表示的讨论

今谓之孔窍者,古谓之好。如肉倍好,好倍肉是也。肉,边也。好,孔也。故古谓之孔大、孔多者,今曰好大、好多。

今谓极好曰好死了,极远曰远死了。死字无意思,当书肆。《说文》:"肆,极陈也。"故引申谓极为肆。《诗》"其风肆好",即极好。强狠自用曰死揣硬谏,即肆传梗谏,言恣肆专已,梗阻谏争也。极热而汗曰热肆涣汗,言极热而涣然汗出也。《易》曰:"涣汗其大号。"涣汗二字本此也。

今谓极重曰重死呼耶,极热曰热死呼耶,即重死呼邪、热死呼邪。《庄子·山木篇》:"三呼邪,则必以恶声随之。"《史记·淳于髡传》:"污邪满车。""污"与"呼"古音同,即重肆呼耶的一满车,或倒为"邪许(许声之浒,与呼声近)"。《淮南子·道应训》:"今夫举大木者,前呼邪许,后亦应之。此举重劝力之歌也。"引申凡不堪而大呼者曰呼邪。

今谓极好曰好的酷,极凶恶曰可恶的酷酷极也。(见《白虎通》)

今谓极大曰大大大、老大大,下二大字,读如代音,微侈作平声。无赖相呼曰大。《说文》:"天大地大人亦大,故大象人形。"(孟鼎作"宕")因呼人为大,作"咄"亦通。《说文》:"咄,相谓也。当莫切。"

《说文》:"奔(fú),大也,读如弼。"今谓太大曰奔奔硕硕,读如弼弼(弼转麻部,近匹雅切)石石。《诗》:"佛时仔肩。"毛传:"佛,大也。""佛"借为"奔"。

俗谓极大曰怪大,极多曰怪多。怪,异也,即异常之大,异常之多。作"孳"亦通。《说文》:"孳(字书中未见其字),大也。"

今谓小曰一点点,或曰一宁宁,宁读泥音切。《说文》:"点,小黑也。"聃,小垂耳也。"点"与"宁""聃"皆一声之转。

蒙与宁俱含小义。小儿曰蒙,小驴曰騥。(见《说文》)小蚊有蠛蠓,小雀有蒙鸠,一名宁鴂,小水曰荥汘。今谓太小曰母宁儿大,即蒙宁尔大。今谓小曰札儿宁儿,札即尐之转。《方言》:"尐,小也。"与戳音近,俗讹作"渣(jié)"。小鸡曰鹌。(《篇韵》)草虫之小者曰茅鹌(茅、蒙、麦俱重唇音,物之小者多有此音)。又转为麦蚻(《方言》)。今转为"蚂蚻"。束发而小者曰戳(《说文》),今转为"扎角"之"札"。按:兰州人称小辫子为"抓就"。斩草曰量戳,今转为砸(铡),是其例也。《孟子》"力不能胜一尐之雏",即拿不着一个小札札之鸡嬾。尐,又转为尕,兰州等处谓小为尕,即尐也。"尐鸡"即尕鸡。

今谓小为嫂鸟,又凡物之微薄者谓之枵(xiāo)眇(同眇)。《说文》:"眇,小目也。"引申为凡小之称作"哨"亦通。么、窈、稍、弱，音均既近，义亦同。《说文》"哨不容也"，亦含小义。《礼记》："投壶，某有枉矢。""哨壶"即哨聤，"小壶"作"小弱"亦通。稍，从小得声，弱声有溺袅等字。大细曰细袅袅，古诗"竹竿何袅袅"是也。

今谓少曰微末，或曰些微。如曰"微末偏一点""微末高一点"之类。少时曰一会儿，如"稍候一会儿""一会儿就得"之类。作"彗"亦可，微、彗、细、碎，皆为双声字。凡从彗之字俱含小之义。《诗》："嘒（huì，光芒微小而晶莹）彼小星。"《传》："嘒，微貌。"繐为蜀细布，镄（wèi，鼎的一种）为小鼎，翽（同翙）为鸟翻末。轊（wèi，套在车轴末端的金属筒状物）为车轴两端，槥（huì）为小棺。"雪"本作"䨮（同雪）"，天雨冰末也。幼而了了谓之慧。皆可证。慧，古文作"簎（huì，旧读 suì，同慧）"，故习亦含小之义。小鸟数飞曰习。《诗》："习习谷风。"《传》训为和舒，盖微风细雨最宜百谷也。微彗、习细、零星等字双声，义亦相近，故今语犹恒用之。

下 编

西北方言文献的价值

第五章　西北方言文献的语言学价值

　　方言是共同语的地域分支，方言语料也具有很大的语言学价值。正如《朔方道志》"按"中说："方言始于扬子云仿《尔雅》而作，今《皋兰志》《甘肃新通志》亦皆仿而行之，其旨在明绎训释，彻悟语声，亦语言学之权舆也。"我们认为，清代以来的西北方言文献已经具备了很高的学术水平，尤其是以李鼎超之《陇右方言》、李恭的《陇右方言发微》为代表的方言学专著，在专业性、学术性上都足以在全国领先。这是值得甘肃学者骄傲的成果。

　　笔者所研究的西北方言文献，不管是哪一类的材料，无一不体现其语言学的价值。有些方言著述涉及对方言现象的解释，体现出了作者的语言观，有一定的理论价值；有些方言学著述具体描述了西北方言的声类、韵类、调类，并深入探究了它们的演进规律；对语词的训释具有方法论的意义；有些描述实际已经深入到了语法学的领域。下面，我们从西北方言文献所反映的普通语言观、西北方言文献的语音学价值、西北方言文献的词汇学价值、西北方言文献中的语法学价值四个方面就西北方言文献的语言学价值作一梳理和概括。

第一节　西北方言文献所反映的普通语言观

　　自古以来，"一地方各有一地方之土语"（民国《府谷县志十卷》），这是客观事实。而在官方编纂的地方史志中记载方言，最早起自清初。清顺治十八年，河南巡抚贾汉复主修《河南通志》五十卷。康熙元年贾汉复调陕西巡抚，又主持修纂《陕西通志》三十二卷，康熙十一年清政府拟修《大清一统志》，命令各省纂修通志，并将贾汉复《河南通志》《陕西通志》颁发全国，以为示范。在《陕西通志》中有了方言的内容。但哪些需要编入志书，哪些不入志书，却是需要费斟酌的，因为这涉及作者的语言观。

一、设"方言"之目的缘由

　　编写方言的缘由，说法各异。有欲"晓俗名之称谓"，行古扬雄之道者，如乾隆《华阴县志二十二卷首一卷》："语言不通，诸多误会，故同文之世，每命轺轩采访异俗鄙言，藏之秘府。此即十五国风编诗遗意，所谓政不易俗，教不变宜也。金元谊主每禁种人华言，不忘土语之戒，均重方言也。若概鄙为谚俚，虽同邑尚有语言不同之处，何论远方？此前贤所以有方言之着也。今之语言专科虽甚精深，设不游历各国，身亲经验，能尽晓其俗名之称谓乎？录此亦犹行古之道耳，焉敢付夏五郭公之例哉！"

按：《志书》鲜有摭取《方言》者，意谓近于琐屑也。夫四方之音不同呼，鼠为璞，谓乳云穀，不谙乡语将入其国而惘然矣。周秦尝以八月遣輶轩使采异俗方言，藏之秘府，扬子云于《法言》《太玄》而外，旁及《方言》，郭景纯且为之注。苟非征之简牍岂概获，诸轮蹄附兹数条，将质于诠释之家，似亦无嫌于琐琐也。

有欲宣传"一方古音"（即自己的方言）者，如民国《靖远县新志》云："五方音各不同，而称谓亦互有出入。靖远自经鲜卑割据，吐蕃侵扰，番语胡音不无参杂。且设卫防，秋屯兵，半多来自他省，流寓、宦游、迁戍，历代客居于此者，又不知凡几。语言之变化，厥有由来。"昔扬子云根据《尔雅》而作《方言》，盖欲使一方古语尽人皆知也。爰本斯义，辑靖远方言。

有以期为考察风土之助，为统一国语提供借镜者，如民国《甘肃通志稿一百三十卷首一卷》："吾国幅员辽阔，衡又一邑之内，语言亦多隔阂。凡方言之不得其字者，仿旧志例，已因附录于后，期为考察风土之助。设统一国语，亦足资借镜焉。至于正其义诂，求其本柢，则俟后之方闻君子。"

有欲溯源起而正讹误者，如光绪《重修皋兰县志三十卷首一卷》："扬子云仿《尔雅》而作《方言》，盖欲绎训释之明，悟语声之转，不劳畴咨而遇物能名也。皋邑自汉唐宋元以来，逼近羌浑，人户寥落，当时方言不过存千百中之一二，余皆渺无可征。有明肃藩肇封此土，凡扈从及迁谪而至者，寄帑受廛，长养子孙，逮我朝建立省会，风气大开，爰止益众。一切语言称谓，大率与南北诸省互相出入。虽音之清浊、高下、轻重、疾徐小有转变，同者实多。"前贤诸志，俱无方言，殆是故耳。酌仿《畿辅通志》例，粗举数条，并附按语于各条后，以溯源起而正舛误。

也有欲晓喻方言，服务诉讼者，如民国《府谷县志十卷》云："一地方各有一地方之土语，不能强同，土语不明，不但语言不通，应对为难，且地方官听断讼狱，最易误人要事而兴冤狱，胥吏因此亦得藉端生事颠倒黑白，故邑乘之。立方言一门，亦要事耳。"

二、探究方言的成因

在西北方言专著的前言或序言以及一些方言志书中，谈到了当地方言的概貌，与他处的区别乃至成因。虽然总量不多，但都有一定见地。概括而言，有三种观点，或者也可以认为三种学说：一是"方言（或语言）渗透"说；二是"文言出于一源"说；三是"唇吻肖其山川"说。

（一）"方言（或语言）渗透"说

在西北方言文献中，有好多种文献提出不同民族、不同来源的居民杂居相处会对方言产生影响。这里略举几种：

《创修民乐县志十二卷》卷三"民族志·土语方言"："方言者，一方之土语也，民乐在秦汉时为小月氏，故其民多习蒙古语。晋末五胡乱华则习胡语，唐末陷入吐蕃则习番语，五代时回鹘割据又习回语。迨至元人入主中国，习鞑语者遍全国。清人入关以后，民多兼习满语。语言之不能统一，亦因时势为转移也。且近年以来，交番族者学番语，假回势者效回音。势之所在，众皆趋之。所谓君子之德风，小人之德草，风动则草未有不随之而动者矣。惟是汉人之习夷语，不久辄失其传，间留一词半句，深入于后人脑海而不可忘，亦多混入汉语中不可解也。不可解而言之久则成一方之土语矣，此方言所由来也，此各方言之语言所以异也。"

《靖远县新志》第三编《方言考》："五方音各不同，而称谓亦互有出入。靖远自经鲜卑割据，吐蕃侵扰，番语胡音不无参杂。且设卫、防秋、屯兵大多来自他省，流寓、宦游、迁戍，历代客居于此者，又不知凡几。"

《创修红水县志》："红邑旧隶皋兰，自汉唐宋元以来逼近羌浑，人户寥落，当时方言不过在千百中之一二，皆渺无可征。其实此土一切语言称谓，大率南北诸省，互相出入，虽音之清浊高下、轻重疾徐，小有转变，然同者实多。前贤诸志俱无方言，殆是故耳。"

《续修导河县志八卷首一卷》卷二"民族门·方言"："南乡与番族接近者，多习番话；西乡与萨拉尔回族（本系哈密回族，纯用缠语）接近者，多习缠语；东乡回族，纯用蒙古语。现在通汉语者日见其多。"

王望纂《新西安》："西京方言，发音厚浊而含浑，间有山西与甘肃之音韵。"《长安志》："其言舌举而仰，其声清而扬。就省城言，地处五方错杂，各省人士荟萃之所，本地人亦能操外省口调，音腔亦极像，似凡初到西京之旅客，本地语言，大部均可听懂；非同南方之相离仅一县之隔，几至无法聆悟也。黄河流域各省之语言，大同而小异，就以初次交谈，亦能听清。我国因地域广阔，言语复杂，土言俚语，音义不一，各省各地，均有异同。"

《续修石泉县志》："中华言语，以直隶宛平，广西桂林二县为官话。其最难解者，莫于闽粤。石泉为蜀楚汴鄂陕甘人居其多数，赣晋豫黔亦有之，粤与闽无。乔迁伊始，各方语言，声音大致随其原籍而别。迄后土著日久，耳濡口习，渐与本地人口吻相同。然皆平缓浅显，无甚特异之处。再将土音土语除尽，则与宛平桂林同调矣。"

笔者按：直隶宛平，即北平话未标准音，人尽知之。广西桂林当为今平话区，何以称"官话"，不得而知。"各方语言，声音大致随其原籍而别。迄后土着日久，耳儒口习，渐与本地人口吻相同。"这个说法是符合实际的。但"将土音土语除尽，则与宛平桂林同调矣"之论，实难苟同。

从语言（或方言）接触的角度揭示方言的特点。例如，《镇番县志·风俗考·方言》云："镇（番）居凉水之北，间三蒙之中……不但习外国语言，舌音滞而唇吻强硬，即土著回答之间亦有不同他乡之处。……或因反切以成声，或因土音而成语。"这里清楚地说明镇番（今民勤）人会"双语"交际，方言也势必受"外国语言"（这里指阿尔泰语系蒙古语支）影响。所谓"反切成声"，笔者认为很可能就是通行于今晋语区的"切脚词"。又如，《创修陇西分县武阳志》载："漳辖地方，惟东南新寺一镇，插宁远境中。且系五方杂汇，习染多方，故齿牙较轻，语稍近宁远。"这清楚地说明属于同一行政区划（县）的乡镇，由于地域上跟其他行政区所属地方联系更紧密，因而方言反倒跟其他地方的方言一致的事实。也就是说，社会群体的交往密度、经济关联因素对方言的影响，要大于行政区划因素对方言的影响。

(二)"文言出于一源"说

此观点认为，西北"方语多合雅诂""寻其指归，多沿于往昔"，即文言出于一源。这里列举数例：

《甘肃通志稿一百三十卷首一卷》卷三十"民族·十·方言"："陇右虽僻处边陲，然其方语多合雅诂。人或不察，因谓乱于羌胡。夫羌胡能乱中夏，而不能变其语言。犹之异族侵据中原者，能专共政令，而不能变其文化也。兹编所录以外，虑挂漏尚多，倘推广探索于研究国粹，未始无益。而文言出于一源，亦可考见也。"

《秦音·小序》："昔杨伯起作《关辅古语》，荀爽作《汉语》，惜其书不传。今去古尘邈矣，其事物称谓屡经变更，然寻其指归，多沿于往昔，亦有凡猥俗子随意杜撰，无复典实，究其极亦方言之绪也。"

《重修镇原县志》："镇原语言，除少数方言外，余与南北诸省互相出入，虽音之清浊、高下、重轻、疾徐小有不同，而同者实多。现在之口头语，按之古籍，均有来源。"

《化平县志》："语言为人类交通之具。化平回汉杂居，陕籍甘民合处，其声音清浊、高下、刚柔、缓急有不同，而同者实多。现在之口头语，按之古籍，均有来源。"

（三）"唇吻肖其山川"说

这种观点力求给方言的特点一个解释，认为方音（"唇吻"）与地理（"山川风土"）有一定的联系。

如《创修陇西分县武阳志》云："五方风气不同，音节也异。山水有清浊，风土有薄厚，此古人所以分五声七音也。……至本城及他乡里，则民皆安土，浑穆各肖其山川，声音言词亦遂不相谋矣。"

《镇番县志·风俗考·方言》云："南北风气迥异殊，故土音亦异。镇（番）居凉水之北，间三蒙之中，土厚水深，声音重浊，不但习外国语言，舌音滞而唇吻强硬，即土著回答之间亦有不同他乡之处。……或因反切以成声，或因土音而成语，文中有俗，俗中有文，要皆本乎天籁，实地气使然耳。"

《秦音·小序》："秦地处仲秋之位，男懦弱，女高滕，身白色，音中商，其言舌举而仰，声清而扬。"

《甘宁青方言录》之《陇东各县方言》云："东方之音在齿舌，南方之音在唇舌，西方之音在腭舌，北方之音在喉舌。"

"唇吻肖其山川"的观点在我国来源已久，在《汉书·地理志》中就有记载，凡民刚柔缓急音声不同，系水土之风气故。隋代颜之推也持此论，他认为南方水土柔和，所以说话声音清而切；北方山川深厚，所以说话声音浊而钝。（见《颜氏家训·音辞》）古人的这些见解有一定的科学道理，"土厚水深，声音重浊"，与言语事实比照，"重浊"就是舌尖音相对较少，开口度较大，复元音多，音响洪大。从文化的角度看，山川风土对人的生存影响非常大，作为文化的载体，语言当然也会受到其影响。

按现代语言学的观点而言，"唇吻肖其山川"的说法值得商榷。但是作为古人，有这种见地也属不易。事实上，近代的一些西方学者也持这种看法，有张世禄先生的一段话为证："语言上的分歧的现象，往往根据于人民所在地的风土和气候的不同。语言学家推论各种语言发音习惯的歧异，也常常归结于地土和气候的关系，如斯韦特氏（H. Sweet）以为北欧语言里，常把原来的[a]音圆唇化而变为[o]音——如古英语 stan 变成现今的 stone——显然因为身处寒冷地带，不愿把口张开使寒气侵入的缘故。"[①] 可见"唇吻肖其山川"之说有一定的合理性，不宜全盘否定。

---

① 见张世禄《语言学概论》，上海书店《民国丛书》第一编第51本，中华书局，1941年版影印本。

第二节　西北方言文献的语音学价值

凡方言著作，未有不解说字词之形音义者，西北方言文献也不例外。概览这些文献，我们认为在语音学上的价值体现在如下诸方面：

一、揭示了方言中的"转音"

以光绪《甘肃新通志一百卷首五卷》卷十一"舆地志·风俗·方言"为例，该著述中就列举了"音转"的十五条词语：

百，俗转卜音，或转北音。

说，或读如字，或转设音，或转雪音，或转稌音。

嗟，俗读若嘉音，曰嗟，发语词；曰嗟嗟，惊叹声。

曹，俗谓我们也，曹读如字，或转为遨音。

我，或读如字，或转卧音。

你，或读如字，或转哑音。

麦，俗转墨音，或转灭音，俗讹煤音。

榆，俗转为儒音。

雀，俗转鹭音，呼他鸟亦如之。

鸦，俗转哇音。

可是，可俗转渴音，亦发语词。

阿谁，阿读屋音，谁读时音，或转若微音，问人语，或连三字说阿谁个，个转为国音，或转为该音。《古诗》："家中有阿谁。"又："战袍经手作，知落阿谁边"。

手钏，钏，俗转宽，去声，手钏也。

耳坠，坠，俗转为垂音，即耳环也。

一个，个俗转为拐，或转块，或转改。

"转音"之说，很早就有。扬雄《方言》就有"转语、语之转"的概念。如："庸谓之倯，转语也。"（卷三）"蠦蜰者，侏儒语之转也。"（卷十一）"转语""语之转"都指语音上的变化："庸"古音在余母东部，"倯"郭璞注"相容反"，古音在心母东部，两字韵部相同，可以通转，即转语（郭璞注中用的概念是"语转"和"声转"）。"蠦蜰"郭璞音"烛臾二音"，"蠦"和"侏"同在章母，是双声，"蜰"和"儒"同在侯部，是叠韵，"蠦蜰"跟"侏儒"两个连绵词构成了"语之转"。一些今语与古词，或通语与方言之间的差异就是因为转语的存在而形成的。如《靖远县新志》中说："俗称母为妈妈，当是'牧冒'之转音，盖'母、妈、牧、冒'四字同为重唇音，邦母之双声字，故可通转也。"就是属于探究今语与古词之间差异原因之所在。《重修定西县志》中说："一块人，'块''个'转音，谓一个人也。"就是属于探究通语与方言之间差异因由之所在。张慎仪《蜀方言》卷下有："铸铜铁器曰铸，下'铸'字今音若'到'。古从寿得声之字有作'到'音者，如'翿、捯、祷'诸字是也。"这是用音转理论解释"铸"有"到"音的范例。因"铸"字古音为章母幽部，"到"字古音为端母宵部，声母同为舌音，幽宵二部旁转最近。今陇南都把"铸"说"到"音，如"铸铧""铸铁勺"等。

清乾隆安徽人程瑶田的《果蠃转语记》一书，就"转语"进行过理论阐释，且影响较大。[①] 程氏说："声随形命，字依声立；屡变其物而不易其名，屡易其文而弗离其声；物不相类也而名或不得不类，形不相似而天下之人皆得以是声形之，亦遂靡或弗似也。"语词得名源于形，形同或形近会导致名称的音同或音近。反过来，音同或音近的语词都能捕捉到某种形似。下面我们分声之转者、韵之转者、调之转者三类来分析西北方言文献中的音转现象。

（一）声之转者，即声母读音发生变读

声母读音发生变读的例如：

光绪陈如平纂《岷州续志采访初稿》云："附郭人言'勺、说、水'等字或作唇音。乡间言'风、房、非、扶'等字，横口呼而不作唇音。言'的、定、丁、听'等字作舌腹音而不作舌头音，此皆岷人之方言也。"笔者按："勺、说、水"等字或作唇音，即今言声母 sh 拼合口呼时读为 f 声母字；"风、房、非、扶"等字，横口呼而不作唇音，即不读 f 声母，读为 h 声母的合口呼字；言"的、定、丁、听"等字作舌腹音而不作舌头音，即不读舌尖中 d、t 声母，而读成舌面音 j、q 声母，如"定、丁"读 jing，"听"读 qing。

慕少堂《甘宁青方言录》之《张掖县方言》云："中钟种众宫（概读宫）；春冲重空（概读空）；窗床穿川筐（概读筐）；出除哭（概读哭）；朱竹主猪珠（概读孤）；锥追坠归桂（概读归）；锤垂吹亏（概读亏）；棹捉菓过（概读过）。"

按：张掖周边方言（如民乐话）至今依然。按之语音知识，上述均为合口呼字，声母 zh、ch 逢合口时变为 g、k 声母，非合口呼字则不变。"荷叶排青哭（出）"，《敦煌曲子词·失调词》抄本中有把"出"写成"哭"者，与今张掖话相合。

[①] 程瑶田《果蠃转语记》，《安徽丛书》，安徽丛书编印处，1934年。

《鼎新县志》云:"榆夫,即榆树之谓。"

《敦煌曲子词·天仙子》云:"无人语,泪无(如)雨。"("如"抄本作"无")这两条,说的是声母为 sh、r,韵母为合口呼时,声母分别变成 f、v,这与今兰州、张掖、陕西大部分地区之发音相合。

又如:

《创修渭源县志》云:"道路曰套上;人问话答应曰哈的来,不答应曰得尺套。"笔者按:"套"为"道"之转音。

《化平县志》云:"不时而霜谓之黑霜,骤然而雨谓之魄雨。"笔者按:"魄"为"白"之转音。

李肇《国史补》:"关中人呼稻为讨,呼釜为付,皆讹。所习亦曰坊中语。"

《合水县志》云:"水极热曰煎,砍柴曰斫,走曰足颠,跪之音若溃。"

笔者按:"吃套"即知道,"道"古定母仄声字;"魄雨"即白雨,"白"为并母入声字;"稻、地"也是古定母仄声字。"跪"为古群母仄声字。北京话此类字平声送气,仄声不送气,而西北方言中,古全浊塞音无论平仄今读送气音,这是中原官话关中片、陇中片、秦陇片的共同特点。这些转音,实为条件变读。

《重修定西县志》:"文彩,即云彩,文云转音,谓云美好也;明后遭,遭,朝转音,与日字或天字意同,谓明朝或后朝,亦即明日后日也。……阴牙,阴、人转音,芽、家转音,谓人家也。即甲对乙说丙之谓。"

笔者按:云读文,朝读遭,人读阴,家读芽,均是方言中的自由变读。

(二)韵之转即韵母发生变读者

民国《续修蓝田县志二十二卷》记载:"读麻韵之字,转而入结,如'斜为似叶'之类。此韵字一皆随之而转,如'爷夜野蛇社'等,皆读为结韵之上去声也。……此间方音,多混疑为喻,如以鱼为余、银为寅、沂为伊、玉为欲之类是也。"

慕少堂《甘宁青方言录》之《张掖县方言》云:"杨羊盐颜(概读颜);浆与剪(概读剪,与凉州同)。"

笔者按:"杨羊盐颜"诸字读颜,浆读剪,是后鼻音读前鼻音,与今张掖话合。钱大昕《养新录》中也说:"秦晋人读风如分、东如敦。"今中原官话关中片方言四对前后鼻韵母两分,而秦陇片四对前后鼻韵母不分。从本条记载看,当时的"秦晋"话可能跟现今中原官话秦陇片一致,或者就记载的是秦陇片方言。陆游《老学庵笔记》中云:"秦讹青字,则谓青为萋,谓经为稽,此谓阳声韵失落韵尾变成阴声韵。"今陕北方言依然保留。

又如民国《澄城县附志十二卷首一卷》云:"墙(音如嚼),长场(音如ㄔㄤ),狼(音如罗),扬(音如岳),庄(音如卓),像(音如ㄒㄧㄤ),强(ㄑㄧㄤ),量(音如ㄌㄧㄤ),上(音如ㄕㄤ),听(音如铁),冷(音如列),星(音如屑),晴(音如ㄑㄧㄝ),明(音如ㄇㄩㄥ),横(音如页),杏(音如ㄒㄧㄥ)。"

此实为阳声韵变入声韵之例,但陕西话已经无入声,这些字都在平声中,或阳平(全浊者),或阴平(清及次浊者)。

民国《续修蓝田县志二十二卷》云:"却字土音多读如邱,凡此字在句末,皆却字转音。伊川言'差却、背却',皆此间'邱'字也。"

笔者按:"却"为中古及近代汉语中常见的动词词缀(曰词尾也可),音转邱可信。唐王梵志诗《平生不吃着》云:"一日事参差,独自杀你却。""杀你却"即杀却你,因押韵而变序。今西北方言中常在单音节动词后加"邱"或"邱子",如"吃邱子""算邱子",俗写作"求、求子",则由雅落俗矣。

有复韵母变单韵母者,如民国《澄城县附志十二卷首一卷》记载:"说(音如ㄈㄝ),水(音如暑),垂(音如杵),吹(音如出),北(音如不),黑(音如□)。"

有开口呼读合口呼者,如李恭《陇右方言发微·释训》记载:"麻雀牌每一合曰一胡,是由开口呼读为合口呼矣。"笔者按:这是西北方言文献中最早运用"四呼"术语者。

有合口呼读开口呼者,如《甘肃通志稿》(卷三十)记载:"自称曰我,我字合口读则为吾。陇南自称,则由我而转为遨,又乱为曹。"

《梦溪笔谈》云:"秦人谓豹曰程子,至延州人至今谓虎豹为程,盖言虫也,方言如此,抑亦旧俗也。"又《明道杂志》云:"秦声谓虫为程。"

《天水县志》卷三《民族志·风俗》"方言"附云:"至答,即'此端'之转合;务答,即'外端'之转合。阿答,即'阿端'之转合。"

笔者按:"答"为"端"之转,"务"为"外"之转,可以认同。"至"为"此"之转,值得怀疑。"至"当为"之"字。几例均非合音,称"转合"非是,宜为"转音"。

有撮口呼读齐齿呼者,如《同官县志·风土·方言》记载:"去曰弃,惠曰喜。"《达拉池县丞志》云:"来去曰来弃。"

笔者按:从有关资料看,"去"读"弃"音,至少在魏晋时期北方话就如是读音。《左传·昭公十九年》疏云:"字书去作'弆',羌莒反,谓掌物也。今关西仍呼为弆,东人轻言为去。"

有撮口呼读合口呼者，如《重修定西县志》云："儒树，儒、榆同韵，即榆树也。"《重修镇原县志》云："儒树，邑人读榆为儒，盖儒与榆同在七虞。"

有合口呼读撮口呼者，如光绪《蓝田乡土志》记载："两读者，如渭读若位，乃正音也。故渭南、渭城皆以位读，独泾渭之渭则曰御也。"苇两读，"韦曲"为"余曲"，仿此。民国《澄城县附志十二卷首一卷》云："喂音御，苇围音羽，韦音馀，惠音戏。"事实上，wei 同 yu，这是很普遍的历史语音现象，现在西北方言中似普遍存在。

（三）转音，有声调变读者

变调构词，是上古汉语的一种构词方式，指同字同声韵，但声调不同，则表意不同，语法功能也不同。例如，有些字读本调指事物，词性为名词；变调后指动作行为，词性为动词。例如"瓦房"，"瓦"读上声是名词，读去声是动词，给房上铺瓦的意思。在西北方言文献中，这类现象描述得较多，例如《甘肃通志稿·民族·方言》记载："今谓饮牛马等畜曰饮牲口，'饮'作去声读。……今谓以油涂轴曰膏车，'膏'亦去声读。"

《创修陇西分县武阳志》云："家谓舍，舍谓合。"舍，读如恰入声，如他舍、曹舍之类。至阿谁舍、某甲舍，则读如字去声。

《重修定西县志》云："排制，排读上声，数说人非及殴打人，均为排制。帽，读平声，谓事先测想也。日了，日读上声；了，老音，失遣之谓，与'吊了'或'撇了'同。雪，读去声，谓不与人往来也。赃，读去声，谓脾气不好，又故意凌人亦曰赃。"

《敦煌文书·契约·僧崇恩析产遗嘱》记载："崇恩亡后衣服，白绫袜壹量，浴衣一，长绢裤壹，赤黄绵壮裤壹腰，京褐夹长袖壹，独织紫绫壮袄子壹领，紫绫裙衫壹对。"其中"壮裤"就是棉裤，"壮袄子"就是棉袄。"壮"本字当为"装"。"壮"与"装"的常见读音声调不同，实际上"装"除了读平声侧羊切外，又读去声侧亮切，与"壮"读音相同。

二、记载了西北方言中的合音

西北方言文献反映"合音"的材料很多，其中民国《续修蓝田县志》二十二卷对"合音"作了解释："合声，实字之反切，如曲连为圈，青羊为戕，不来为拜之清平声，木碗（读如顽）为满之清平，不要为包，十分为甚，阿堵为兀（去声）答，直恁为震之类（直字澄母，土人读为知之入，故以直恁为震。宋语录又省直字，谓直恁为恁地是也）。"

西北方言文献涉及"合音"者还有很多,例如《古浪县志》云:"夫称妻曰凤家者,凤家'妇人家'之转音也。此称呼惟大靖有之。"笔者按:"凤"当为"妇人"之合音。

《重修礼县新志》云:"物分彼此曰你得、我得,又多概曰牛得、鳌得。"笔者按:"牛、鳌"即"你们、我们"的合音。

《天水县志》卷三"民族志·风俗·方言"附云:"牛,你们之义,似伊渠合音;枭,即人家之称,伊之转音。"笔者按:"枭"当为"人家"之合音;说"伊"之转音亦可通。

《重修定西县志》钮豆:"钮你转音,钮豆即你们的。"笔者按:此例非转音,实为合音例。

合音现象,先秦文献中就存在,在宋代才被学者们注意到。沈括谓古语有二声合为一字者,如"不可"为"叵","何不"为"盍"等;郑樵谓慢声为二,急声为一,"者焉"为"旃","者与"为"诸",前者为慢声,后者为急声。关于西北方言中的"合音",最早予以描述的是近代人杨国柱先生。他在《兰州人口语中常见之"合音"》中记录了兰州人口语中常见的连读合音现象14条。其中有词内语素与语素的合音,如"厨房"合音为"创"(去声);有短语内词与词的合音,如"做什么"合音为"□(音 zuá)";也有跨语义段的合音,如"桌子上"的"子上"合音为"葬"。同时,他逐条举例,并在具体语境中加以说明。具体见下表(笔者按:原文为竖排,为了直观醒目,此作表格,横排):

方俗殊语,经籍异诂,"合音"为因素之一。《左传·哀公二十六年》云:"六卿三族降听政。"杜注:"降和同也。"和同为降,为"合音"之见于经籍者(和同之合音为洪,洪水者,降水也)。陇右方言,颇多"合音"。文县人称姑阿婆(父之姑母)曰瓜婆;武都人名无花果曰蜗果;甘谷人呼不要为标;斯其最著者。兰州人口语中时见"合音",兰师教务主任杨国柱表而出之,犹未尽具举。然以此类推,不难得其滕理。实"兰州市志"中之最好材料也。用特登载,借供考证。[①]

本字	合音	举例及说明
自然	攒(上声,如攒钱之攒)	如"那是自然"一语变,除"那"音为"癞"音外,合"自然"二字音为"攒",于是变而为"癞攒"。如不用"那是自然"全语,而只用"自然"时,则曰"攒"。

---

① 杨国柱《兰州人口语中常见之"合音"》,《新西北月刊》第六卷第8期,1943年。

(续表)

本字	合音	举例及说明
厨房	创（去声）	日常多称"厨房"为"创"，妇女尤系如此。常人不知"创"由"厨房"二音合拼而成，于是于"创"后又加"屋"字，如呼"厨房里"三字，则曰"创屋里"（亦有说"创里"者）。
好像	酱	如"好像一朵花"，则曰"酱是一朵花"。
怎样	纵（去声或阳平）	如问"怎样了"，则曰"纵了"或"ㄗㄨㄥ了"？
思想	丧（阴平）	思想二字做动词用者，多读作"丧"。如"我思想着这事应这样办"，则读作"我丧着这事应这样办"。
什么	跛	如"哼！要什么没什么"一语，则曰"哼！要跛没跛"。
做什么	ㄗㄨㄚ	此系先合"什么"为"跛"，再合"做"与"跛"为"ㄗㄨㄚ"。如问"你做什么着呢"，则曰"你ㄗㄨㄚ着呢"。
早上	臧（阳平）	如"今早上"，则曰"今臧"。其他如"昨早上""前早上""明早上"等，皆然。
吃上	唱	如"碗里的饭我吃上了"一语，"吃上"合而为"唱"，便成"碗里的饭，我唱了"。
子上	葬	如"桌子上""凳子上""炉子上"等语，"子上"合而为"葬"，便成"桌葬""凳葬""炉葬"。"子"与"上"，离开"桌""凳"等字无连用者，故单独之"子上"无合而为"葬"之机会。
给我	果	如"这次的公款，给我派了五万"，则曰"这次的公款，果派了五万"。"把那件东西给我给"，则曰"把那件东西果给"。单独用之"给我"，未有合而为"果"者。
个人	干	如"我们这里，有三个人"一语，合"个人"为"干"，再于语尾加"儿"字，则成"我们这里，有三干儿"。单独用之"个人"，未有合为"干"者。
一下	卡（去声）	如"做给一下"则为"做给卡"。不与"做给"二字连用之"一下"不能合而为"卡"。

（续表）

本字	合音	举例及说明
鹤项	黄	如"鹤项口什子"，则曰"黄口什字"此种合音，范围极狭，除本例外，绝无他例。

附注：兰州人口语中之"合音"皆有音无字，本表所列各音，皆以标音为主，其中有无字之音，皆找其近似者标出而注其四声，其他如"ㄗㄨㄚ"一音，即找近似者亦不可得，故直计其音为"ㄗㄨㄚ"。

三、注意到了西北方言中的吸音

吸音即吸气音，在陇中方言中常见，但最早予以关注并述诸文字者，为镇原慕少堂先生。在其所著《甘宁青方言录》之《陇西各县方言》"哈得"条中说："哈得，承应之词也，口张而字未吐也。"按：《集韵》："哈，口张貌。"会宁、通渭等县均有这一字。譬如行路之人，偶值田叟，问："由此进城，是否官道？"田叟应之曰："哈。"有人尝为余言，此数县人民岂皆哑也乎哉？不然，何但见其张口而默默不发一言也？余答之曰："此其所以对答也。"

甘肃学者张淑敏、王森分别在《中国语文》上发表了一篇关于甘肃方言吸气音的文章①，从音理、表意特点等几方面加以阐述，惜哉没有引述上述材料。实际学人早在半个世纪以前就已关注这一现象了。

四、记录了西北方言中保留的古音

前文已述及，西北方言学者认为"方语多合雅诂"，"寻其指归，多沿于往昔"，即方言中保存了较多的古音。例如慕少堂《甘宁青方言录·张掖县方言》云："语之未变化者，谓看戏曰时，②谓岂曰前们（前们，岂之反切也），谓去曰揭（揭，去也，读如竭，古音也）。"

范紫东《关西方言钩沉》（卷四）云："（含欶哑）置于口中谓之含（音琴）。口吮谓之欶（音蓑）。吸其汁谓之届。"

《说文》："含，嗛也。"《广韵》："含，衔也。"皆谓入于口中。惟含字古音读若琴。盖凡从今之字，古音皆读琴音。吟与含，皆从今从口。但位置不同耳！吟音琴。（见《史记·淮阴侯传》索隐）含之古音亦同琴，转而为衔音，双声变转也。又转为涵音，叠韵变转也。故文中皆读含音。然今语犹存古音焉。

《说文》："欶（色角切），吮也。"《通俗文》："欶，合吸也。"合口而吸之，

---

① 详见张淑敏《兰州话中的吸气音》，《中国语文》，1999年第4期；王森《甘肃话的吸气音》，《中国语文》，2001年第2期。

② 时音如待。《尔雅》："待，视也。"古无舌上音，时读如待，戏呼人注意亦曰时。

即今语所谓欸也。韩愈诗："酒醪倾共欸。""欸"字或作"嗽"。亦古语之仅存者。《风俗通》："入口曰屆啖也。"《洞冥记》："惟屆叶上垂露，因名垂露鸭。"然则屆亦古语也。

《甘肃通志稿一百三十卷首一卷》卷三十"民族·十·方言"云："平凉谓迩来曰而根，即而今。凉州谓近来曰汝来，即迩来，如言'前明到汝来，前清到汝来'，即到迩来。"

《平凉县志》卷三"风俗·方言"亦云："而更，即而今之变音。"

笔者按：而今读而根，迩来曰汝来，皆古音所存者。

《靖远县新志·方言考》云："皮筏，谓之楿子。"《唐韵》："楿，筏也。"《方言》："筏，秦晋通语也。"靖俗呼以大木联合者谓之筏，以木杆联合牛羊浑脱嘘气为囊，而渡人者谓之楿子。《方言附》谓之箄，箄谓之筏，箄音敷，亦筏之别名。钱大昕言"古无轻唇音"，则"箄筏楿"三字古为一音矣。

第三节　西北方言文献的词汇学价值

词汇学，包括词源、词用、词义之演变诸多方面。西北方言文献词汇，在这几个方面都反映得很充分，具有较高的词汇学价值。下面从几个方面分述。

一、揭示了方言词语的语源价值

在西北方言文献中，有许多反映词汇源头的材料。例如：

1．"殆吃"之"殆"为"始"。

民国《甘肃通志稿》："今谓初作曰始（殆）干，初到曰殆到，初吃曰殆吃。殆即始字，俱从台得声。谓始干、始到、始饮食也。"按：兰州方言有"带过"，"带开头"，与"带头"之"带"无涉。

2．"弹憸"源自《方言》"皮傅弹憸"。

民国《靖远县新志》："贬其事与物之疵累曰弹憸；土语谓之弹嫌。此语实亦根据《方言》'皮傅弹憸'而来。盖靖音有与东齐、陈宋、江淮之间相似者。

3．"儿"即"尔"字，"各"即"若"字。

《甘肃通志稿》："今人谓红日（曰）红红儿，黄日（曰）黄黄儿，好日（曰）好好儿。狄道等处则曰红红各、黄黄各，儿即尔字，各即若字。古人于形容词不曰尔，则曰若，曰然也。卓尔犹卓然，犹然亦曰犹犹尔。（《礼记·檀弓上》："君子盖犹犹尔。"）《诗》'其叶沃若'，《毛传》释为'沃沃然'。今人则曰黑沃沃尔，与"红红尔""黄黄儿"辞例正同。"

4. 语助词"者"为"只"字。

《甘肃通志稿》:"今人寻常向别时曰'你缓者'或'你忙着、你坐着'等语,未一字音在之者之间,实'只'字也。《说文》:'只语已词,从口,象气,下引之行。'《诗》:'母也天只,不谅人只。'亦通作'止'。"

5. 笔曰生活,为"生花"之转。

《靖远县新志·方言考》:"笔曰生花。《说文》:'吴人谓笔为不律。'《尔雅注》:'蜀人呼笔为不律。''笔'与'不律'为音之疾徐变转,所谓疾则为笔,徐则为不律也。靖语谓之'生花',又非音之变转所能解释。盖靖音呼'笔'与'碑'同音,近于平声,或取江淹'梦笔生花'之义,为替代名词欤?沿革日久,又转变花为活,故普通称笔曰生活,'活、花'二字同为晓母之双声字也。"

笔者按:生活,西北方言中多指"毛笔"。但在近代文献中,"生活"指"手艺活"。如《古今杂剧·陶母剪发留宾》:"老身作了些针线生活,担饥受冷把家私营运,端的是用尽老精神。"又《京本通俗小说·碾玉观音》:"潭州也有几个寄居官员,见崔宁是行在待诏,日逐也有生活得做。"据此,毛笔曰生活,当是"生华"之音转。

另外,有些方言材料考证了某词之"初见",也具有语源价值。如《甘宁青方言录》之《皋兰县方言》"西瓜抱"条:"卖瓜者之自夸也,谓瓜之大须抱以双手。""西瓜"二字见《五代史附录》:"合阳令胡峤征回纥得瓜种以归,培以牛粪,结实大如斗,味甘,名曰西瓜。前此未之有也。"然《拾遗记》:"汉明帝阴贵人梦食瓜甚美,帝使求诸方国,时敦煌献异瓜种,瓜名'穹隆',味美如饴。"西魏书《地域考》:"瓜州产美瓜。"《春秋传》:"允姓之戎居于瓜州,即此。是五代之先,瓜种已入中国矣。"

笔者按:据《古今笔记精华录》引《天禄识馀》云:"五代合阳令胡峤居契丹七年,始得回纥瓜种,携归中国种之,培以牛粪,结实大如斗,味甘。以其来自西域,故名曰西瓜。"据此两说,"西瓜"之名或出自五代,而"瓜"名至少南北朝前即有。

民国《重修镇原县志》中解释了陇人"爸爸、妈妈"两词语的来源:

爸爸妈妈:称本生之父母也。按:陇人称父曰爸爸。陈思崇《随隐漫录》:"太子两拜,问安爸爸皇帝陛下。"陆游《避暑漫钞》(上):"微谓宪圣曰:'如何比得爸爸富贵?'"宋时已有此称矣。称母曰妈妈。《夷坚志》:"邻里素谙我家事,须妈妈起来。"称父曰爷、曰翁、曰爹、曰爸,而惟闽人之称"郎罢"为最奇。称母曰妈、曰姥、曰奶,而惟粤人之称"阿吉"为最奇。宋高宗称徽宗曰爹爹(见《四朝闻见录》)。宋太祖称太后曰娘娘(见《铁围山丛谈》)。今日陇人爹爹之称,大约本此。又荆土方言谓父为爹。《南史·梁始兴王憺传》:"憺为荆州刺史，征还朝，人歌曰：'始兴王人之爹，赴人急如水火，何时复来哺乳我？'"《四朝闻见录》："高宗称韦太后曰大姊姊，此一时习惯，不可为训耳。"

范紫东《关西方言钩沉》（卷一）考释了称父亲为"耶耶"的来由，即演变的历史：

易家人卦："家人有严君焉，父母之谓也。"古者父母皆称严君，后专以父为严君；而君字渐亦省略，严字成为叠文，而呼父为严严矣！严严为古代复词形容语，所以表示尊大有威之意。如诗"泰山岩岩"是也。转为入声，则为奕奕；如诗"奕奕梁山"是也。盖古代以大岳皆有神王宰，故岩岩奕奕，皆表示神之威力；因之呼神亦曰岩岩，与呼父同；含有可畏之义。"父"之篆文为𦣞乃家长手持杖以教儿曹之形；故甚严严也。久之，严严音，转为"余遮切"之音，遂以莫耶宝剑之名代之；而呼父为耶耶矣！荀子议兵篇："莫邪长刃利锋。"盖较手持之杖，更可畏也。可知父称耶耶，在春秋以后。盖周初并无耶字，故玉篇云"耶俗邢字也"。今人于惊惧之时，口中亦呼"耶耶"，此亦古语流传也。六朝以后，此语渐盛，屡见于诗词中。木兰辞："卷卷有耶名。"唐杜甫诗集中，耶字尤多，皆称父也。五代以后俗又加父字于其上而为爷。《宋史宗泽传》："威望日着，北方常畏惮之，必曰宗爷爷。"又今人亦呼岳飞为岳爷爷。盖畏之如天神，故摹拟中国最尊崇之称谓也，元明以来，音转而与奕奕之音相近，又转而为奕之去声；今关西之音，大抵皆然。但此时早婚成风，为父者多为青年，童心未变，无威望之可言；而祖父为家长，最为尊严，乃得称此尊号；与诸神同谓之爷爷矣！明人书札封面，皆书某大爷、老爷、太爷、少爷等。盖明以后，此语盛行，然古义固未泯也。

有部分方志方言文献中特别提到某词语出现的时间，对于考证方言词的历史有重要的参考价值。例如民国《会宁县志续编》中说："合窍，即合适之谓。光绪间始有此语。透了，谓事情坏了。清末年忽有此语。倒板，即彼此变换之谓。民国来始有此语。"

值得注意的是，在西北方言文献中还反映出对汉语词汇双音化趋势的认识。如升允等修，安维峻等纂之《甘肃新通志一百卷首五卷》卷十一"舆地志·风俗·方言"中说："衣裳，衣服通称，俗每二字连说，非古所谓上衣下裳也。"又："笔砚，俗亦二字连称，其实单指笔言。"这里不仅指出了"双音化"，还从语义上分析了"复词"的"偏义"。

二、描述了方言中的同实异名现象

同实异名在方言文献中系普遍现象。例如民国《重修镇原县志》中对于"奶奶、屋里人"两词语的解说：

奶奶：谓祖母也。按：柳耆卿词"愿奶奶兰心蕙性"，是宋时社会称妇女最尊之辞。陇人则称祖母为"奶奶"，天水则称为"阿婆"，山东人则称为"大婆"，随地异名也。

屋里人：自称其妇也，对人称其丈夫则曰门前人。……又《南史·张彪传》："呼妻为乡里人，湘人则称为堂客，满洲人称妾为屋里人。"

以上几例是说不同地域之居民对同一亲属关系而叫法有别，这是很自然的现象。但即在一县之间，因居民来源不同而称谓不同，这种方言材料是弥足珍贵的，因为其不仅丰富了词汇学的宝库，也为社会语言学研究提供了极好的支撑材料。再如民国《华亭县志四卷》云：

语言为人类交通之具，华亭汉回杂居，土客合处，其声音清浊高下，刚柔缓急，多不相同，称呼亦因之而异。谨据采访所得，志之如左。

土住汉民称祖父曰爷，祖母曰奶奶。父曰爹、曰达，母曰妈。伯父曰大爹，叔父依序称二爹、三爹，伯母称大妈，叔母依序称二妈、三妈。兄弟姐妹无别称。婿称岳父母曰亦父、亦娘，舅父母无别称。武都徙居汉民称祖父母曰爷，曰婆。父母曰爸，曰娅。伯父母曰大爸、大娅，叔父母依次曰二爸、三爸、二娅、三娅。兄弟姐妹无别称。岳父母之称与本生父母同。称舅父曰舅舅，舅母曰妗子。拿某物来曰喊来，犁头曰杠头，余同。

主山、麻庵二镇，汉民称祖父曰爷爷，祖母曰婆婆，父母曰达、曰娘，伯父曰大达、曰伯伯，伯母曰大娘，外祖父母曰外爷、外婆，姑夫长兄曰大姑夫，姑夫之弟曰二姑夫、三姑夫。对人自称曰曹，喂牲畜曰嚼头口，惊呼之词曰我呀呀，那个曰阿，余同。

四川徙汉民称祖父母曰公，曰婆，父母曰父母，伯父伯母曰伯伯、伯娘，叔父叔母曰爸爸、婶娘，岳祖父母曰阿公、阿婆，岳父母曰外父、外母。被儿称铺盖，余同。

陕西移来汉民称父母曰伯、曰娘，伯叔父曰大爸、二爸，余称与土住汉民同。

土住及安抚回民称祖父曰爸爸，祖母曰娜娜，父母曰达，曰娘，伯父母曰老达、老婆。姑娘曰娅娅，草锄曰鉏，余同。

河州移来回民称祖父母曰阿爷、阿奶，父母曰阿达、阿娘，伯父母曰阿伯、阿婶，叔父母曰阿爸、阿姨，余同。

又，民国陕西《重修镇安县志》云："五方杂处，名称各殊，声音之别，终不能改。鄂人呼父曰爷，呼祖曰爹。皖豫人呼父曰爹，呼祖曰爷。土著人呼父曰大，呼母曰妈，呼伯曰贝，其他呼父曰耆、曰爸、曰爹，呼母曰娘、曰姐、曰婆、曰姨、曰勒。又呼水曰许，呼火曰虎，呼石曰沙雷，呼小儿曰团崽，皆各从其本籍,非习尚所能变也。"

这两则方言文献对于方言"同实异名"现象形成的原因做了非常清楚的解说,即居民来源不同带来了各自的叫法。

三、记载了方言中的谚语、惯用语、歌谣

谚语、惯用语是词汇之组成部分,能代表地方环境、生活、习俗及民性,其流行之通谚,都带有地方语言色彩。将谚语、惯用语列入方言文献中,是非常适宜的。最早出现谚语、惯用语的方言文献是刘於义修,沈青崖纂,雍正十三年刊刻的《勅修陕西通志》,其中收录7条:

云之西,雨涌泉。云之南,水倾坛。云之东,伫立空。云迤北,耕获得(云谚)。朝雨虽雨不雨,老健春寒秋暑(朝云谣)。横云不雨,纵云雨,原为东风吹送汝(云谣)。星瞬目,雨浸屋(星谚)。

但总体来说,收入谚语、惯用语的方言文献并不太多。下面我们将西北方言文献中的谚语、惯用语、歌谣分类述之。

(一)谚语

如民国《岐山县志》卷五"风俗·方言与谚语"云:

消停买卖紧庄稼。(言收种必及时,不可缓也)

春雨如河,二麦必薄。(言春雨不可多,不可少也)

雪压菜子花,麦子豌豆石七八;土旺一十八,麦子豌豆扬大花。(指立夏前之土旺)

谷雨前后,点瓜种豆。麦子、豌豆三月田。(言三月有雨,夏可成也)

五月三十滴几点,耀州城里买大碗。(言秋成也)

伏旱旱一半,秋旱不见面。(言秋禾最怕秋后旱也)

糜谷争早晚。(言种必及时又借墒)

立秋一拳,秋后看田。(言秋后多雨,禾苗猛长)

麦六十,豆八颗,尽好扁豆是两颗。(言夏田丰稔,麦穗豆荚内之颗粒最多数也)

稠谷好看,稀谷吃饭。(言锄禾宜留稀)

黑墒糜子,黄墒谷。(言种时之泾、干各有所宜也)

谷成不见穗,糜成不见叶。(俗称黍为糜)

七绽糜子,八绽谷,膏粱无事只管锄。(言秋禾宜多锄)

白露高山麦。(言南北山中种麦早)

社前十日不早,社后十日不迟。(言普通种麦在秋社前后)

隔月种,同月收。参不落,地不冻,少牛无籽尽管种。(言迟种宜可收,因

土壤宜麦也）

麦黄种糜，糜黄种麦。糜谷上扬，核桃满瓢。云往东，一场风；云往西，水凄凄。东风下雨西风晴。云打头子撞，必定有一场。（言必雨也）

单耳不过三，双耳一百天。（"耳"谓：日出没时两旁之反映。言单耳雨，双耳旱）

星星转眼，不滴一点。（言主旱也）

星星鐯冒眼，不等鸡叫唤。（言夜半比雨）

朝雨不多，晚雨成河。（言晚雨主涝）

早晨雾一雾，后晌晒死兔。（言晨雾必晴）

墙湿三版，地湿三尺。（"版"指墙面椽花，觇雨入地多少也）

种麦不合口，饿死鸡合狗。（言种麦时少雨也）

有钱难买五月旱，六月连阴吃饱饭。（因夏田占多数，五月登场，多雨则伤）

五月六月开狂花，七月八月结棉花。（近年种棉渐多，质量亦好，始有此觇言。二次花方结棉花也）

麦收八十三场雨。（言八月、十月及次年三月有雨，麦即可收，因麦系旱田故也）

麦是泥里秀，灌了收麦花；麦是火里秀，晒了豌豆花。（言种麦宜雨多，熟麦宜雨少也）

上述这些谚语，都是关乎农业生产的，记录了丰富的农事经验，言简意赅，便于诵记。也有概括人情世故，反映世态炎凉的谚语。如民国《宜川县志二十七卷首一卷末一卷》（以下简称《宜川县志》）"方言谣谚志"云："杨柳木叶两面光（比喻虚伪圆滑者）；驴粪蛋儿外面光（喻人口是心非者）；天要下雨娘要嫁，好儿好女留不下；刮风草帽走扇子门，嫁汉婆娘气死人；叫驴的胸子嫖客的脸，铁匠的毡子石匠的铲（喻厚硬）；人穷马瘦尻子深，穷汉说话百没因；穷到街前无人问，富到深山有远亲；烂烂子庙老秀才，爹脚的婆娘吃不开；官向官，民向民，和尚向德寺院里人；天上下雨地上滑，自己栽（跌）倒自己爬；年年防天旱，夜夜防贼汉。随上好人出好人，随上死婆子挑烂（扒灰也）；人闲了说舌（说长道短）哩，驴闲了龈橛哩；麦怕胎里旱，人怕老来穷；亲戚要好，银钱勿交。"

（二）惯用语

方言文献中记载惯用语最多的是民国慕寿祺纂的《重修镇原县志》、黎锦熙先生纂的《宜川县志》《同官县志》《洛川县志二十六卷首一卷末一卷》（以下简称《洛川县志》）四种。《重修镇原县志》不仅解释惯用语的含义，还举出了相关内容之书证。例如：

说到你的心尖尖上：谓言语投人之心思也。

嫁狗嫁鸡：谓女子既嫁之后，女子所遇也不得，谓遇人不淑。

按：陈造诗："兰摧蕙枯昆玉碎，不如人家嫁狗随狗嫁鸡随鸡。"许有壬诗："嫁鸡正尔随鸡飞。"《传灯录》："道人不解心印是佛，真是骑驴觅驴。天地间有极巧之对，以'嫁鸡随鸡'对'骑驴觅驴'，可谓天造地设矣。"

燕儿长大就飞了：谓人子不养其亲也。

按：唐有刘叟者，其爱子背而逃，不孝，叟悲，甚念之。且闻叟少年时对于其亲亦尝如是。白居易知其内容，作《双燕诗》谕之："已见己之不孝，有以开其端。"即难望其子之孝。诗用比体，最足发人深省，有关风化之作也。其辞云："梁上有双燕，偏偏雄与雌。衔泥两椽间，一巢生四儿。二生日夜长，索食声孜孜。青虫不易捕，黄口无饱期。嘴爪虽欲敝，心力不知疲。须臾十往来，犹恐巢中饥。辛勤三十日，母瘦雏渐肥。喃喃教言语，一一刷毛衣。一旦羽翼成，引上庭树枝。举翅不回顾，随风四散飞。雌雄空中鸣，声尽呼不归。却如空巢里，啁啾终夜悲。燕燕尔勿悲，尔当返自思。思尔为雏日，高飞背母时。当时父母念，今日尔应知。"

干骨头上榨油：谓民贫财尽，而派款如故也。

按：元结《贼退示官吏诗》："使臣将王命，岂不如贼焉。今民被征敛，迫之如火煎。"白居易诗："昨日里胥方到门，手持尺牒榜乡村。"皆要款子也。今之军队，百倍于古之时矣，今之长官，亦知地方万分为难矣。群黎百姓，只剩几根干骨头，无如军队，邻里不得不就地筹款，官长责之县长，县长责之区长，区长又责之村长，于是烧火榨油，限期解款。此卖儿贴妇钱，各营兵士其能享分毫业乎？

尿泡打人不疼，臊气难闻：尿泡，猪水泡也。

按：尿，收啸韵，音鸟，从人身血液中排出之废料也，含水尿、酸尿质等，今亦作溺。撒尿，古谓之"小遗"。猪羊撒尿之器，俗曰尿泡，其味臊。《韩非子》："民食果蓏蚌蛤，腥臊恶气，而伤害腹胃，民多疾病。有圣人作，钻燧取火，以化腥臊尔。民说，致使王天下，号之曰燧人氏。"杜甫诗："神尧旧天下，曾见出腥臊。"蒙古喜食牛羊肉，又不剔齿漱口刮舌，腥臊之气在所不免，俗因称之曰臊鞑子。

婆娘不要本男人：自由之说行，离婚之风盛，妇之逐其本夫者多矣。

按：朱买臣见弃于其妻，戏曲遂演"马前覆水"之一出，岂知太公望齐之逐夫。见《战国策》："太公少婿马氏，如今俗赘婿。后为马氏所弃。太公既封齐侯，道遇前妻，再拜求合。公取盆水覆地，令其收之，惟得少泥。公曰：'若言离更合，覆水定难收。'妇人遂抱恨而死。"此见《类林·韩诗史注》鹖冠子注。

其他方言文献中，也偶有记载，只是数量很少。例如：

"莫簸治，莫倚娃"二语：即没办法之义。(《清水县志》附《方言》)

"吁幺不对，唔幺不对"二语：含人找麻烦之义。(《清水县志》附《方言》)

（三）歌谣

歌谣入志之由，民国余正东主修，黎锦熙总纂的《洛川县志》中说得十分清楚："歌谣与儿歌及社会教育有密切关系，调查歌谣，可获得民间真相，系历史性的工作；也是革新通俗文艺，属于教育性的工作。"事实上，歌谣更是语言性的工作。

黎锦熙总纂的《洛川县志》《宜川县志》《同官县志》中，都编入了歌谣的内容。以《洛川县志》为例，歌谣又分儿歌、谐歌、农歌、牧歌、一般民歌、故事歌、情歌、秧歌、喜歌、乞歌十种。其中因一般民歌、情歌、乞歌大都甚长，未举例子外，其余都举了例。如：

1. 儿歌

红豆豆，煮米饭（谓小米粥）。我是我妈的欠蛋蛋（稀罕的、特爱的曰欠蛋蛋）。

一猪十二奶，一走三步唻（摆动曰不唻）。走了十里路，不唻了几不唻？

2. 谐歌（亦可为儿歌）

日头落，娶老婆；鸡上架（黄昏后也），生下娃；点着灯，会蹬蹬（能站立也）；天明跑得腾腾腾。

3. 农歌（亦可为儿歌）

走一漥（俗作"圹"，低地）来又一漥，漥里长的好庄稼（阴平）：高的是稻黍（谓高粱也），低的是南瓜，不低不高是棉花。天黑地黑真正黑，赶上黑牛种荞麦。虫虫咬了牛的腿，拿起鏵头（一作"辟土"）连铧（犁头）摔。虫咬牛则牛不动，故生气也。麦子黄又黄，家家着了忙。不问人多少，齐进麦子场。布谷虫（候鸟名，即种谷虫，鸣声如"种谷，种谷"）你早来，早来给你穿花鞋（须阴历三月中来，迟则年成不好）。夏前来了没人要（已嫌迟也），夏后来了连糠梟（更晚则年饥，将有食糠者矣）。

4. 牧歌（亦可为儿歌）

太阳上嘴儿（谓山头也），放羊娃提腿儿；太阳过了河，放羊娃向回挪。（题为放羊娃，有若干首，录一）

五月去，六月到，老天下雨雨水潦；放牛羊，戴草帽。

5. 故事歌

如"烂柯山"①，刘解元词云："旧县本是凤凰山，平地出下刘解元。刘解元，是好汉，载粮十万余八千。"②

"说郭坚"。词云："说郭坚，道郭坚，郭坚起事在洛川。进东山，打了樊老二李清兰。到十基，没得闹，过去走了申谷庙。得了疯子三杆炮，来到土基进功劳。郭坚爱的好兄弟。众兄弟，你莫慌！咱们背的拐拐枪。众兄弟，你莫怕！十六响来有九架。五响快炮六轮子，抓住财东要银子。有银子，没银子，十两银子一盆子。"（此民国五六年间事，参补《军警志》）

6. 喜歌

多婚礼用（参《风俗志》）。如"拉枣子歌"。词甚长，今录而注之（与《风俗志》对照）：

荞麦三棱麦子尖，十里乡俗不一般。榇子翻过（一作"罢"）腿朝天（作喜兴用也）。红布蓝布围一圈（或作"三圈"）；红顶子，录绰（阴平，一说系着字）檐，轿穗（俗音去声，字作"絮"）子裤腿子翻（以各色裹腿布条翻作轿穗也）。榇子圪塄（山窝，指翻过之桌面中央）入麦稍，麦稍头起（上头）铺棉毡，棉毡头起坐个女貂蝉。四个兔儿（面制者）四角攒（一说是站字），榇子檐前把鸡拴（一本作"公母鸡，红绳拴"）。竹子杆、绑两边，四个轿夫抬得欢。走一岭、转一弯，束（一作"苏"）铃响、骂叫唤，不知不觉来到大门前。

一个方榇放上边，红绸榇裙往上拴。四个菜碟四角放，当中放个大洋盘。……送女大哥坐上边。手提银壶把酒看（一本作"斟"）。……白铜烟袋七寸三，牛毛丝子金贵烟；麻柴点火不相干（谓不易着也），火绳（原作"火腰"，俗名）点火呕生烟（一改作"熏鼻眼"），煤纸（即纸媒子）吃烟美朦朦。

轿儿要落西南角，西南角，儿女多。再叫你姐儿妹子向前站，忙把轿门一把掀（忌旁人掀揭轿门）。里头出来女貂蝉。米斗面斗把她搀。一头插的尺子秤，一头插的照妖镜。③正行走，用目观，忽听来到大门前。栽棋杆，贴报单，要下儿子能坐（做之讹）官，远与民国（当是大清改）保江山。（此数句追写门前布置）门限低、门限高，操心（"留心、当心"之义）闪了伊娃的腰。麦子本是一捆柴，伊娃穿的红绣鞋。枣子头起栽兔儿，新媳妇穿的红裤儿。枣子头起栽雀儿（上声），新媳妇穿的红袄儿。麦子头起栽核桃，两口见面不圪道（吵嘴之义，即圪塔转韵）。扫帚头起栽花儿，嘻嘻哈哈一家儿。

---

① 词云："甘石原，烂柯山，桃花洞里出神仙。二位仙家把棋玩，王樵看棋八百年。"（参看《山水志》）

② 参《人物志》。但民间传说之故事，名号多不合。

③ 详参《风俗志》。

正行走，用目观，忽听来到二门前。进了后院用目观，后院不如前院宽。向上看，一顶砖（谓一顶砖房），向下看，大四椽（所谓四椽房），软门软窗（木制花格曰软）实好看。张口兽、琉璃瓦，其名就叫财东家。半扇合棹拉当院。你把棹裙往上拴。四个菜碟四角放，当中放个大香炉；女婿头儿把香点，媳妇后头看几眼。女婿头儿把表吊（烧黄纸），媳妇后头偷的笑。女婿头儿把揖作，媳妇后头把头磕。磕一头，又一头，祖祖辈辈（犹云世世代代）穿丝绸。头杯酒儿交给天，保你夫妻多半千（谓寿数）。二杯酒儿交给地，保你夫妻多吉利。三杯酒儿交中央（指土地，中央属土），保你夫妻多安康。

正行走，用目观，忽听来到账房（新房）前。女婿忙把盖头揭。门限低，门限高，操心闪了伊娃的腰。这个炕儿盘（做炕曰盘）得低，媳妇上炕不出力。这个炕儿盘得高，媳妇上炕不眨腰。米斗面斗往上端。上了炕，踩四角，踩了四角儿女多。上了炕、面向东，东岸（边）又放一盏灯。奴问相公什么灯？这是花灯照出穆桂英。穆桂英，生的精，搬来杨家一窝兵。杨宗保，生的好，穆柯寨（原作"穆瓜桥"）上把亲招。上了炕，面向北，北岸财宝垒一堆。奴问相公有多少？十万八千还有零。上了炕、面向西，西岸又卧两双鸡。奴问相公什么鸡？这是公鸡看母鸡。上了炕，面向南，南岸又放一百元。奴问相公什么元？这是一百元见面钱。见面钱，掏的现（谓有所交换也），随手给你个满腰转。

第四节　西北方言文献的语法学价值

语法分词法和句法，词法指词的构成及用法，句法指短语与句子的构成及用法。西北方言文献为我们提供了语法研究的丰富数据。就现在看来，当时所作的许多语法说明是很有见地的。下面，我们从数个方面阐述之。

一、西北方言文献中反映的构词、构形法

（一）前缀

如《天水县志十四卷》卷三"民族志·风俗·方言附"解释了"毛、马"两字的含义："毛，谓小，如剧角之毛净，称小偷为毛贼；马，谓大，如马杓。"

冯国瑞纂《关西方言今释》[①] 云："今语凡大皆曰马，如马兰（天水读兰如连）。"唐陈藏器《本草拾遗》："马兰生泽旁，如泽兰而气臭，北人见其花，呼为紫菊，以其似单瓣菊花而紫也。"马蚿（天水称"马百岁"，岁殆足之转音。

---

① 载《国风》半月刊，1936年第2期。

《尔雅》："马蚿亦名马陆。"《淮南子》："百足之虫，至死不僵。"盖指马蚿。马百岁，即马百足也。又《方言》："马蚰，马蚿也。"大者谓之马蚰）；马帚（《尔雅》："荓，马帚。"注：似蓍，可以为扫帚）；马刀（马哈也，一名蛼，与蛏相似，见《本草》）；马蛭（水蛭之大者，一名马蜞，又名马蟥）；马蓝（《尔雅》："葳，马蓝。"注：大叶冬蓝也）；马蕲（一名野茴香，与芹同类异种）；马大头（蜻蛉属中之最大者）；马口柴（明时宫中所用之柴，取给于山西蔚州、广昌、直隶、昌平诸州县，其柴长四尺许，整齐白净，两端刻两口，以绳缚之，谓之马口柴）；马河螺（《尔雅翼》："贝大者珂，皮黑黄，首白，一名马珂螺。"）；马蚁（今语呼蚁曰蚍蜉马，又曰蚍蜉马马，详《释虫》蚍蜉下）之类皆是。

民国《甘肃通志稿》（卷三十）之"民族·方言"云："阿，今谓舅曰阿舅，娘曰阿娘，犹古之阿瞒、阿蒙。"

宣统《甘肃新通志一百卷首五卷》云："尕，兰州等处谓小为尕也，尐鸡即尕鸡。"

（二）后缀

民国《甘宁青方言录》之《河西各县方言》"鬼"条云："霉鬼，犹坏鬼也。"河西各处骂人之辞。按：甘肃方言多带一鬼字，尊长骂卑幼曰猫鬼，身材若矮小曰碎鬼，饮食无节曰饿死鬼，运气不佳曰背时鬼，居心阴险曰刻薄鬼，绝顶聪明曰精灵鬼，李代桃僵曰替死鬼，性好冶游曰风流鬼，至骂之曰霉鬼，谓其人之心术极坏也。

民国《甘肃通志稿》（卷三十）之"民族·方言""们"条云："今语'我们、你们、人们'，古无'们'字。元曲科白中凡遇'我们、你们、儿郎们'等语，皆书作每。今语凡颁赐遍给者，亦曰'每人、每辈子'，伟字音近每，们、每又同纽。镇番、中卫两县读'们、每'两字音尤相似，其曰'你每、我每'者，即'汝曹之各个人、吾曹之各个人'，与'们'字意亦相通。又唐宋以来，上梁文有'儿郎伟'之语，楼轮谓即儿郎懑（见《攻媿集》）。'懑'即今'们'字，伟读为们，既信而有征，则由'伟、辈'等字一转为'每'，再转为'们'，或不诬也。"

民国《重修镇原县志》"曹们"条："曹者，我也，们者，就一方面多数之人而言。"

民国《民勤县故镇番县方言》"们"字条云："《广韵》：'们，模魂切，音门。'就一方面多数之人而言，如'我们、他们'。陕西曰俗们，镇远曰曹们，固原曰咱们，西宁曰袄们，民勤曰蒙们，皆谓我们也。"

值得一提的是，民国时期的有些论文对方言词缀的分析既细致又很有见地。如柳修五的文章《读〈甘语举例〉后》注意到了兰州话"们"的特殊用法，指出兰州话中"们"可附在名词后面,且不限定指人,无论是有生命还是无生命的东西,只要是多数都可用,如"马们""碗们"等。这个问题已经涉及了方言语法研究的内容。

关于"子"缀的记载也很具体,如《重修镇原县志》"角角子"条:"角,镇原如字,读正音也。惟语助词太多。秦椒则'辣角子',他如'墙角角子、棹子角角子'之类,男妇皆然,未易更改。"

民国《同官县志·风土·方言》云:"脑后曰脑勺子,发辫曰髻角子,腮曰牙叉骨,颧曰脸络子,……呼少者曰小伙子,初起曰打头子,事毕曰落尾子,亡命曰硬郎儿,欺人曰把儿客,游手曰穀辘子。"

民国《朔方道志三十一卷》卷三"舆地志·风俗·附方言""子"条云:"子,本子孙之称,俗指物皆带一子字,竟似语助词。如'房子、帽子、棹子、盆子'之类。"

关于"儿缀",宣统《狄道州续志十二卷首一卷》卷二"风俗·方言"云:"呼物必带一儿字,如'钱儿、梨儿、蜂儿、蚕儿、驴儿、羊儿、盆儿、碗儿'等类,多以'儿'字代'子'字。"

民国《甘宁青方言录·皋兰县方言》"儿字子字"条云:"陇人多语助词,如'车儿、马儿、刀子、筷子'之类。"

(三)词尾

儿、个:加在重叠式形容词后,组合为一个整体,构成生动表达式,如民国《甘肃通志稿》(卷三十)之"民族·方言"云:

今人谓红曰红红儿,黄曰黄黄儿,好曰好好儿。狄道等处则曰红红各、黄黄各,儿即尔字,各即若字。古人于形容词不曰尔,则曰若,曰然也。卓尔犹卓然,犹然亦曰犹犹尔。(《礼记·檀弓上》:"君子盖犹犹尔。")《诗》"其叶沃若",《毛传》释为"沃沃然",今人则曰黑沃沃尔,与"红红尔、黄黄儿"辞例正同。

的:加在形容词后(个别为重叠式)组合为一个整体,构成生动表达式,如民国《洛川县志》云:

小儿敏慧曰仃仃伶伶的。服整见棱曰硬(去声)格(轻声)陬陬的。器物崭新曰明光彩亮的。分别清楚曰各另各另的。匀整曰均之匀之的。干脆曰干之廉之的。又:七零八散的,零乱也。番三次(俗作"四")五的,重复也。听三不听四的,听言不审也。三丈高两丈低的,出语无伦也。

此外,旅人的文章《甘语举例》列出了六个生动式形容词:朴啦啦的、干渣渣的、吱喽喽的、战抖抖的、噶叉叉的、哇啦啦的,指出这六个词具有"巧妙、美丽、活跃、生动的特质"。柳修五的文章《读〈甘语举例〉后》补充了一部分特色词语，如生动式形容词"青处处儿的""白森森儿的"等。

（四）重叠及叠音

重叠是语素之重叠，叠音是字的叠加。在西北方言文献中，前者只有一条记载：

民国王望纂《新西安》（一卷）云："小物件均说重叠字，如茶杯叫中中，调羹叫勺勺等。"

描述方言叠音的文献比较多，以《甘肃通志稿》（卷三十）之"民族·方言"最为典型，不仅记录数量多，且解说及揭示语源也很下功夫。举例如下：

急勾勾：今谓性急曰急勾勾，亦曰急后后，即急瞿瞿。《说文》："瞿，鹰隼之视也，读若章句之句。"勾者句，指俗体。句读后，犹诟作诟也。《诗》："狂夫瞿瞿。"《毛传》："瞿瞿，无守之貌，即疯狂之人急勾勾的。"《檀弓》"瞿瞿若有求而弗得"，即急后后的，如求而不得。《玉藻》"视容瞿瞿"，即两个眼睛急后后的。

都连连：今谓旋转甚速曰都辇辇转，即都连连，亦曰速辇辇的，即速连连，"连"与"辇"为古今字（《说文》："连服车也。"负车即辇，《说文》无"辇"字，"连"即"辇"之本字）。都连连，都，旋转也；速连连，速，旋转也，或借邻字为之。令与邻音近。①金统借诗"卢令令"，《说文》引作"怜怜"，是其证也。《诗》"有车邻邻"，即车其多，轮子都辇辇转，速辇辇走。《毛传》云"众车声"，引申义也。

烂糟糟：古谓糟烂为糟魄。《庄子·天道篇》《释文》亦作"糟粕"。《说文》："酒滓也。"今谓布帛不致密坚结曰魄，音近怕（作平声），煮肉极熟曰魄，又糟损之糟读为曹，亦曰烂糟糟，读遭本音。

明晃晃：《说文》："晃，明也。"今谓明亮曰明晃晃（音胡广切），作"奂"亦通。孔子曰："美哉璠玙，远而望之，奂如也。"即玉石"明奂奂的"。《诗》："皖彼牵牛。"《毛传》"皖，明星貌"，即明奂奂之牵牛星，皖读奂，犹《说文》"浣作寏矣"。

明粲粲：今谓鲜明曰明粲粲，亦曰粲粲新，粲音近斩。《诗》："西人之子，粲粲衣服。"《毛传》："粲粲，鲜盛貌。"释以今语，即西人之子，衣服斩斩新也。滑而明曰明光较粲（粲音近站），"较"与"粲"意同，亦作"斠觏、讲颧"等。《史记·曹参世家》："萧何为法，颧若尽一。"颧若，犹较然，谓如物之明光较粲，甚清楚易晓也。

---

① 《汉书》孟康注："《汉地志》云'令音连'，故邻亦读连。"

清良良：清与朗意同。今谓水极清曰清良良，即清朗（朗从良得声）。《说文》："清朖，澄水之貌（朖即朗字）。"

红丢丢：《说文》："焯，明也。"今谓确有所见曰真知焯见。《周书》："焯见三有俊心。"此"焯见"二字所本，通以灼字为之。今谓赤色甚显明曰红丢丢，赤日曰日头红丢丢，红花曰花儿红丢丢，"丢"即"的的灼灼"等字之转（得声同）。《说文》"的、灼"并训。……宋玉《神女赋》"朱唇的其若丹"，即嘴唇红丢丢如丹沙。《诗》："灼灼其华。"《毛传》云"华之盛"，即花儿红丢丢。贾谊《新书》"若日出之灼灼"，即日头红丢丢。

合穰穰：今谓人或虫之多曰合穰穰，即"浩、穰"一声之转，或曰黑压压的，皆稠密拥挤之形容词耳。①《汉书·张敞传》："长安中浩穰，于三辅尤为剧。"师古曰："浩，大也；穰，盛也。言人众之多也。"解以俗语，即长安中人马"合穰穰的"。《史记·货殖传》："天下壤壤，皆为利徃。""壤"借为"穰"，即合穰穰的来徃。

热煦煦：俗谓热曰热户户，即热煦煦。《说文》："煦，烝也（谓蒸气温热），昫日出温也，二字相类。"

热烔烔：埤苍烔烔，热貌（《泉经音义》（卷四）引），今谓热坑及温热之物曰热烔烔，音近吞，俗书作"热腾腾"。《诗》"蕴隆虫虫"，"虫"借为"烔"（韩诗引作烔烔），即欧热湿蒸之气温（音近屋）吞吞的。

凉刷刷：今谓冷意曰凉刷刷，即凉洒洒（同漉，与"耍"声近，"洒""哂"得声同）。韦昭《国语注》："洒洒，寒貌。"郑玄云："肃敬貌。"（《玉藻注》）"肃敬"与"寒"意本相因。《史记·范雎传》"莫不洒然变色易容者"，即群臣咸觉凉刷刷的，变色易容得未曾有。

扁塌塌：今谓物之低而宽者曰扁塌塌，"塌"讯"堕"已见前，与隋为双声。《月令》《释文》"隋方曰篋"，即扁塌塌之方箱曰篋也。《诗》"破斧"，《毛传》"隋銎（銎读如孔）曰斧"，即扁塌塌之窟窿曰斧也。通作"椭"。《史记·平准书》"复小椭之"，即稍塌一点儿。《诗》"堕山乔岳"，即矮塌塌之山。②俗又谓积压曰塌。《书》"万事堕哉"，即"万事塌下不办"。

民国《洛川县志》云："所行紧稳曰住住的。（如云'站得住住的'，谓立得稳也。此皆后附于动词。又一鼓作气曰一个劲儿，如云'一个劲儿往前跑'。此则前附之例）红格当当的（鲜红也，一曰红啦啦的，最红则曰红哈哈的）；白咚咚的；黑乌乌的（最白最黑皆曰咕咚咚的）；绿荫荫的；亮（阳平）蓝亮蓝的。"（此多后附于形容词。其前附者可例推）

---

① 《汉地志》"浩亹"，孟康读"合门"二音；《水经注》阚骃云"浩"读"合"是其证也。
② 《毛传》："隋堕，山之小者也。"

小儿敏慧曰仃仃伶伶的。服整见棱曰硬格砜砜的。器物崭新曰明光彩亮的。分别清楚曰各另各另的。匀整曰均之匀之的。干脆曰干之廉之德,守时过严曰子午不挪。立即办理曰定解无挪。毫无妨碍曰百不啀。均佳曰一像一(或一赛一)。

七零八散的,零乱也。番三次(俗作"四")五的,重复也。听三不听四的,听言不审也。三丈高两丈低的,出语无伦也。言语不真曰呜呜哝哝的。精神昏倦曰洋洋昏昏的。主意不定曰心上心下的。意见分歧曰东扭西裂。迟疑不决曰涩涩痿痿的。气愤之至曰咕嘟嘟的(如云"气得咕嘟嘟的",谓气得很)。胡涂随便曰糊斯麻搭的。急促慌忙曰日几三慌的。慌乱亦曰乱动动的,亦曰乱里乱慌的。衣冠不整曰铺其来孩的。什物凌杂曰歪搭吗稀的。

二、西北方言文献中反映的词类

(一) 代词

1. 人称代词所有格、单复数等。以民国《会宁县志续编》为例:

袄兜:即云"我的"。

钮兜:即云"你的"。

曹豆:曹谓我,"豆"与"的"同,与"我们咱们的"同是第一人称所有格。

陶豆:陶,他转音,"陶豆"谓他们的,即甲乙对谈而认定事物属于丙乙丁戊等,也是第三人称所有格。

袄豆:袄谓我也,"袄豆"即我们,是第一人称所有格。

钮豆:钮,你转音,"钮豆"即你们的,是第二人称所有格。

牙豆:牙,他转音,"牙豆"谓他的或别人的,是第三人称所有格。

阴芽:阴,人转音,芽,家转音,谓人家也,即甲对乙说丙之谓。

老豆:或老鬼、老家,对极熟者表示亲热之谓。

民国《洛川县志》云:"我、咱,皆单数;我的、咱的,为复数。故的,们也;①乃(轻声),的也。"②

人称代词也反映出包括式与排除式的区别,如《重修定西县志》"袄豆"条:"袄豆,袄谓我也,'袄豆'即我们的,范围比曹豆小,谓事物专属于我们。"这里,"袄豆"相当于排除式,"曹豆"相当于"包括式"。

值得提及的是,西北方言有通过变调区别单复数及领属意义者,如民国《宜川县志》云:

---

① 我的、你的,即我们、你们。

② 领位不用"的"而用"乃",如"我乃""你乃",即"我的""你的"。但亦谓"我自己""你自己"。

第一身单数自称曰"我（去声）"，主有位为"我（去声）的"，即我的；第一身多数曰"我（阴平）"，主有位为"我（阴平）的"，即我们的。故多数与单数之别，只由调值区分。又"咱（上声）"兼自方对方而言，与"我们"不兼对方有别。第二身单数称"你（去声）"，主有位为"你（去声）的"，多数为"你"（阴平），主有位为"你（阴平）的"，即你们的，与第一人称之变化同。第三身单数多数均为"他（阴平）"。"他"有时称阳平，此为夫妻互相指称或旁人背地谈称也。

这里，"我"读去声，意为"我的"；读阴平，意为"我们的"。"你"读去声，意为"你的"；读阴平，意为"你们的"。"他"无论单复数都读阴平；但读阳平时，则为夫妻互相指称或旁人背地谈称，随语境而发生变调。这也是语调反映语法的绝好例证。

2. 指示代词

西北方志文献中提及指示代词的材料较多，以民国《重修定西县志三十八卷首一卷末一卷》卷十一"民族志·方言"为例：

纠：读去声，谓此也。

纠达：与此处和这里意同。

务：读去声谓彼也。

务达：谓彼处或那儿。

纠不来（语助，咪）：指人或物在此处也。

纠不了：与纠不来意同。

务不来：指人或物在彼处也。

务不了：与务不来意同。

致达：与纠达意同。

纠耆：表示现在已经成这样义。

务耆：表示过去或彼时义。

务各家（各家即个家，自己也）：发语词，第三者之代名词，或令其处理某种事物之义。

西北方言中的代词，一般都是两分，方言材料也大都是二分，即近指用"这、之、致"，远指用"务、兀、喔"之类。如民国《洛川县志》云："这读如智，那曰兀。这搭（轻声），此处也（犹云这儿）；兀搭，彼处也（犹云那儿）；阿搭，何处也（犹云哪儿、哪里）。搭，或作不沙（如云'在兀不沙'，谓在彼处也）。那个亦曰那（去声）搭（轻声）。"

若表示更远，则用声音拖长的方法，如民国《朔方道志三十一卷》云："郡俗指示途路曰兀呢或转闹呢，兀长则路远，兀短则路近是矣。"

但据《靖远县新志》（1946年）载，该地的指示代词为三分，而且征引古代字书，说明渊源有自：

指近处曰兹达。《尔雅·释宫》："一达谓之道路，二达谓之岐旁，三达谓之剧旁。"按：达，即道指定所在地也。又《广雅》："兹，今也。"靖音所谓"兹达"即指此地也。

稍远谓违达。《尔雅·释古》："永、悠、迥、违、遐、邈、阔，远也。"违与维同音。《广雅》："维，隅也。"指一角落而言，殆靖语违达之义言稍远也。

远处曰那达。《尔雅·释诂》："洋、观、裒、众、那，多也。"那达则较违达又增多道路也。

3. 疑问代词

综观西北方言文献，表疑问都用"阿""啥"。

如民国《洛川县志》云："什么曰啥（去声。即'甚'字声转而失鼻尾，或即写作'甚'。此代名词或形容词），一曰啥介。怎样曰咋（上声，即'怎'字失鼻尾，可写作'怎'。此副词），问何故也。何为曰害怎（犹云'干吗'，可做句之述语），或亦曰咋（如云'去?'做什么去也）。何用曰准（上声）啥，义谓有何用处？无所顶当也。哪（那，上声）亦曰阿（上声，如'阿搭'，即哪里）。"

《狄道州续志十二卷首一卷》云："言那个曰恶（wū）个咿，言昨日曰昨噶儿，言刚才曰将头噶儿。言做甚么曰阿们俚，言那里去曰阿里去（里读俚，去读气）。言那不是曰恶不是吗。言在那里曰恶来的（来读奈，去声）。言谁家曰谁适（读逝），……言谁曰阿斯怪，言是曰呵代。……言那叫我该怎样处曰恶早教我呵们做哩。"

值得注意的是，《续修通渭县志》（1906年）言，因不知其人而问，与因不知其物而问，其问法有别："凡不知其人而问，或曰阿是，或曰洒是，盖即通语所谓谁何也。凡不知其物而问，或曰社豆，或只曰是，盖即通语所谓甚么也。"

（二）量词

西北方言文献中，量词记载不多，大约多与通语相同之故。仅有几种方志有零星记载，分别按物量词、动量词举例如次。

1. 物量词

民国《庆阳县志稿》卷三"方言"云："几块：块读怪，谓几个曰几块。《鼎新县志》云："一圪塔（即对象在一堆处放置谓之圪塔），一咕噜（即衣料一段之谓）。"

民国《洛川县志》:"数物一个曰晤一哇,或一蟀。尿一次曰一脬。裙子曰一腰。屋曰一顶。窑曰一孔或一眼。物一提曰一吊子(如云'一吊子肉')。一块或曰一圪塔(如云'一圪塔馍',馍之一块也)。"

数物一个曰一,二个曰两。在此方言中十个数字后所随之量词,如为"上去"二调,除一、二读阳平,其后所随之量词不变调,在其他数字后,悉变阴平,如"一两(上声)银子,二两(阴平)银子,十两(上声)银子""一面(去声)窑,两面(阴平)窑……十面(阴平)窑"。窑曰一面,或曰一孔。个不定数曰个儿,如"一把你歪柿子给我卖上个"。

2. 动量词

如民国《古浪县志》云:"几次曰呱,如'一呱、两呱'之类。"

民国《庆阳县志稿》:"动作一度曰一下。如云'打一下'。"一下,读以哈,言速也。

民国《洛川县志》:"一周曰一匝儿(如云'转了一匝')。一下亦谓一点儿(如'快一点儿曰快一下')。"

有些方志方言文献还追溯了动量词的早期用法,如宣统《甘肃全省新通志》云:"顿,俗谓一餐(即一次),均曰一顿。"《世说》:"罗友曰:'欲乞一顿食。'"杜诗:"顿顿吃黄鱼。"《唐书》:"打汝一顿。"这显然为研究动量词的历史提供了方便。

(三)副词

副词常用于限制、修饰动词、形容词性词语,表示程度、范围、时间等意义。西北方言文献中记载副词的材料较少,分类也不尽准确。有些方言文献将叠音形容词也列入副词范围,如民国《洛川县志》。这里,依照现代语言学对副词的分类分别举例分析。

1. 范围副词

如民国《甘肃通志稿一百三十卷首一卷》云:"今人谓皆食曰都吃,皆走曰都走,皆好曰都好。"《列子·周穆王篇》:"积年之疾,一朝都除。"《黄帝篇》:"都无所爱惜,都无所畏忌。"东方声转如兜(虞模转尤侯),都之本义为都会,引申。今以裳承物曰挊,即都之声转,亦借作"猪"。《禹贡》"猪野"即挊水之野。"大野既猪""彭蠡既猪"(《史记·夏本纪》作"都"),即能挊水,使不泛滥也。《礼记·檀弓》"洿其宫而猪焉",即坏其宫室,令可挊水以为污池。

这里,不仅解释了范围副词"都"的含义,同时也追溯了来源。

2. 语气副词

如民国《甘肃通志稿一百三十卷首一卷》云:"《说文》:'宁,愿词也。'今谓情愿曰宁可,音或近能(去声)。宁,古音南。然古读难。"《说文》:"然,或作'蘸'。"《汉书·五行志》:"巢蘸堕地。"《陈汤传》:"至蘸脂火夜作。"《广韵》引陆佐公《石阙铭》:"刑酷蘸炭。""燃(然)"并作"蘸",皆其证也。

民国《洛川县志》"方言谣谚志"云:"几乎曰蹊乎儿。差不多曰帮(阳平)间。大约相近曰大宿儿(一作'大宿模'),一曰哈吧(如云'哈吧是哩',大约不错也)。"

民国《宜川县志》卷二十四"方言谣谚志":"到底儿曰到把儿,如'说到把儿还得去'。特地曰单故意儿,如云'单故意儿来看你'。横竖曰斜顺,如云'斜顺不成,我也不作了'。居然曰纵然。如云'他纵然好了'。"

民国《重修定西县志三十八卷首一卷末一卷》云:"老是,常常或屡次之义。"

刻他,惊其迅速之辞,有"竟然"之义,如"我想你明天能做成""你刻他做成了"。

3. 时间副词

时间副词,如民国《重修定西县志三十八卷首一卷末一卷》云:"姜姜个,姜,将转音,犹言不多时也,与刚才同。"

民国《宜川县志》卷二十四"方言谣谚志"云:"过去曰往年间、往日。将来曰向后来(或到后来)。以后曰久后。到底曰究底(犹云究竟)。常常曰常行。久远曰一老会(或曰古道)。许久曰半会儿(即半晌)。一会儿(顷刻之间)曰一下,或云一下子。骤曰乍(一云乍乍的,骤然间也)。……过去曰以前。现在曰这会儿。将来曰以(阴平)后。当初曰当初意儿。后来曰后背。事初曰起头儿,临毕曰拉把意(尾)(阳平)儿,如云'事情起头做得好,拉把意儿就坏了'。"

4. 程度副词

程度副词,如民国《洛川县志》云:"稍曰些微间,曰微自。程度很甚亦曰太,'太'以'得(的)'领,'……的太'犹'……得很'也。如'好的太',谓好的很;'亲的太',谓甚相得也。加重曰太太,如云'好的太太',至佳至佳也。"

(四)助词

助词,又称为语助词。指的是一种词类,属于虚词,附着在其他词汇、词组或是句子上,作为辅助之用。通常用于句前、句中、句后,表示各种语气;或是用于语句中间,表示结构上的关系。

1. 用于句前、句中、句后,表示各种语气的词,即"语助词"。

最早记载"语助词"的西北方志方言文献是升允等修、安维峻等纂,刊刻于宣统元年的《甘肃新通志一百卷首五卷》,这也是清代唯一记录语气词的方志方言文献。卷十一"舆地志·风俗"的方言条目中记载了 2 条：

（1）嘎哒，语助词。

（2）儿，本小子之称，俗指物皆带一"儿"字，竟似语助词，如"钱儿、帽儿、房儿、棹儿、耳坠儿、手钏儿"之类。

民国期间，记录和讨论语助词的方志较多，按时间先后梳理，计有 12 种，并内容排列如次：

（3）马福祥修，王之臣纂《朔方道志三十一卷》，民国十五年（1926 年）天津华泰印书馆铅印本八册，甘肃省图书馆藏，其卷三"舆地志·风俗·附方言"中记了 2 条：

① 子，本子孙之称，俗指物皆带一子字，竟似语助词。如"房子、帽子、棹子、盆子"之类。

② 热头，俗呼太阳为热头，即日头也，头为语助词。

（4）张振江纂《泾川县采访录》，又名《造赍泾川县采访县志各项事件清册》，民国十九年（写本一册），其"方言"记 1 条："哪哪，语助词。"

（5）桑丹桂等修，陈国栋等纂《重修隆德县志四卷》，中华民国十八年六月至二十四年十一月修（石印本），其中记 1 条："啦啦哩，语助词，又惊怪之词，亦有转作'呐呐'者。"

（6）刘郁芬等修，杨思、张维等纂《甘肃通志稿一百三十卷首一卷》，民国二十年原稿本，民国二十五年定稿本，在卷三十"民族·十·方言"中记 5 条：

① 今人寻常相别时曰"你缓着"或"你忙着、你坐着"等语，末一字音在"之""者"之间，实"只"字也。《说文》："只，语已词。从口，象气下引之形。"《诗》："母也天只，不谅人只！"亦通作"止"。

② 凡发声字及语间词、语助词、语已词等字，今通俗文中则有"呢、吗、吧、呵、嗹、哩、那、末、啦"等字，足见人事日繁，语言转变，必有孳乳之字。以为应用，若一一以雅诂释之，不免穿凿附会。戴震谓"疑于声者，以义正之；疑于义者，以声求之"，洵通论也。凡此类方言不再屡举。《说文》："哉，言之间也。"言之间，即今所谓语助词。

③ 今谓叹声曰咳，即"欸、繄、伊、意、噫"等字也。《说文》："欸，訾也。"唉，应也。《史记·项羽本纪》："唉！竖子不足与谋。"《左传》"尔有母遗，繄我独无"，即"嘻！我独无母可遗"。"繄！伯舅是赖"，即"嘻！惟赖伯舅"。故杜预云"语助词"。

④ 今言"可呢、不可呢、好呢、坏呢"，凡语末之"呢"，即"尔"字也（如尔即你是也。日母泥母相通）。《说文》作"尔"，云辞之必然也。

⑤ 凉州语末多有"撒"音，如言"走撒、跑撒、吃撒、喝撒、来撒、去撒、

知道撒"之类是也。"撒"即"旃"字（旃亦作𬤄,与"专擅"之"擅"得声同）。《诗》"舍旃舍旃"即捨撒捨撒,"上慎旃哉"即谨慎者撒,"勉旃"即勉力撒。扬雄文"举兹以旃,不亦宝乎",即举起这个重用撒,不亦可宝贵么？兰州语音近擅,缓言则曰沙答。

（7）张精义纂,陆为公、杨季熊整理之《庆阳县志稿》,民国二十年修（未刊行）,其卷三"民俗·方言"中记一条："加（嗟也,也作'嘎'）,助语词。"

（8）钱史彤等修,焦国理、慕寿祺纂《重修镇原县志》,民国二十四年兰州俊华印书馆铅印本,其卷二"民族"中"语言"中记一条："角,镇原如字,读正音也,惟语助词太多。秦椒则辣角子。他如墙角角子,棹子角角子之类,男妇皆然,未易更改。兰州读为各音,总角则曰各儿,从俗也。"

（9）进士刘庆笃、举人张济川纂《会宁县志续编》,民国十二年至二十七年修成（抄本）,在其"风俗·方言"中记一条："这个,语助词。县城人多有此语。"按：相当于说话中的衬词,口头禅。

（10）余正东修,黎锦熙纂《同官县志三十卷首一卷末一卷》,民国三十三年同官县政府铅印本。在其《方言》中记一条："么,疑问语助,轻。"

（11）余正东修,黎锦熙、吴致勋纂《洛川县志》,民国三十三年泰华印刷厂铅印本,其卷二十四"方言谣谚"中记"语助词"3条：

① 决定语助多用"哩",一作"唎",更示精确则用"嚹",字或亦作"么"。

② 商榷语助甚少。"吧（罢）"极少用,故辞气突兀而少宛转。

③ 应诺之词曰嗯嚷,犹云"是、是的。"

（12）余正东纂,黎锦熙校订《宜川县志》,民国三十三年铅印本,在"方言"中列举"语助词"3条：

① 表语气完结曰啦（去声）。如云："有钱的卖不下柿子就跑回来啦！"有时故作问语之语尾声亦用"啦"。其调先扬后降。如云："你在这里看柿子啦？"

② 表明决曰哩（阴平）。如云："亲戚盼有哩！"穷汉说："是哩。"

③ 表推断证据曰呀吧。如云"你拿筷子来要吃饭呀吧""天阴了下雨呀吧"。

（13）慕少堂著《甘宁青方言录》,亦名《甘宁青恒言录》,成书于上世纪40年代左右,未刊行。记录6条：

① 阿们俚：不知而询问之辞,犹言"做什么呢",河州汉回口头语。阿,语助词。（《甘宁青方言录·临夏县方言》）

② 蛮奴才：骂人之词也,"蛮奴"与"侫奴"等,才,语助词。（《甘宁青方言录·陇西各县方言》）

③ 别说里：别,别人家也,不言"人家"者,省文也；说,说话也；里,

语助词。此庆阳县方言。(《甘宁青方言录·陇东各县方言》)

④ 到儿：语助词，代表"里"字，如言"呵到儿、这到儿"之类，又"到儿"即"那里、这里"，又"里"之义。

⑤ 卡：语助词，如言"做嗄卡、做这卡"，又代表"去"字，如言"呵到儿卡、这到儿卡"，又"到儿卡"即"那里去、这里去"，又"里去"之义。

⑥ 格：语助词，如言"这格、那格"。

以上 3 条均出自《甘宁青方言录·西固县方言》。

（14）杰三郭汉儒编《重修定西县志三十八卷首一卷末一卷》，民国三十五年至三十七年编纂，抄本，在"民族志·方言"中记 3 条：

① 阳婆，太阳也，又谓热头，热日音，头，语助词，故呼太阳为热头。

② 纣不来，指人或物在此处也。

③ 瞎查了，了谓潦音，语助词，已经坏得不可救济，谓瞎查了。

语助词，按现今的专业解释，是在句中表示停顿，或在句末表示语气的虚词。但是在方志方言文献中，对其作用的描述是不一致的，主要包含了三类：

（1）语气词。在志书中，也称"语尾词"，对应于现今表示语气的词。例如《甘肃通志稿一百三十卷首一卷》中云："今人寻常相别时曰'你缓着'或'你忙着、你坐着'等语，末一字音在'之''者'之间，实'只'字也。《说文》：'只，语已词。从口，象气下引之形。'《诗》：'母也天只，不谅人只！'亦通作'止'。"

这里，"母也天只"的"只"分析为语气词很合适，表示的显然是感叹语气。但前面"你坐着"的"着"，除了在句末收煞语气，还兼有动态助词的功能。

（2）叹词。叹词是表示感叹、应答的一种词类。上述部分方志中分析为"语助词"的个别词，实际等于叹词。例如《泾川县采访录》中的"哪哪，语助词"、《重修隆德县志四卷》中的"啦啦嘤，语助词，又惊怪之词，亦有转作呐呐者"均属此类。个别方志细分出了表"叹声"的一小类，如《甘肃通志稿一百三十卷首一卷》中云："今谓叹声曰咳，即'欻、繄、伊、意、噫'等字也。"可能认为这种语气词的功能有一定的特点，是语气词中的"附类"。

（3）词缀。词缀是附着在词根上的虚语素，起构词作用。上述方志中分析为"语助词"的部分词，实为词缀。例如《甘肃新通志一百卷首五卷》中云："儿，本小子之称，俗指物皆带一'儿'字，竟似语助词，如'钱儿、帽儿、房儿、棹儿、耳坠儿、手钏儿'之类。"《朔方道志三十一卷》中列举的两条"语助词"均属此类："子，本子孙之称，俗指物皆带一子字，竟似语助词。如'房子、帽子、棹子、盆子'之类"，"热头，俗呼太阳为热头，即日头也，头为语助词"。

除此三类以外，方志文献中列举的"语气词"个别还有分属疑问代词、句中衬词的。前者如《甘宁青方言录·临夏县方言》所记的"阿们俚，不知而询问之辞，犹言'做什么呢'，河州汉回口头语。阿，语助词"。"阿"，实为疑问代词"怎"。后者如《会宁县志续编》云："这个，语助词。县城人多有此语。"《甘宁青方言录·西固县方言》云："格，语助词，如言'这格、那格'。"其中"这个、这格、那格"均属于有些人说话中常夹杂的衬词，没有实在含义。

通过上述分析，我们可以知道，清末民初西北方志方言文献中语气词实际是没有词汇意义或词汇意义较虚的一些语法成分，分词法成分与句法成分两类；词法成分主要是词缀和语气词，句法成分主要是做独立语的叹词和极少量的衬词。

2. 用于语句中间，表示结构上的关系的词，即结构助词、动态助词等。如前所述，结构助词在方言文献中多归入语助词，不再赘述，只说动态助词"着、了、上、下"等。

民国《洛川县志》仔细分辨了"着、了、上、下"的不同用法：

"着"（阴平，在动词后表示有所感触，如"听着、看着、打着、摸着"）。表现"在"时，于动词前加"正"，后附"哩些"，如"正吃着哩些（轻声）他来啦"。或只加"正"于动词前，如"正说的时候"。又曰："着，轻曰着（阳平），重曰住（去声，如云'把他绑胁住了'，谓迫之使然也）。"

"了"，表示完毕，音读去声，如"不了"（即拿不完）；表示完成式，音读阴平，如"有钱的就走了"；承上启下，表前事方完，后事开始，音读阴平，如"说了穷汉就走了"。

势近而进曰上，如云："请你把我成携上。"谓带上也；远而毕曰下，如云："这是往日读下的。"谓读过之文也。

（五）介词

介词是用在名词、代词或名词性词组的前边，合起来表示方向、对象等的虚词。在西北方言文献中，提到介词用法的，只有黎锦熙先生参编的《宜川县志》《洛川县志》等。以《宜川县志》"方言谣谚志"为例，该志中列举了"给"和"沿"的用法：

给（上声）。一如北平语中之"跟"及"对"，如云"有钱的给穷汉说"，即有钱的对穷汉说。一如北平语中之"为、替"。如云："你给咱买上些。"

"给"（去声）与"沿"（去声）。"给"与"沿"义皆为纵，前者用于问话时，后者用于答语或直述语，如问曰："你给阿达（何地）来？"答曰："我沿兀达（那里）来。""沿"有时也用"赶（去声）"。

及到曰蹳到。如云："蹳到月底才娶婆姨。"

笔者按：《宜川县志》《洛川县志》讲解方言词语的含义和用法时多结合声

调变化。上述例子不仅标明声调，也结合语境，便于读者理解。

（六）连词

连词是用来连接词与词、词组与词组或句子与句子，表示某种逻辑关系的虚词。在西北方言文献中，提到连词用法的，也只有黎锦熙先生参编的《宜川县志》《洛川县志》等。《宜川县志》"方言谣谚志"解释了连词"和"，关联词语"或者、否则、那么"的用法：

和曰汉。如云："我汉你俩个。"

或者曰或。如云："明儿你来，或管他来。"

否则曰再迈。如云："要好好儿念书，再迈先生要打你哩！"

那么曰噤了（阴平）儿。如云："这样你不吃，那样你不吃，噤了儿你吃这儿吧。"

《洛川县志》"方言谣谚"解说了关联词语"一面、无论如何、不如"的用法：

一面曰一畔。如云："一畔走，一畔说。"谓边走边说，同时行之。

无论如何曰随咂，即"随管怎样"之省，有尽管如何之义。不如曰不照。

三、西北方言文献中反映的方言语序及其他

（一）"很+形容词"在方言中普遍说成"形容词+的很"

如民国《古浪县志》云："坚牢曰结实的很，敏捷曰脱滑的很，不好曰瞎的狠，狂妄曰颠的狠，事危曰凶得很，有为曰能行的很，人勇武曰歪的很。"

民国《庆阳县志稿》卷三"方言"云："癯的很，癯俗读阙，去声，人形状消瘦已甚也。乏的很：谓人劳倦殊甚也。恐的很：恐读困，俗以人烟稀少处，恐惧殊甚也。"

有记载"形容词+匝了（也作'查了'）"表示程度之高的，如民国《重修定西县志》"民族志·方言"："瞎查了：了为潦音，语助词，已经坏得不可救济，谓瞎查了。"

有记载"形容词+的太"表示程度之高的，如民国《洛川县志》云："程度很甚亦曰太，'太'以'得（的）'领，'……的太'犹'……得很'也。如'好的太'，谓好的很；'亲的太'，谓甚相得也。加重曰太太，如云'好的太太'，至佳至佳也。"

（二）反映出的"逆序词"

如历史文献中的"地土"条：

又闻契丹旧西走入夏国，借得人马，过黄河，夺了西京以西州军，占了地土

不少。(《燕云奉使录》卷九、页7)

（赵良嗣）对以："两朝既是通好如一家，已许了地土，乃是信义人情……"(《燕云奉使录》卷一四、页5)

兀室云："与了地土，又要人户，却待着个什么道理？"(《燕云奉使录》卷一四、页5)

上述几例中的"地土"，指土地，在甘肃中部地区（如定西）一带仍然使用。事实上，关陇不少地方都有这种"逆序词"，如将"客人"叫"人客"，将"公鸡"叫"鸡公"，"热闹"叫"闹热"，"整齐"叫"齐整"，"挣扎"叫"扎挣"，"折磨"叫"磨折"等。

（三）反映出的主动、被动关系

如民国《创修渭源县志》云："我做事曰'我就致哥伽'，被做事曰'你咎务哥伽'。"

笔者按："我就致哥伽"是陈述自身的主动行为，"你咎务哥伽"是祈使句，要求对方做某事，是行为的自主与非自主关系，并非语言学上的"被动句"。

第五节　西北方言文献中记录的"俗字"

所谓"俗字"，是区别于正字而言的一种通俗字体。北齐颜之推《颜氏家训·杂艺》云："晋宋以来，多能书者，故其时俗，递相染尚，所有部帙，楷正可观，不无俗字，非为大损。"唐代颜元孙《干禄字书》把汉字分为俗、通、正三体。俗字常为平民百姓使用，也适用于民间的通俗文书。

俗字与正字是互为依存的，没有俗字，也就无所谓正字。在一定的文字系统中，正字占据主导地位，俗字则作为从属。正字是文字系统的骨干，俗字则是正字系统的补充和后备力量，在一定的条件下会相互转换，并非一成不变。近代西北方志方言文献中记录的俗字较多，有一定的文字学价值。

最早记载俗字的文献是刘於义修，沈青崖纂的《勅修陕西通志》，记录了二十多个俗字：

埭（音钻，去声），水入土也。壵（同漫），水冒土上而流也。卡（音嘎），食在喉中上不上下不下也，今伏路兵亦谓之卡。朿（同觑），三人不出头也。芇（同瞎），人入井也。闐（同钻），身入门中也。囶（同磣），土入口也。灷（音迸），火炒豆则迸也。竧（音挣），能自立身也，刘竧，人名见《宋史》。璑（音班），俗以为文武全才也，因有取以为名者。峁（音卯），山之冈坡皆谓之峁，鱼河堡有鱼儿峁者是。埪（音蛙），山之污下也。嫣（音烟），两山中临溪之小径也。绥，德州有一步𤰇者是。垧（同晌），牛之耕地曰几垧也。塃（音寻），山之田不能亩计者曰几塃。圭（同缝），土开口也。埜（同野），粎（音参），莜麦仁也。釸与钉同。冇与无同。梁，俗呼山脊为梁。冇，俗呼器具为家使，作此字。吃哒，乱说也。圪㙟（音格劳，去声），山之窝处也。圪塔，小山相连峰起之名，长乐浦东二十里有一湖，傍起五沙峰，俗名五圪塔。圭古（音格喇），亦缝也。猪猪（音客娄），小猪也。虾蚂，神名即虾蚂。遑退（音先生），俗呼瞽者之能巫卜也。嶁崄，山之过峡处也。喜（同喜），俗以二喜为喜。码，俗以码磳之码为法马之马，又骗人曰码驴，是马扁之讹。辴（音便），急走也。稐（然字，去声），俗以麦秸和泥土壁谓之稐草。

本则方言文献后附一句"辑于《延绥镇志》者"，说明《延绥镇志》记录俗字更早于《勅修陕西通志》，不会晚于明末清初，惜哉不存。此后，清代中后期有道光姚国龄修，米毓章纂的《安定县志八卷首一卷》，该书录自《榆林府志》的有8条：

垄，浸同，水冒土上而流也。隶，音钻，水入土也。圭，缝，像土滴口也。圁，碖同，土入口也。冥，音进，火炒豆则进也。圚（钻同），身入门中也。圭古，音格刺，土缝也。猪猪，音客娄，小猪也。

其余俗字基本与《延绥镇志》相同，只是个别俗字排列顺序有别。

塃，《集韵》音寻，田三亩为塃。垧，《字典》晌同，谓牛一垧时所耕得之地为一垧。岇，《字典》音卯，山之冈坡谓之岇。红石岇、常和岇皆是。梁，山脊为梁。走马梁、土地梁皆是。砭，《字典》音窆，山之沿边路曰砭。石家砭、李家砭皆是。𤰇，《字典》音烟，山中临溪之径。朱家𤰇、南家𤰇皆是。嘴，山横出一小尖，如鸟喙之嘴。柳家嘴、白家石嘴皆是。坪，《正韵》音坪，亦作"𡑋"，山地之平者。水沟坪、栾家坪皆是。凹，窊也，如荆家圪凹是。杨慎《丹铅录》："土洼曰凹，土高曰凸。"凸，《韵会》"高也"。石圪凸、吴家圪凸皆是。圪㙟，音格劳，去声，山之窝处。吴家圪㙟、郝家圪㙟皆是。嶁崄，山之过峡处。闫家嶁崄、史家嶁崄皆是。墕，《字典》音洼，山坡地迫沟处谓之沟，省作"圸"。候家圸、张家圸皆是。岔，《字异补》音妢，三分路也，水路曰汊，山路曰岔。南沟岔、三郎岔皆是。塔，《字典》音塌，阪地之平者。西河塔、柳树塔皆是。坮，《字典》台同，累土因坮。高家坮、赵家坮皆是。圪塔，音客苔，小山相连峰起之名，如黑圪塔是。圪坮，音客台，山间小阜曰圪坮，如杨家圪坮是。竫，音挣，能自立身挣钱也，刘竫，人名见《宋史》。咀，《正韵》音沮，土人谓吃饭为咀。《广韵》："咀嚼。"一云"举箸"也，作"举"字。喇话，《集韵》音辣，土人谓说话为喇话，剌喇不休义。《玉篇》："喝，喇言也。"吃哒，音圪垯，乱说也。《集韵》"哒"，语不正，俗云七哒哒八哒哒。

上述两则方言文献中的俗字，有不少今已成为"正字"，如"坰、梁、砭、堨、嘴、坪、凹、凸、岔、塔、圪"等。

还有余修凤纂，光绪五年（1879年）刊刻的《定远厅志二十六卷首一卷末一卷》（定远厅，1914年改名镇巴县）记录了三个俗字：隐人为圚（读如钻）；越占为垮，读如卡；锯截之木为不，读埻上声。往往见诸公牍。

民国期间，记载俗字的方志方言文献也有三种，按编纂时间依次有：安庆丰修、郭永清纂《安塞县志十二卷》，陈琯修、赵思明纂《葭县志二卷》，王俊让、王九皋纂《府谷县志十卷》。但这些县志中的俗字大致与清代的《勅修陕西通志》《安定县志八卷首一卷》相同，当是从清志之中辑录的。这里不再列举。

此外，还有个别涉及"正字法"的方言文献，例如张国常纂修的《重修皋兰县志三十卷首一卷》卷十一"风俗·方言附"云：

《五音集韵》："娜，徒盖切，音大（去声）。"邑语呵叱人及戏相呼皆曰娜音，从平声。俗讹作"呔"，字书无之，今改正。

《月令》："穿窦窖。"注训"地藏"，此古今通语也。邑语田地成段曰窖，俗讹作"墽"，字书无之。今据《兰州府志》改正。

《钦定元史国语解》："哈喇，蒙古语，黑色也。"此鼠《唐书》名"鮀鲅鼠"。……今本《唐书》"鮀鲅（tuóbá）"之"鮀"作"鮀"，"鮀"字，《康熙字典》未收，盖系传写之讹。旧县志仍之，误矣。今据《正字通》改正。

刺谓之札。……《释名》："拨船之棹曰札。"邑语称刺为札，义盖取此。俗书皆相沿作"扎"。考韵书：扎并训拔，与刺之义不合。今改正。

表面上看，作者正俗字的依据一是字书或韵书，二是志书，而事实上主要还是音义上的考索，可以看出作者用字的审慎态度。

第六章　西北方言文献的特点与训诂学价值

第一节　西北方言文献的特点

以文献类型而言，西北方言文献研究属于特定区域、特定方言文献群的专门研究。所谓"方言文献群"，有相关古今专著、近代方志中的专门记录、民国期间的方言论文以及零星散见于历史、文学、杂记和注疏中的方言词语。其内容比较庞杂，空间跨度、尤其是时间跨度很大。对于散见于历史、文学、杂记和注疏中的方言词语，钩沉起来难度颇大，很难网罗穷尽。

以文献内容和形式而言，西北方言文献主要分为如下几类：（一）方言专著类。清代及民国时期描写西北方言的专著，如张澍的《秦音》、李鼎超的《陇右方言》、李恭的《陇右方言发微》、慕寿祺的《甘宁青恒言录》（又名《甘宁青方言录》）、范紫东的《关西方言钩沉》；也包括外地人纂辑的含有西北方言的专著，如清初李实的《蜀语》、清人张慎仪的《蜀方言》等。（二）注疏类。包括历代历史、文学、笔记等作品的注疏文献中涉及西北方言的部分。（三）史志类，包括历代历史著作、近代"方志"（实际指清代中后期及民国时期关陇各州（府）、县的志书）。（四）论文类。均见于民国期间，包括刘文锦《秦中方言》（刊于《国立中央研究院历史语言研究所集刊》第8集，1929年）、白涤洲《秦音琐谈》（《世界日报·国语周刊》1933年第98、99期）等陕西学者的著作，及李酝班《凉州方言序》（刊于兰州《中大月刊》第一卷第1期，1929年）、冯国瑞《关西方言今释》（刊于《国风半月刊第六卷第7、8合期》，1934年）等甘肃学者的著作。

以方言文献间的相互关系而言，西北方言文献有纵向影响与横向影响两种。纵向影响，以汉代扬雄《方言》最为显著。扬雄的《方言》首创了辑录、解释方言的体例。它先列举不同称谓，其次用通语解释，然后分别列举不同称谓来自哪个方言区或方言片。此后的字书、训诂著作、方言词语溯源之类的著作都与《方言》有明显的继承关系。《方言》的释义，被注疏家引为古义之解释，也常作为通假之考证材料。在西北方言文献中，清初李实的《蜀语》、清代中期张澍的《秦音》、后期张慎仪的《蜀方言》，民国李鼎超的《陇右方言》、李恭的《陇右方言发微》、慕寿祺的《甘宁青恒言录》、范紫东的《关西方言钩沉》等都无一例外地采用了《方言》的部分释义，《秦音》甚至将《方言》中涉及西北方言者全部移录过来。在方志文献中，也有与《方言》比较而释义者。如：

"鬼"谓其黠，即扬子《方言》"慧也，或谓之鬼"是也。姣谓其好，即扬子《方言》"好也，或谓之姣"是也。奘谓长物之大者，即扬子《方言》"秦晋间人大谓之奘"是也。（《重修漳县志》）

《陕西通志》《甘肃通志稿》等都辑录了《方言》的释义。可见，《方言》对后世的影响之深。此外，《陕西通志》对《秦音》《甘肃通志稿》在体例上、词条的解说甚至排列方面，都产生了一定的影响。

西北方言文献的横向影响相对微弱。甘肃慕少堂的《甘宁青方言录》就提到他受黎锦熙的《洛川方言》等的影响，陕西数处方志中辑录的俗字，都明显带有互相吸纳、模仿的痕迹。

以文献的发展变化和分布规律而言，西北方言文献呈现出两头相对集中、中间比较疏散的特征。古代是以扬雄《方言》为坐标的，稍后的《说文》、近代郭璞等的注疏，因为都明确标明方言区域，容易翻检，且与近代差异大，容易受到关注，所以辑录起来相对方便。近代方言文献之所以也保存得多，一是因为时代晚近，文献容易保留下来；二是方志中规定了方言的地位，因而方言文献数量增长明显。从南北朝到元明时期是方言文献疏落且离散阶段，据我们的分析，一是因为兴了科举考试，方言受重视的程度不如前；二是因为在近代人看来，这期间的语词基本为通语之故，因而也少有辑录者。

古代西北方言文献，为我们记录了早前的语词及内涵，是今日方言的源头，这为现代方言词语，甚至已成通语的词语之训释提供了便利条件，具有明显的训诂学价值。近代方言文献揭示的方言现象，是今日方言的近源，通过跟今日方言两相比合，可以验证近代文献与今日方言的差异，也可以显示方言嬗变的脉络，因而有方言史的价值。

其次，由于方言是语言（准确地说，是过去和现代的言语），文献材料越多，反映的语言现象越丰富，包括语音、词汇、语法、修辞诸多方面。这样，能为语言学史的研究提供可以凭依的可靠材料。

第三、依照学科互相交叉、渗透之关系，我们知道，西北方言文献记录了较多的民族语词，这对于研究民族成分、研究民族语言底层、研究汉语与少数民族语言接触具有重要的参考价值，同时，也为民族学、社会学研究提供一定的依据。

第四、西北方言文献中伴随方言词语的解释，记载了一定数量的民俗事像，包括信仰、丧葬、生产、婚嫁等等，可以为民俗学研究服务，这说明方言文献有民俗学价值。

第五、在文献学内部，西北方言文献也可以发挥作用。如敦煌文献中保留了一定数量的西北方言词，通过对这些方言词语的研究，可以为敦煌文献学的研究提供方便。另外，通过对西北方言文献的标点、注释、正误等工作，可以为丰富校勘学研究内容，扩展校勘学研究领域。

第二节　西北方言文献的训诂学价值

陈澧曰："时有古今，地有东西南北。相隔远则言语不通矣。地远则有翻译，时远则有训诂。有翻译则能使别国如乡邻，有训诂则能使古今如旦暮。《方言》一书，在当日为别国之语，在今日遂成为古今之言。"① 方言的差异，造成经籍难懂的事实，所以方言材料自然就有了训诂学价值。

近代学人冯国瑞在其《关西方言今释》中说："汉扬雄以《尔雅》释古今之语，作书拟之。采异方殊语，成《輶轩使者绝代语释别国方言》十三卷。不入歆录，犹为未成之书。其采自关西者，曰'自关以西'、曰'自关以西，秦晋之间'，由今读之，以滋扞格。挽近馀杭章氏《新方言》出，其于东南，以逮交广殊语，疏而通，喻而显。其于关西，若晋、若陕、若陇、若西塞广漠间，亦或见诸著录。传闻臆说，未能周遍；鄙野横绝，轩车不至，莫达其说久已。顾中土文明，权与西塞，文字制作之遗，见诸风土习尚者，比比可证。矧言语文字，孳乳相依。虽一水一领之隔，刚柔迥异，而邅变改易，竟委昭然。孺稚几席之间，驵卒征途之畔，鄙语野言，初谊未敚，聱牙典诰，闾巷风什。日在口舌之间，辄昧道味之旨。若援方言以释诗书，据诗书以证今语，互相斠诠，综核条贯。本之六书，音声确然，于训故之原，本谊斯明，不亦善欤？"

作者提出"援方言以释诗书，据诗书以证今语"，从而达到"于训故之原，本谊斯明"之目的，这也清楚地表明西北方言文献具有明显的训诂学价值。

又，魏航《陇南民俗一瞥·方言及俗例》（《西北论衡》第十卷第 4 期，1942 年出版）中非常浅近地道出了训诂与方言的关系："陇南各县，方言很多，如果不加注释，那比外国语还要难懂呢，现在随便翻译几种如下：头，称为多脑。你，称曰交。我，称高或曹。父，称达达。妯娌，称先后。来，称曰那。去，称曰恰。干甚么，称作时耐。谁，称曰阿斯乖。甚么，称曰索到。姑母，称曰姑姑。岳母，称曰姨娘。岳父，称曰姨夫。生孩子，称养娃娃。人死，曰过

---

① 陈澧《东塾读书记》，北京：三联书店，1998 年。

世。冰人，称媒人。面条，称曰各答儿。仆役，称曰人手。军人，称曰粮子。汤，称曰滚水。吹喇叭，称曰吹响。拿，称曰罕。夫，称曰男人或掌柜的。妻，称曰婆娘或屋里人。父母，称曰老家。祖父，称曰爷爷。祖母，称曰婆婆。上街购物，称曰跟集。勿，称曰豪。"

概而言之，西北方言文献之训诂学价值主要体现在如下几个方面。

一、西北方言文献在训诂学方面具有方法论意义

西北方言文献词语训释的源头是汉代扬雄的《方言》，依照的规范则是《畿辅通志》。

光绪十八年（1891年）张国常纂修的《重修皋兰县志三十卷首一卷》卷十一"风俗·方言附"云："扬子云仿《尔雅》而作《方言》，盖欲绎训释之明，悟语声之转，不劳畴咨而遇物能名也。皋邑自汉唐宋元以来，逼近羌浑，人户寥落，当时方言不过存千百中之一二，余皆渺无可征。……今酌仿《畿辅通志》例，粗举数条，并附案语于各条后，以溯原起而正舛误。其世所通称，或字同音异，与夫有声无字，及虽有其字而非字典所收者，一概从略。"《畿辅通志》为清代官修省级地方志。畿辅，是指京都周围附近的地区，在清代是直隶省的别称。清代共修有三部《畿辅通志》。首部修于康熙年间，第二部修于雍正年间，第三部修于光绪年间，全书共300卷，由纪、表、略、录、传、识余、叙传等诸体组成，下有若干分目。光绪版《畿辅通志》体例完备，资料充实，最为有名，也最为实用。该通志在"舆地二十七"中专列"方言"一目，说明张国常所"酌仿"的《畿辅通志》当是光绪版《畿辅通志》。

（一）按照地域空间罗列方言词语。这一点明显取法于《方言》。如光绪《金县新志稿》云："陇南人读阶为街，读肃为薮，读祥为墙，读瑞为蕊；金县人读阶为该，读肃为薮，详读为强，瑞读为税；此音韵之不同也。他如西至安、肃，东至平、庆，北至宁夏，其音韵之不同者，不能殚述，大抵讲解同义耳。"

民国期间的《重修定西县志》《灵台县志》《庆阳县志稿》《重修镇原县志》中许多词条都与兰州话进行了比较；《甘宁青方言录》之《张掖县方言》，将张掖话除与兰州话比较外，还跟靖远话、甚至吴语作了比较。

（二）方言术语也来源于《方言》及《畿辅通志》。

《方言》中命名有"通语、凡语、古今语、某地语、转语"五种，具体所指是：通语、凡语为当时之普通话；古今语是从纵的方面说称谓已发生了变化，古语或还残留；某地语指从横的方面因地域而发生变迁之各地方言；转语既有纵的方面，也有横的方面，因声韵转变而出现的词语。

这些命名均为后世方言学者所吸纳。"犹言某"之"某"对应于通语、凡

语。"某谓之某"有些方言文献是以前一"某"为"通语",有些是以后一个"某"为"通语",视语境而定;"古谓、今谓"对应古今语;"俗语、俗称"对应某地语。

二、西北方言文献的训释格式

在训释方言语词的文献中,《重修皋兰县志》格式最为规整。《重修皋兰县志》训释词语的方法分两种:凡发语词、语助词等无实义的词及地名,先列出方言词,再作说明。例如"嗌,诺辞也……",对于有实义的词,说解在前,方言词列后,格式为"××曰××""××谓之××"。例如"潦池曰瀹沱"。其余方言文献,有的训释方式整齐划一,有的显得比较凌乱。这里,分为说解在先、方言词在后者与方言词在先、说解在后者两类予以阐述。

(一)说解在先,方言词在后

此类训释格式有"某曰某、称某曰某、某某谓之某"三种。

1. 某曰某。如:

人有势可恃曰腰奘,亦云腿腹子大,桀黠曰能行、曰尖钻、亦曰溃溜。承应之词曰哈的,亦云真个。(民国《重修漳县志》)

闲游曰闲浪,请客曰瞧客。(《达拉池县丞志》)

自称曰我,称人曰你,读如字。至西北乡接近天水、礼县,称我音如遨,称人音如牛。西南乡接近武都,称我音如呕,称你音如哑。(《西和县志》)

不名呼人曰嘎(音如假),惊叹曰嘎嘎(音如沙,平上二声),邑俗不名呼人曰嘎(做发语词),惊叹曰嘎嘎,大事幸过亦曰嘎嘎,气填无词亦曰嘎嘎。(《西和县志》)

2. 称(呼)某曰某。如:

秦称民曰黔首。(《汉书·光武帝本纪》)

称父亲曰达,称母亲曰妈,称叔父曰爸爸,称日为热头,冰雹为棱子,霹雳震动曰乍雷,雾蒙凝结曰凌霜。(《化平县志》)

称我的曰俄吉,称你的曰伲吉,我音平而转为俄,你音平而转为伲,吉亦的之转音与!(同上)

呼日曰热头。按:《说文》:"日,实也,太阳之精不亏。"年希尧《五方元音》:"日,音热。"邑语呼日为热者,意本此,头则为语助词也。(同上)

番语称寺院曰官坝,黄河曰玛曲。(《甘宁青方言录》之《张掖县方言》)

3. 某某谓之某。如:

鼻,始也,梁益之间谓鼻为初,或谓之祖,祖,居也(鼻祖皆使之别名也,转复训以为居所)。(《勅修陕西通志》)

祖父谓之爷爷，祖母谓之奶奶，亦云婆婆，父谓之达，姆谓之妈。（《重修漳县志》）

不时而霜谓之黑霜，骤然而雨谓之魄雨。（《化平县志》）

耰谓之摩（音如磨，唐韵若卧切，去声）。按：《说文》："耰，摩田器，布种后以此器摩之，使土开发处复合覆种也。"邑语摩地及摩地之器皆曰摩，音义本此。（《西和县志》）

耒耜谓之耩（音如刚，上声）头。按：贾公彦疏："耜谓耒，头金，金广五寸，耒面谓之疵，疵亦广五寸，皋兰语耒耜曰广子，义盖本此。"邑语谓之耩头，耩或广之转音，头即指耒头言。（同上）

果核谓之胡。按：《本草纲目》："胡桃一名核桃，李时珍曰：'羌音呼核为胡，名或以此。'"邑语谓胡桃曰核桃，凡百果之核则皆称为胡，滥觞盖自西羌起焉。（同上）

（二）方言词在先，说解在后

此类训释格式有"某谓某；某，某某之谓（称某某之谓）；某，犹言某某；某，某某之意"四种。

1. 某谓某。如：

伤眼谓受辱也，爬脚谓谄谀也，着气谓愤怒也，起面谓光荣也，或亦称其貌美。（《重修漳县志》）

挣扎，谓勉强出力也，子细谓人之俭啬，没来头谓事不要紧或没出息，夜来哥，谓昨日，明后儿谓明日后日。（按：清孙点《历下志游》谓："乡俗谓昨日为昨儿，前日为前儿，明日为明儿，后日为后儿，此口头常语，无可考证者。"可见清代北方话这几个时间名词称谓相同）赃稀谓人之不整洁。（《化平县志》）

2. 某，某某之谓（称某某之谓）。如：

厉赫，称人强梁之谓；可恶，称人凶狠之谓；歹毒，称人残忍之谓；扬气，称人美秀之谓；高兴，讥人轻狂之谓；麻利，讽人敏捷之谓；挣扎着，劝人勉力之谓。（《重修漳县志》）

瞎的很，坏极之谓；凉者唎，不省事之谓；冷者唎，即傻瓜之谓。（《清水县志》附"方言"）

3. 某，犹言某某。如：

曹歹，犹言我们的；袄歹，犹言我私人的；纽歹，犹言你家的；吁搭，犹言在这里；唔（去声）搭，犹言在那里；哉个哉，犹言这个东西；歪个歪（上声），犹言那个东西。（《清水县志》附《方言》）

损毁其物曰踢踏，犹言蹧践。（《甘肃新通志一百卷首五卷》）

4. 某，某某之义。如：

咱没块，什么样子之义；是兹没，即无论如何之义；是么歹，刺人不像样之义；傻攮歹，骂后代没出息之义。攮歹儿，有甚么能处之义；夜里个，昨晚之义。硬奔（去声）子，生要干之义；呀么呷，是这样干之义；唔么呷，是那样干之义；"呀么不对，唔么不对"二语，含人找麻烦之义。（《清水县志》附"方言"）

三、训释方式完备，有音训、形训、反训、形训兼音训四种

1. 音训

音训，训诂的一种方法，包括两个含义：一是注音、解义；二是用声音相同或相近的字来解释某字的字义。如《甘肃通志稿》之"民族十·方言"云：

今人谓俄顷曰刚儿，亦曰刚纔；凉州曰姜纔，即"见在"二字之古音。见，本喉音，与刚近。今书"现在"从才得声，"才"与"纔"通，现"顷纔"亦得"顷"与"圭"古音同，"踬"或作"跬"是其证也。圭又通蠲，蠲有刚音，故顷亦读刚。

今谓无曰没：没即无之古音，陇南一带读为莫，即末字。《论语》："吾末如之何也已。"亦训"无"。《说文》："无或读为规模之模。"膴亦读如谟，是其证也。俗借用沉没之没，非是。经传或借作母。郑注《内则》："母读曰模，亦借勿或耗字为之。耗以毛得声，毛、无、没双声。"

民国《甘肃通志稿一百三十卷首一卷》："今指此处则曰自答，或曰在答，即'者、此、之、兹'等字，俗书为这是也。又元曲中有'那答儿发付我'之句，西北之称阿答、自答，犹东南之称那党、这党。党或读为当，皆地字音转，古诗'慢腾腾地'，今语即'慢腾腾的'。宋人语录改'的'为'底'，'地、的、底、答、党'五字，皆一音转变也。党字本有所也、方也两训。"

2. 形训

形训是以形说义的方法，即通过对字的形体结构的分析来寻求解释词义的释词方法。如《安定县志八卷首一卷》解释方言词的含义：

垄，浸同，水冒土上而流也。耒，音钻，水入土也。吉，缝，像土滴口也。囙，硗同，土入口也。冞，音进，或炒豆则进也。闈，钻同，身入门中也。吉古，音格剌，土缝也。

3. 反训

用反义词解释词义的一种训诂方法。有些词含有相反两义，如"乱"字有扰乱和治理两义，以"治"解释"乱"，就是典型的反训。近代西北方言文献中也使用了反训，如：范紫东《关西方言钩沉》卷三云：

增，益也。今语凡短欠皆曰增；乃反义也。字之用反义者颇多；如乱训为治是也。盖凡短欠若干，则须增益若干；故只言其增数，即知其欠数矣！其义固相通也。今直以短欠为增矣！

4. 形训兼音训

"形训兼音训"的训诂方式，如范紫东《关西方言钩沉》卷四云：

（铸）镕金属以作器谓之铸（音到）。按从寿之字，如煮、帱、捣三字，皆音导。涛字音陶，虽声分平上，其音同也，并无读着音者。铸之古文从火，篆文从金。是铸与煮、实为一字。镕金时重火力；故字亦从火也。则铸与煮双声，自不待言。明遂宁李实所著之蜀语"铸，音到"，从古音也。铸字音读之变，盖始于汉。

四、运用丰富的书证或典故释词

《甘肃通志稿》云："人事日繁，语言转变必有孳乳之字以为应用，若一一以雅诂释之，不免穿凿附会。戴震谓疑于声者，以义正之；疑于义者，以声求之。洵通论者。"

（一）运用书证训释者

运用丰富的书证训释者。如：

之乎者也等字，今语亦有如言。短路曰寸径之路，冷风曰潇潇之风，潇读如啸。茶未沸者曰雨溅之茶。又如"好呀、勇呀、强呀、弱呀"，皆呀字，音稍侈耳。章太炎谓："呀即呼之转。"今曰"这个那个"之"这"，即"之兹此者"等字也。《诗》"之屏之翰"，即这屏这翰。《左传·襄公十五年》"郑人醢之三人也"，即这三人。《庄子》"之二虫又何知""之人也，物莫之伤"，即这二虫、这人。（《陇右方言·释词第一》）

中庸，今语。合于事理而不偏易之谓曰中用，否则曰不中用。《说文》"用"下云："可施行也，从卜中。"段注："卜中则可施行，故取以会意。"按：中用即中庸。《礼记·中庸》："中者，天之用也。"是"中""用"互训转注。《书·尧典》："畴咨若时登庸。"《诗·南山》："齐子庸止。"庸皆训用。又《书·皋陶谟》："五刑五用哉。"《后汉书·梁鸿传》："作五刑五庸哉。""中用"之作"中庸"，或自汉人始。又《说文》："庸，用也，从用庚。庚，更事也。"《易》曰："先更三日。"用、庸，当为古今字，方言尚存古谊。（冯国瑞《关西方言今释》）

先后：兄弟妻相呼之辞也。按：《尔雅》："女子谓兄之妻曰嫂，弟之妻为妇，长妇为稚妇，为娣妇；娣妇为长妇，为姒妇。"《汉书·郊祀志》注："兄弟妻相谓先后，古谓之娣姒。"《广雅》："兄弟之妻相呼曰妯娌。"杨奂孙《烈妇歌》:"屈已接妯娌,尽心奉舅姑。"郭璞曰:"关东兄弟妻相呼曰筑里,即妯娌也。"陇东皆呼"先后",有姊妹为妯娌者,仍以"先后"呼之,此风盖始于陕西。《史记·封禅书》:"神君者,长陵女子,以子死,见神于先后宛若。"(《重修镇原县志》卷五)

揣,手摸谓之揣;意度亦谓之揣。《说文》:"揣,量也。度高曰揣。"楚委切。六书统"扣而察之也"。《左传》:"计丈数,揣厚薄。"此即以手摸也。《鬼谷子》:"善用天下者,必揣诸侯之情。"此即以意度之也。(民国范紫东《关西方言钩沉》卷四)笔者按:"揣字之度量、往衣中装"二义项《现汉》均列出,唯"用手摸"的义项未列出,方言中尚存。

(二)运用典故训释者

运用典故训释者如:

芉谓杨遇,或直书作"杨遇",以谓杨氏之遇也。按:某书载有人读刻本《三都赋》注:"蹲鸱,芉也。"其人误以为羊会友人,以羊肉赠其人,启曰:"承惠蹲鸱。"友人不鲜见而问之,其人以所用典对。友笑曰:"是芉,非羊也。"意者羊芉之名或始此乎?(《创修陇西分县武阳志》)

第七章 西北方言文献的民族学与民俗学价值

第一节 西北方言文献的民族学价值

民族学是以民族为研究对象的学科。它把民族这一族体作为整体进行全面的考察，研究民族的起源、发展及其迁移、混合、分化的过程，民族学的研究对象大都是多民族的、甚至是跨国界的。它是社会科学中一门独立的学科。

民族学对各民族的社会经济结构、政治制度、社会生活、家庭婚姻、风俗习惯、宗教信仰、语言文字、文学艺术、道德规范、思想意识等诸多文化现象，都要全面加以探讨。语言作为文化的载体，自然而然地与民族学产生不解之缘。

我们注意到，在西北方言文献中，方志的方言文献大多数列在"民族志"中，这是很有道理的。因为先交代生活在方言区的居民来源，才能顺理成章地记录语言，且西北历史上一直是多民族聚居区，语言中民族语言成分不可忽视。正如傅角今编《新省区》（该书民国期间由商务印书馆发行）"青海省的民族和人口"，所说的青海人使用双语或多语的状况：

至于语言，因汉回蒙番错杂而居，除汉语外，所通用的为番语一种，较之西藏语稍有不同，西番势力强大，所以一般人多去学习，而为通事的也都以番语为主要，蒙语只稍求通意而已。如果是与蒙人操蒙语，或有不解的地方，通以番语，则没有不懂解的。因此番语已成为青海的普通言语。商人因与蒙番各族有交易往来，多以番语为重要。蒙古文字素有专学，且满文乃源出于蒙文，但现在蒙人竟将他们的文字，抛弃不用，殊属可惜。故此青海蒙古人通晓蒙文的，十不得一，除公牍用汉字外，寻常文件多用番文。

黎锦熙先生在《论全国方言研究调查之重要及其工作计划》一文中也指出：

中国方言，除汉语外，在境内者，尚有蒙、藏、回、苗等民族之语言。即以汉语而论，因地理与历史的关系，亦随地不同，与时为变，而形成各种之土语方言。故研究中国方言，应有广狭二义：只以汉语各种土语方言为对象，是为狭义；兼及境内其它各族之语言，是为广义，今宜同时并进，汉语地广人稠，调查亦毂便；而西北西南各境，他族较多，现正开发资源，推进文化，关系国防，亟当兼及，且国外学者及国内学术机关，对于此等特殊语文，已颇有所贡献，可资参照也。

记录民族语言词汇较多的专著是张慎仪《续方言新校补》、慕少堂的《甘宁青方言录》；记录民族语言词汇较多的方志是民国期间编纂的《府谷县志十卷》。其余如光绪《重修皋兰县志三十卷首一卷》等都属于零星提及者。

一、记录匈奴语、西域语、鲜卑语者

匈奴名冢曰逗落。（《史记·匈奴传》集解引张华）（张慎仪《续方言新校补》，以下简称"张补"）

匈奴谓贤曰屠耆。（《史记·匈奴列传》）（张补）

匈奴谓天为撑犁，谓子为孤涂。（《后汉书·南匈奴传》注引）

西域呼帽为突何。（《南史·西域传》）《太平御览》六百八十七引萧显《齐书》："郑至国其俗呼帽为突何。"（张补）

西域呼勇健者为柘羯。（杜甫诗自注）

西域谓诵曰呗。（《集韵·去声上·十七夬》）

西域呼王妃为第牌，呼男夫为第婆也。（《华严音义》）

浮屠所居，西域谓之兰若。（《韵会》）

西域称僧为剌麻，剌麻者华言无上也，今俗加口旁曰喇嘛，误矣。（钟琦《皇朝琐屑录》）

绿蒲萄，形似马乳蒲萄而无核，色正绿，鲜嫩可爱，西域名奇石，蜜食。（陆惇宗诗注）

今西域叶尔羌城东有哈拉乌苏，华言黑水也。（朱俊声《说文通训定声·颐部》）

突厥俗谓别录部典兵者曰屋利设。（《通鉴辑览》注）

鲜卑谓被为秃发。（《通鉴辑览》注）

鲜卑呼草为俟汾。（《广韵·上声九·麌》）

阿（音沃）干镇，名也。……鲜卑谓兄曰阿干，廆之作《阿干之歌》。此阿干之名所由始。（《重修皋兰县志三十卷首一卷》）

西人呼燕为白虏。（《北史·燕慕容氏传》）又：西人呼徒河为白虏。（张补）

二、辑录羌戎语、蕃语、北人语者

羌胡名大帅为酋，如中国言"魁"。（《汉书·宣帝纪》注引文颖）释慧琳《一切经音义》八十五年引文颖："胡名大帅为酋，如中国言魁帅也。"（张补）

羌人谓奴为无弋。（《后汉书·西羌传》）

羌人谓妇曰妭。（《集韵·去声上·八未》）又《入声上·十三末》："羌人谓妇曰拔。"

姐，羌人呼母。字异：羌人呼母为娝。（《广韵·上声三十五·马》）

西夏语以巫为厮也。（《辽史》）

果核谓之胡。《本草纲目》："胡桃一名核桃。李时珍曰：'羌音呼核如胡，名或以此。'"邑语谓胡桃曰核桃，而百果之核则皆称为胡，滥觞盖自西羌而起。（《红水县志》）

胡谓神为袄，关中谓天为袄。（《集韵·平声三》一先引《说文》）（张补）

戎人呼知州为老子。（《朱子·宋名臣言行录》引《名臣传》）

篷，簌戎人呼之。（《广韵·上平声一·东》）《集韵·平声一·一东》："戎人呼篷曰簌。"

吐蕃谓彊雄曰赞，丈夫曰普。（杜甫诗自注）

蕃语纥真，华言三十里也。（《元和志》）纥真即纥干。

广中呼番妇为菩萨蛮。（《萍洲可谈》）

吐蕃呼佛曰唝如厮啰，译为儿子二字，称佛之儿子。（《渑水燕谈录》注）

夹霸，番语强劫也。（吴省钦诗注）

西番谓庙曰招。（魏源《圣武记》注）

乌拉，番语牲畜。（吴省钦诗注）

番语称寺院曰官坝，黄河曰玛曲，大川曰丹迪克，饭盆曰瓦查，山为拉，水为曲，哈达曰领，请汉人办文牍曰请米拉，打劫曰夹坝，称长官曰诸版。（《甘宁青方言录》之《张掖县方言》）

北俗呼兜鍪为突厥。（《文献通考》）

北人呼马之驳者曰贺兰。（蒋湘南《春晖阁诗抄选》自注）

北人谓住坐处曰捺钵，四时皆然，如春捺钵之类是也。（《文昌杂录》）契丹家语，犹言行在也。

花蕊谓之栲留，或转为巨嬴，北人谓之孤毒，音若孤都。（《通雅》四十二）

北僧谓酒为般若汤。（《示儿编》引《酒谱》）

三、辑录蒙古语者

哒叶哼啰，地名也。谨按：《钦定元史国语解》："达实，唐古特语，志祥也。"又岭名字罗，蒙古语青色也。县西南乱山中有地，名哒叶哼啰，盖因番蒙旧语，然今人无知，其取义所在者。

哈喇，鼠名也。谨按：《钦定元史·国语解》："哈喇，蒙古语，黑色也。"此鼠《唐书》名"鼧鼥鼠"。李时珍谓"蒙古人名答剌不花"。《甘州府志》作"他剌不花"（古浪志同）。《武威志》作"哈剌不花"。邑语则谓之"哈喇"（平

番与县境西北接壤亦同此称)。(《重修皋兰县志三十卷首一卷》)

谓黑鼠为他刺不花(《皋兰志》作"哈喇",蒙古语"黑色"也);俄博(累石为堆也。俄博营都司,旧隶甘肃提督)。(《甘宁青方言录》之《张掖县方言》)

(一)附蒙语之有解释者

藏王曲结(通经典之称也);吉能、吉囊(皆"济农"之异译,作人名解者误);扎萨克(蒙古执政者之通称也);巴图鲁(华言勇士也);诺们罕(《西藏赋》注:"诺们,经也,罕与汗通,作王字解。");呼图克图(谓有福人也);扎萨(华言丞相也,明人称宰僧);巴(部落之谓,唐古特语);台吉(犹华人之称宗亲也);黄台吉(称嫡嗣之当立者,犹中国之皇太子也);达赖(海也,喻智慧如大海);锁南坚错(即索诺木札木苏之转音也,是为第二世达赖);赛音(唐古特语"好"也);赛痕(称"好"之谓也);库伦(城圈也);喀拉托罗盖(谓黑山头也);茶毗(即焚烧也);胡同(谓井也);喇叭(谓和尚曰喇叭,即今之喇嘛僧也);格隆(唐古特语谓比邱也);毕七沁(华言善书者也);库尔喀喇乌苏("库尔喀喇"译言"黑"也,"乌苏"黑水也);绰尔济(唐古特语称"法师"也);乌兰布拉(红泉也)。(《甘宁青方言录》之《张掖县方言》)

(二)蒙语之无解释者

称天曰吞格利,地曰噶曾。日曰喇勒,月曰萨勒,风曰萨尔溪,大风曰衣客萨尔溪,雨曰博能,下雨曰博阿尔诺,云曰屋礼,天晴曰阿冷勒百。山曰欧喇,人曰孔,目曰纽都,鼻曰噶木儿,口曰阿木,足曰措。父曰阿爸,母曰额叶,叔曰阿爸海,兄曰阿不亥,主曰额真,仆曰奇吞,男曰额立,女曰额。立曰博索,坐曰索,跪曰色克德,叩头曰莫尔郭。靴曰布各,带曰布色。骑马曰莫林吾六非,下马曰莫林包烟。兵曰七冷,刀曰色勒扪。水曰乌苏,火曰喀尔。碗曰阿叶黑麋,米曰布达。牛曰吾克勒,羊皮袋曰托隆,马粪曰阿尔哈。布曰博色,钮子曰托博即,细线曰吞尔浑吾塔苏,绵线曰格奔吾塔苏。茶曰差羊活钮,缎曰脱尔浑骆驼忒墨,犬曰老人。一曰勒黑,二曰怀叶勒,三曰姑尔八,四曰德尔,五曰他布(一作"搭布"),六曰米尔哈,七曰多诺,八曰奶妈,九曰一素,十曰阿尔邦。(《甘宁青方言录》之《张掖县方言》)

民国《府谷县志十卷》(1945年)记录鄂尔多斯蒙语计254条:

天曰帖哥立,风曰洒立恩,云曰五榔,雷曰帖哥,雨曰波罗,雾曰补当,露曰苏的儿,雪曰咴素,霜曰圪崂,电曰圪立罢,雹曰猛独儿,虹曰速龙,日曰拿儿沙儿,星曰口好度,北斗星曰刀老补力汉,日食曰把力。阴曰吞哥立捕立库,晴曰波乐垓。地曰嘎家立,路曰将明,岔路曰满碇户将。大山曰五浪,小山梁曰十里;东曰中太,西曰把龙大,南曰嗳麦奈,北曰立芦商,上曰爹古儿,下曰刀古儿，高曰言独儿，低曰饱高尼。坡曰打龙，沙曰嗳立素，桥曰可立艮，黄河曰合通，小河曰五蓝抹立；冰曰木速；井曰斛独；城口合叨；房口板身；后曰灰弩，前曰五儿当；（远热）曰合涝，近曰嗳立恨；（江海）曰打赖，田曰他立，石曰哈达，黄甫川曰十拉急太；边上曰圪灵圪立明；墙曰秃拉汉；年曰几儿，月曰三儿，日子曰五独儿，今年曰以溺几儿，明年曰灰头几儿，后年曰头灰头几儿，上年曰以刀男，前年曰五今男；正月曰咔汉三儿，二月曰池布三儿，三月曰主立汉三儿，四月曰刀勒三儿，五月曰乃麻三儿，六月曰以素三儿，七月曰言立半三儿，八月曰以恳可流儿，九月曰把汉可流儿，十月曰虎拍三儿，十一月曰哈拉虎几儿，十二月曰嗳今三儿，多余闰月曰以流三儿；早晨曰而列姑儿，前响曰把汉五爹，响午曰五爹都，后响曰五爹十，黄昏曰十拉捕驴，黑夜曰宿明，半夜曰宿明哈哈色，初几曰十腻，三十曰必头；春曰瞎波儿，夏曰中，秋曰那魔儿，冬曰而卑儿；长曰长儿兔，短曰言呼儿；今日曰言独儿，明日曰马儿哈他，夜来曰丑圪独儿；红曰乌兰，白曰咔汉，蓝曰可可，黄曰十拉，绿曰脑高，杏黄曰喇嘛十拉，黑曰哈拉，乾草黄曰葫芦素十拉，紫曰□而五蓝，灰曰五泥素，花的曰超斛儿，颜色曰主速言艮；金曰言塔，银曰猛骨，钱曰早素；缎曰讨立号，绸曰胖子，绢手巾曰散斑哈达，布手巾曰俺超儿，布曰也楼，梭布曰补梭，府梭曰那灵灰头，府扣青梭曰有高。帽盒茶曰包儿讨合才，砖茶曰讨合才，帽盒散茶曰可可才，黄茶曰十拉才；珠子曰速不，珊瑚曰书芦，素珠曰嗳立慨；针曰周，线曰五塔素，丝线曰叨立烘五塔素，扣子曰讨不气，花扣曰嗳灵；香牛皮曰不拉汉，牛皮靴曰肯斛秃儿，耳坠子曰緌慨；本钱大曰而的哥以恳，（贵重）曰孔独，贱曰耿达，轻曰坑恳。凉帽曰喜而素，缨子曰假拉，带子曰不色，火鏈曰圪帖，火石曰咔克儿，秋帽曰速苏儿马拉汉，锤子曰十不艮，镜儿曰叨棃；铜钟子曰七七哥；假的曰好而马十；铅曰秃拉汉，铁曰帖木儿，焇曰瑞，燻曰可可立，火药曰打立，枪曰包；弓曰弩木，箭曰速木；马尾曰苏儿，马鬃曰的列；袍子曰爹立，有面皮袄曰主不咔，衫子曰嫋木咔，褂曰苦立漫，裤子曰口好木独，韈子曰口好以木速，领子曰何磊不气，袖子曰土芦，鞋曰施鞋；十曰言立半，二十曰合令，三十曰古庆，四十曰爹庆，五十曰他被，六十曰急拉，七十曰打拉，八十曰乃烟，九十曰以立，百曰招，千曰明按，万曰土昧；大曰以恳，小曰彼只汉，愈小曰假立恨，多曰好浪，少曰把汉；四方曰爹立半，圆曰都贵；托人曰嗷达；几个曰可痛；乾酒曰好赖言儿慨，大米曰秃秃立汉，糜米曰咔汉哺达，谷米曰斛闹哺达，藦子曰哈拉哺达，挂面曰苦计哺达，白面曰哺代古离而，荞面曰酒黑代古离而，黄酒曰打拉素十拉言儿慨，酥油曰十拉叨素；鼠曰斛大户囊，牛曰五克立，虎曰巴儿，兔曰叨赖，龙曰禄，蛇曰蟒盖，马曰抹儿，羊曰合腻也嘛，猴曰乜气洒立马气，鸡曰他嘎，犬曰恼害，猪曰嘎害，鹿曰哺高，黄羊曰几儿口好恼，狼曰超恼开儿恼害，虮子曰不连，跳蚤曰哈拉十儿慨，虱子曰哞汉十而慨，羊羔子曰五溺故，小羊曰以十盖，小马曰哈家儿汉，骡马曰勾，骟马曰嗳立，青马曰五蓝抹儿；绵羊羔皮曰斛拉汉，（大毛皮二毛皮）曰省省，绵羊皮曰溺慨，狐皮曰五捻盖；毛绳曰参素，麻绳曰口好老素，驮子曰言哞，匣子曰言不达儿；锅盖曰哈不瞎，毛口袋曰锁木狼，小义子曰绍代，小布袋曰獭儿纯，盘子曰拍歛，锤子曰浑塔汉，火炉子曰秃拉汉，瓶子曰老合；锹曰苦立计，斧曰速慨；门曰哈拉汉，门帘曰五爹；新曰十腻，旧曰号庆；粪曰言立嘎立，柴曰秃列；佛曰捕而汉，（鬼怪）曰七特哥儿，菩萨曰宏圣波碲沙驮；皇帝曰夯，王子曰王；父曰嗳七盖，自称父曰言布，母曰嗳计，兄曰言合，弟曰丢，亲戚曰五芦；饿曰必嗳立速罴，渴曰必汶达速罴饭饱曰必嫋独罴，茶饱曰必夯罴；过日之法曰言明周；认曰他溺户，能做曰吃他户，停一停儿曰叨叨户；可惜孩立；剪曰海气拉，跌倒曰五纳，扶起曰五立故，盖曰斛车；罚银曰哈拉；乐曰摆瑪儿拉，恼曰稿木达；婊子曰刀气也乜；输物曰阿儿达只，赢物曰袄儿计以杳歛。

四、辑录多种民族语词（甚或外语）以作比者

天者，国语曰阿卜喀，蒙古语曰腾格里，百译语曰法，缅甸语曰谋，暹罗语曰普喇，占城语曰刺宜，满加剌语曰安刺，梵语曰提婆，西番语曰那安，亦曰那木喀，西洋语口霄吾。（俞正燮《癸巳类稿·天字音说》）

河州周围的语言有七种：中原语、撒拉语、西番语、河北土语（河州北临黄河）、东乡土语、吾同语、保安语。撒拉语说男孩子是"把郎子"，说女孩子是"燕鸽子"，说马是"毛里"，说兔子是"逃里"，说盐是"打不松"。……缠头回回每逢有婚礼的时候，聚男女两家的亲友，举行跳舞，谓之"围囊"。……河州回民把贵人叫"耳则子"。……河州番人，用黑羊毛缠在头上，缠得越多越好，普通与石碾大小相同，谓之"崩不子"。（白寿彝编《回民起义》（四））

五、述及境内少数民族语言而未举词例者

若西南近番者，多作番语，则非译不可通矣！（陈如平纂《岷州续志采访初稿》）

南乡与番族接近者，多习番话；西乡与萨拉尔回族（本系哈密回族，纯用缠语）接近者，多习缠语；东乡回族，纯用蒙古语。现在通汉语者日见其多。（《续修导河县志》）

这两条很重要，"近番"之汉民，或"多作番语"，或"多习番话"，在语言学上为"语言接触"的鲜活材料，在民族学上为各民族和平相处、彼此尊重的最好例证。

上述语词，有些至今在民族语言中依然使用，有些则随着语言的消失，已经只是文献语言了，但是对于研究历史、民族还有很大的参考价值，它们是民族和谐共处、共同创造文明的佐证。辑录于此，留待作进一步研究。

第二节　西北方言文献的民俗学价值

民俗学是一门针对信仰、风俗、口传文学、传统文化及思考模式进行研究，阐明这些民俗现象在时空中流变意义的学科。民俗学与发生在我们周围的各种生活现象息息相关。有关人类活动的一切细节，都可以作为民俗学者的研究对象，而且其中还包含和传达着重要的文化信息。宋人楼钥《攻媿集》说："国家元气，全在风俗；风俗之本，实系纪纲。"① 说明古人早就将民俗的价值提得很高。

社会民俗现象虽然千差万别，种类繁多，但作为一种人类社会文化现象，它们是社会的、集体的现象，不是个人有意或无意的创作，因而具有集体性。方言既是某一区域人们的交际工具，为各种社会活动所不可或缺，同时也记录、反映人们生活的方方面面。尤其是方言文献中的谚语、谜语、绕口令、民间歌谣等，非常直观地展示民俗，具有很高的民俗学价值。

如民国《府谷县志十卷》中记录了丰富的谚语和民间歌谣，都是从生活实践中概括、提炼出来的异常精炼的生活用语：

前三十年看父敬子，后三十年看子敬父；儿大有一发，儿大有一塌；好儿不住爷的房，好女不看嫁时妆；养儿防老，积粟防后；前檐上的水，不往后檐上流；长子赚钱次子分，长子弄钱次子空；三十年媳妇熬成婆，三十年水道流成河；打不对伙计（即佃农）当年穷，娶不到老婆一世穷；会拣的拣当头（即女婿），不会拣的拣高楼；高楼有塌哩，当头有发哩；儿凭爷娘虎凭山，婆娘凭的男子汉；儿要自养，谷要自种；老子烧砖打瓦，儿不离窑门；残羊下的瘸羔子，疯羊下的癫脚子；棍头上出孝子，娇生娇养忤逆子；积钱不如积谷，积谷不如积德。这反映了父辈对后代的期望，培养后代的方法、结果等，很有见地，颇能给人启发。

西北方言文献，在方言词语解说过程中带出的民俗事像颇多，可以简要分为如下几类。

一、反映民间信仰、迷信者

小神：成县、西和、礼县等处人家，于屋隅奉小神，闻其变幻妖惑，大致与

---

① （宋）楼钥《攻媿集百十二卷》，台北：台湾商务印馆，1986年。

第七章　西北方言文献的民族学与民俗学价值

西番猫鬼相似。

按：听明正直之谓神。小神能作福，亦能作威。陇南人奉之，以祈无妄之福。贫无聊赖者，有时神取他人之货财以自恤之，是盗窃行为也。天下焉有盗窃而可朝夕供奉者乎？惟以数得财，故举家奉事惟谨。若微忤其意，则又移夺而之他，甚或置人矢、牛粪于饮食中，人以其难堪也，或起诉于地方官，请差提而驱逐之。（慕少堂《甘宁青方言录》之《陇南各县方言》）

我娃犯狗：谓小孩为天狗星所祟故有小病也。兰州上钩有张仙庙，塑像眉目如生，勃勃有神气，遇小孩惊啼，祷之辄应。其像为美丈夫，锦袍角带，广颐丰髭，左挟弹、右摄丸，飘飘乎有霞举之势。仰视云中，一犬叫噑而去。盖即俗所谓"天狗"也。（慕少堂《甘宁青方言录》之《皋兰县方言》）

讨仙方：兰州土著有病服药不效，即往白云观求方。……古人有不切脉，但知病原者，亦应方而效。如武陵医士梁新，问邻舟富商中半夏毒，命捣姜掩汁，折齿而灌之，死者顿苏。白云观所刊药方，神在冥冥中既不切脉，又不问病原所在，而有时亦奏效。《大学》曰："心诚，求之虽不中，不远矣。"（慕少堂《甘宁青方言录》之《皋兰县方言》）

不用功：谓不成敬也。岁旱，村农聚方神庙祈祷，跪诵雨经，不分昼夜。久之天仍不雨，论者曰："不用功之故。"（《重修镇原县志》）

贱名：今人于所爱之子女多呼之曰"狗娃子""猫娃子"，他省"火狐""狗儿子"或"狐狗崽""猫崽""猫弟""猫妹"之类。某说部载："欧阳永树（叔）不喜佛学，而与某禅师善。师尝问：'越公言儒家，不信佛。而生子乃名僧哥，何也？'公笑曰：'亦犹呼儿以狗子、猫子之意耳。'"是以狗呼子宋时已然。（《甘肃通志稿一百三十卷首一卷》）

又，《重修镇原县志》引《道山清话》云："长老在欧阳公座上，见公家小儿，有小名僧哥者，戏谓公曰：'公不重佛，安得此名？'公笑曰：'人家小儿，要易长育，往往以贱名为小名。如牛羊狗马之类，闻者莫不服公之捷对。'"在这一则中，"人家小儿，要易长育，往往以贱名为小名"将其作用说得非常清楚明白。

第一清、第二清、第三清（父老评论好官之等第也）：《魏书·辛雄传》："雄上疏曰：'治天下者，惟在守令。最宜建置，以康国道。请上等郡县为第一清，中等为第二清，下等为第三清。'"道家以"玉清、上清、太清"为"三清"，皆仙人所居之府，故多以为官观之名。（慕少堂《甘宁青方言录》之《张掖县方言》）

二、反映丧葬习俗者

请娘家：凡女人死后，即刻要到娘家去报丧，一点不敢缓慢，如有迟延等，

娘家有权给对方问处分，这就叫作"请娘家"。（魏航《陇南民俗一瞥·方言及俗例》）

烧户：凡三岁以上的孩子死了，便用棺材盛埋，三岁以下的孩子死了，那便用柴草卷去焚化，这便叫作"烧户"。因为他们说三岁以下的孩子，是无福享受棺材的，应当焚化才是。（同上）

七七：亲殁，由首七至七七，家属哭于大门外，并做佛事。……生以七日为忌，臘死以七日为忌。一臘而一魄，成一忌而一魄散。俗以人死，每第七日为忌，至七七四十九日，则卒哭，盖本此。（《重修镇原县志》）

三、反映物质民俗事像者

1. 服饰民俗

挽簪簪：女子未嫁则垂发辫，及出阁则挽发为簪，俗谓之"上头"。

按：古者中国男女皆挽发为髻，西夷北狄则编发为辫，垂于脑后。《晋书》载记吐谷浑妇人"辫发萦后，缀以珠贝"。《南史》载高昌男子辫发垂之于背，女子辫发而不垂。盖各随其俗也。清入关而男女辫发之俗遍于中国，至民国男子剪发，女子仍垂辫，俗谓之吊辫子。即适所天发，收起挽而为髻。镇原妇人犹沿古装，新嫁娘鸡鸣即起，灯下挽簪簪，煞费工夫。今则多疏平头矣。（《洛川县志二十六卷首一卷末一卷》）

2. 饮食民俗

馒头曰馍（去声，此西北通语。其种类甚多，兹不备详）。蒸食者尚有纸卷子（薄小麦面皮，垫纸卷馅），糜面馍（包小豆馅），黄黄子（糜面发酵蒸熟后切食），甑（去声）糕（糯米和枣），油葱卷（即荞面卷）。捏面煮食者曰煮窝窝（一曰猴头，又曰老乌□），捻（用大拇指）而上卷者曰麻食子，不成块者曰绞团。用器压荞麦面成团圆条入锅者曰饸（阳平）饹（轻声），一作活络（其器特制，名"活络床子"。较擀面为便利）。水饺曰扁（上声）食，其圆者曰晬子，边起而曲者曰猴耳朵。研末做粥曰⌒（上声）儿（如云包谷糁儿）。

豆腐干丝曰豆腐丝儿（此称洛川特产。色暗而硬），亦名"千章丝子"（商店标题）。

水果点心曰吃喝（做名词用）。油盐酱醋曰调和（花椒茴香之类研末者，曰调和面儿）。年食子，过年时食品也。一品碗，筵席所用大碗也。包饭会食曰帮饭。臭恶曰尸气（一作"屎气"）。（《洛川县志二十六卷首一卷末一卷》）

3. 农业生产民俗

工骗工：谓田家互相工作，即前代锄社之遗意。北方村落间，多结为锄社。以十家为率，先锄一家之田，本家供其饮食，其余次之。旬日皆治，间有病者，共力助之。故田无荒秽，陇东老百姓其贫不能畜牛者，借富户之牛与犁以种其田，而免荒芜。及富户禾出，贫家往而锄之。如此之类，名目繁多，谓之曰工骗工。(《重修镇原县志》)

凡牵扯沉重之物，众人并力，为之先约曰叫号子，遂齐呼曰曳落河。"曳落河"其号本于拉舡之夫，迄今犹然，盖齐心合力谓也。安禄山劫同罗之兵，号"曳落河"，解者谓"犹言健儿"，是又一说也。(《华阴县志二十二卷首一卷》)

羊头会：每届废历四五月间，农间田禾茂盛，往往为牛羊所害，于是数乡集一会议，杀羊设筵，筵毕大家商议保护田禾的办法，约定以后任何人的牛羊，都得谨慎看管，不得践踏人家田禾，并以所杀食之羊头拂于杆端，插于显明地方，杆上书明乡人应守戒约，不得纵牛羊伤害他人田禾，于是大家都廪遵不违，而许多田禾，因此得保安全，俗称曰"羊头会"。(魏航《陇南民俗一瞥·方言及俗例》)

卧辘轴：每到冬天米粮进食后，赖以辗谷的辘轴，就尽完了他的职务而赋闲，可是他给人们辛苦辗谷，做了很多的事情，所以主人便要来安慰它，设点酒筵，先给辘轴献了，然后和家里雇用的苦工同饱一餐，这便叫作"卧辘轴"。(同上)

4. 民居民俗

前后全檐曰房，单檐曰厦（上声）子（一曰厦房。廊有柱曰穿廊，无柱曰穿檐。大房为四椽房（每椽约五六尺，具五檩），此为鞍间房（具二长椽）。府第曰府司。家主所住曰上房（亦曰堂房）。

筑屋基曰地功。土坯（垒墙用者）曰墼（阴平。刘志方言云："土坯曰胡基。"该字俗作"墼"）。薄土坯（和麦秸，铺炕用者）曰泥堲子。

窑，有土窑、胡基窑（一曰泥基子窑，以泥草抹其顶边）、砖窑。上窑顶之阶曰窑背台台。按：住窑皆穴土崖而成，故室壁亦曰崖，其外即"崖畔"。

厕曰灰圈（去声）子，亦曰后园（一曰毛房，则通称）。圈牲畜处曰头牯（或系口字音转）圈，亦曰马房。草棚曰窝棚子。囷垣曰曲栏。小城堡通称寨子。小寨曰堡（上声）子。狭巷曰夹巷。(《洛川县志二十六卷首一卷末一卷》)

5. 仪礼民俗

做初月：凡妇人初生第一个孩子时，娘家和其亲朋们于孩子生后一个月，都要"做初月"，"做初月"是女人干的玩意儿，所送礼物，计分三种：（1）大馒头；（2）布帛；（3）各照各的情性干。不过娘家要特别丰厚，他们所送的馒头，要比任何他人来得大，俗称"大馍馍"。(魏航《陇南民俗一瞥·方言及民俗例》)

安席面：今公私晏会，称与主人对席者曰席面。古者谓之宾，谓之客是已。

……兰州宴会场中为之首坐,主人安坐客就席,盖此席为此客而设也,其余谓之陪客。但古人与主人对席者只一人,今则首席有二人,一正一副。镇原过吉凶事,安席之礼最繁,有不可以言语形容者矣。(《重修镇原县志》)

6. 民间游戏、娱乐民俗

猜灯谜儿:兰州市于夏历正月十四五六等夜,于人烟繁盛之区,文人以诗影物粘条灯上,名曰灯虎,猜中者得奖。……此制由来久矣。甘肃沿旧习惯,上元前三日,即出"灯虎",猜中者非惟得奖,亦可博名,洵韵事也。又有诗谜以纸条书古人五七言诗一句,空去其中一字,另撰类似之字四,并原字为五,任人猜压,而藏原字于纸后,中者得奖。(《甘宁青方言录》之《皋兰县方言》)

参考文献

曹正义. 近代文献与方言研究. 文史哲, 1984 (3).
陈保亚. 论语言接触与语言联盟, 北京: 语文出版社, 1996 年.
陈　澧. 东塾读书记. 北京: 三联书店, 1998.
陈其光. 语言间的深层影响. 民族语文, 2002 (1).
程湘清. 变文复音词研究. 隋唐五代汉语研究, 济南: 山东教育出版社, 1992.
程瑶田. 果蠃转语记. 见《安徽丛书》, 安徽丛书编印处, 1934.
陈治文. 敦煌变文词语校释拾遗. 中国语文, 1982 (2).
陈治文. 敦煌变文词语商兑. 语言研究, 1989 (1).
崔荣昌. 四川方言的形成. 方言, 1985 (1).
邓文宽. 敦煌文献中的"去"字. 中国文化, 1994 (2).
都兴宙. 敦煌变文词语札记. 兰州大学学报, 1987 (1).
杜泽逊. 文献学概要, 北京: 中华书局, 2001.
方一新. 敦煌变文词语校释. 敦煌文学论集, 成都: 四川人民出版社, 1997.
冯淑仪.《敦煌变文集》和《祖堂集》的形容词副词词尾. 语文研究, 1994 (1).
高田时雄著, 梁海星译. 九～十世纪河西地区汉语方言考. 中国敦煌吐鲁番学会研究通讯, 1990 (1).
古今图书局编, 彭崇伟等标点. 古今笔记精华录（上）, 长沙: 岳麓书社, 1997.
关　湘. 浅析共同语词与方言词的历史层次和词义差异. 中山大学学报, 2000 (3).
郭在贻. 俗语词研究与古籍整理. 社会科学战线, 1983 (4).
华学诚. 论《尔雅》方言词的地域分布——《尔雅》方言研究之一. 华东师范大学学报, 2001 (1).
华学诚. 周秦汉晋方言研究史, 上海: 复旦大学出版社, 2003.
黄武松. 敦煌文献俗语词方言义证. 贵州师大学报, 1991 (1).
黄幼莲. 敦煌文献里的俗语词. 浙江师大学报, 1987 (3).
黄　征. 敦煌俗语法研究之一——句法篇. 敦煌吐鲁番研究, 1996.
贾晞儒. 青海汉话与少数民族语言. 民族语文, 1991 (5).
贾晞儒. 从青海汉语的几个方言词看语言间的接触影响. 民族语文, 1994 (4).
江蓝生. 敦煌变文词语琐记. 语言研究（太原）, 1985 (1).
江蓝生. 敦煌俗文学熟语初探. 敦煌学论集, 甘肃人民出版社, 1985.
江蓝生, 曹广顺. 唐五代语言词典, 上海教育出版社, 1997.
蒋礼鸿. 敦煌变文字义通释, 北京: 中华书局, 1959（上海古籍重印）.

蒋礼鸿. 敦煌语言词典, 杭州大学出版社, 1993.
兰州大学、西北师院中文系编. 甘肃方言概况, 1960年油印本.
李　泉. 敦煌变文中的助词系统. 语言研究, 1992 (1).
李　荣. 《切韵》与方言. 方言, 1983 (3).
李　荣. 官话方言的分区. 方言, 1985 (1).
李荣主编, 王军虎著. 西安方言词典, 南京: 江苏人民出版社, 1992.
李如龙. 论汉语方言的词汇差异. 语文研究, 1982 (2).
李如龙. 汉语方言的比较研究, 北京: 商务印书馆, 2001.
李如龙主编. 汉语方言特征词研究, 厦门: 厦门大学出版社, 2002.
李　实. 蜀语, 成都: 巴蜀书社, 1992.
刘　坚. 校勘在俗词研究中的选用. 中国语文, 1981 (6).
刘　坚, 蒋绍愚主编. 近代汉语语法资料汇编—唐五代卷, 北京: 商务印书馆, 1995.
刘　凯. "花儿"中的方言语法结构及一些使用问题的探讨. 青海师院学报, 1982 (4).
刘俐李. 新疆汉语方言的形成. 方言, 1993 (4).
刘　伶. 略论敦煌方音的形成. 兰州大学学报, 1987 (2).
刘　伶. 敦煌方言志, 兰州大学出版社, 1988.
龙　晦. 唐五代西北方言与敦煌文献研究. 西南师院学报, 1983 (3).
龙潜庵编著. 宋元语言词典, 上海辞书出版社, 1985.
楼　钥. 功媿集百十二卷, 台北: 台湾商务印书馆, 1986年版.
卢润祥. 古方言俗语词零拾. 中国语文, 1984 (4).
罗常培. 唐五代西北方音(附敦煌写本汉藏对音千字文残卷八页), 上海: 国立中央研究院历史语言研究所甲种之十二, 1933.
罗常培, 周祖谟. 汉魏晋南北朝韵部演变研究, 第一分册, 科学出版社, 1958.
罗常培. 语言与文化, 北京: 语文出版社, 1989.
罗常培. 语言与文化, 北京: 北京大学出版社, 2009.
梅祖麟. 唐代、宋代共同语的语法和现代方言的语法. 梅祖麟语言学论文集, 北京: 商务印书馆, 2000.
莫　超. 白龙江流域汉语方言语法研究, 北京: 中国社会科学出版社, 2004.
彭清深、张祖煦. 西北地区汉语方言之纵向考察. 西北民族学院学报(哲社版), 2000 (4).
钱曾怡. 汉语方言学方法论初探. 中国语文, 1987 (4).
邵荣芬. 敦煌俗文学中的别字异文和唐五代西北方音. 中国语文, 1963 (3).
松尾良树. 敦煌变文口语语汇数则. 奈良女子大学文学会研究年报, 1984 (3).
孙　毕. 章太炎《新方言》研究, 2004年复旦大学博士学位论文.
孙锦标著, 邓宗禹标点. 通俗常言疏证, 北京: 中华书局, 2000.
孙立新. 关中方言略说. 方言, 1997 (2).
孙其芳. 敦煌词中的方音释例. 社会科学(甘肃), 1982 (3).
孙启治. 唐写本俗别字变化类型举例. 敦煌吐鲁番文献研究论集, 北京大学出版社, 1990.
谭汝为, 孟昭泉. 论汉语的"方言词"和"方源词". 中州大学学报, 1998 (1).

田光炜. 语言学界应注意方言志的编辑工作. 中国地方史志, 1982 (4).

汪泛舟. 敦煌曲子词方音习语及其它. 敦煌研究（兰州）, 1987 (4).

王潜源主编, 邓明校注. 王煊诗文集（上下册）, 甘肃省人大办公厅印刷, 1997 年 12 月.

王　森. 甘肃话的吸气音. 中国语文, 2001 (2).

魏　燕. 西北方言调查研究论着索引（1979—1997）. 宁夏大学学报（哲社版）, 1997 (4).

吴福祥. 敦煌变文的人称代词"自己"、"自家". 古汉语研究（长沙）, 1995 (2).

吴福祥. 敦煌变文的疑问代词"那"（"那个"、"那里"）. 古汉语研究（长沙）, 1995 (2).

吴福祥. 敦煌变文的近指代词. 语文研究（太原）, 1996 (3).

吴福祥. 敦煌变文远指代词初探. 敦煌吐鲁番研究, 1996.

吴福祥. 敦煌变文语法研究, 长沙: 岳麓书社, 1996.

向　达. 西征小记·瓜沙谈往之一. 国学季刊, 第七卷第 1 期（1950 年 7 月出版）.

项　楚. 敦煌变文词语校释商兑. 中国语文, 1985 (4).

徐　复. 敦煌变文词语研究. 中国语文, 1961 (8).

徐嘉瑞. 金元戏曲方言考, 上海: 商务印书馆, 1956.

徐通锵. 历史语言学, 北京: 商务印书馆, 1993.

杨耐思, 唐作藩. 罗常培先生在汉语音韵学上的杰出贡献. 中国语文, 2009 (4).

杨　慎. 丹铅续录, 文渊阁《四库全书》版 855 册, 上海古籍出版社, 1972.

殷孟伦.《方言》与汉语方言研究的古典传统. 文史哲, 1983 (5).

俞信方. 方言可以证古——辞书义类可酌采"证古的方言". 杭州大学学报, 1985 (1).

元鸿仁. 陇右方言辑考, 兰州: 甘肃教育出版社, 1996.

袁　宾.《敦煌变文集》词语拾零. 语文研究（太原）, 1985 (3).

翟时雨. 陕西省南部地区方言的归属. 方言, 1987 (1).

章太炎. 太炎文录初编·别录卷二之"论汉字统一会", 浙江图书馆校勘本.

张金泉. 校勘变文当明方音, 1983 年全国敦煌学术讨论会文集（石窟艺术编下）, 甘肃人民出版社, 1987 (2).

张金泉, 许建平. 敦煌音义汇考. 杭州: 杭州大学出版社, 1996.

张慎仪撰, 张永言点校. 续方言新校补. 方言别录. 蜀方言, 成都: 四川人民出版社, 1987.

张盛裕. 敦煌音系纪略. 方言, 1985 (2).

张盛裕, 张成材. 陕甘宁青四省区汉语方言的分区（稿）. 方言, 1986 (2).

张世禄. 语言学概论, 上海书店《民国丛书》第一编第 51 本, 据中华书局 1941 年版影印本.

张淑敏. 兰州话中的吸气音. 中国语文, 1999 (4).

张文轩. 兰州方言志·兰州方言的历史演变, 兰州: 兰州大学出版社, 2003 年版.

张兴武. 敦煌变文中的被动句式. 新疆大学学报, 1987 (4).

张涌泉.《敦煌文献语言词典》补正. 原学, 1996 (6).

张涌泉. 敦煌文书疑难词语辨释四则. 中国语文, 1996 (1).

赵和平. 敦煌写本书仪中的口头用语问题初探, 庆祝潘石禅先生九秩华诞敦煌学特刊. 台北: 文津出版社, 1996 (9).

赵金铭. 敦煌变文中所见的"了"和"着". 中国语文, 1979 (1).

赵浚，张文轩. 兰州方言志，兰州：甘肃人民出版社，2003.
赵逵夫. 捉季布传文校补、伍子胥变文校补拾遗、李陵变文校补拾遗. 敦煌变文集第一卷六篇校补、韩朋赋校补. 古典文献论丛，北京：中华书局，2003.
中国公共图书馆古籍文献编委会编. 中国西北稀见方志（全九册），中国公共图书馆古籍文献珍本汇刊，中华全国图书馆文献缩微复制中心出版，1994.
周俊勋. 高诱注方言词研究. 四川大学学报（哲学社会科学版），1999（1）.
周振鹤，游汝杰著. 方言与中国文化，上海：上海人民出版社，1986.
周祖谟. 唐五代的北方语言. 周祖谟语言文史论集，杭州：浙江古籍出版社，1992.
朱居易. 元剧俗语方言例释，北京：商务印书馆，1957.
朱正义.《史记》与汉代语言及关中方言. 渭南师范学院学报，1993（3）.
祝敏彻. 敦煌变文中一些新生的语法现象. 甘肃社会科学，1983（1）.
祝敏彻. 敦煌变文中的几个行为动词—穿、走、行走、去. 语文研究（太原），1984（1）.

附录

附录一

《陇右方言》的语言学价值*

【摘 要】 本文就《陇右方言》的语言学价值进行了探析,论文分析了《陇右方言》在体例上的特点,并认为《陇右方言》在训释方面有以下特色:(一)重视对方言本字的考订;(二)注意对方言词语语源的考察;(三)有些训释中还揭示了方言词语的民俗文化内涵;(四)广泛征引各类文献资料来对方言词语释义推源。

【关键词】《陇右方言》 语言学 价值

《陇右方言》一书为民国时期甘肃著名学者李鼎超先生所著。李鼎超,字酝班,甘肃武威人,生于1894年,卒于1931年。先生早年在山东求学时,对中西学问皆有涉猎,20岁开始专注于国学之研究,于辞章之学,义理之学,考据之学无所不观,尤长于文字学。民国十八年(1929年)李鼎超到甘肃省通志局任分纂,后又到兰州中山大学讲授文字之学。李鼎超先生家学渊源,其祖父李铭汉受业于甘肃著名学者张澍,对于经史、辞章、文字等学弥不研究,著作良多,其中犹可注意者有与其子李于楷共同辑纂的《续通鉴纪事本末》110卷,又着有《尔雅声类》4卷。其父李于楷亦为学者,有《读汉书笔记》等著作传世。民国十年(1921年),李鼎超先生受之父托,编纂《武威县志》,先后编成《人物志》《艺文志》《金石志》《方言志》,先生对《方言志》用力尤勤,先后花费10年时间方编纂完成,后更名为《陇右方言》。1988年,《陇右方言》一书始由其胞弟李鼎文教授校点,作为西北师范学院(今西北师范大学)古籍整理研究所主编"陇右文献丛书"之一,由兰州大学出版社出版。《陇右方言》一书保存了大量的甘肃方言尤其是武威方言资料,对该地区的方言词语进行了全面、科学的描写解释,对陇右地区方言的研究具有非常重要的价值。

一、《陇右方言》在体例上的特点

《陇右方言》内容丰富,在体例上依从章太炎先生的《新方言》一书,全书共释词1214条,分为"释词""释言""释亲属""释形体""释器""释宫""释天""释地""释动物""释植物",共10卷,近12万言。其中"释词"主

---

* 发表于《甘肃高师学报》2011年第16卷第1期,作者为申重实、莫超。

要解释西北方言中的虚词。"释言"一篇占全书中篇幅的一半以上,是内容最为丰富的一篇,主要收录西北方言中的普通词语。余下各篇均按内容分类,内容涉及天文、地理、动物、植物、建筑等诸多学科,如"释亲属"主要解释方言中的亲属称谓。"释形体"主要解释和人体有关的名称。"释器"主要解释各种器物的名称。

《陇右方言》解释方言词语的体例有两种。一种是先列出方言词语在古代文献的用例,再引出方言词语,然后进行解释。

如"所"字条:

所,伐木声也。从"户"声。今谓锯木声曰户户,即所所(《说文》引作"所所")。《诗》"伐木许许",即锯木声户户的。

另外一种是先列出方言词语,然后进行解释。

如"对"条:

今人谓是而诺之曰对,即"唯"字。《说文》:"唯,诺也。"得声同"堆",以音近书作"对"。

《陇右方言》中的大部分条目作者都通过按语的形式对文献进行了甄别解释,只是有的条目有"鼎超按"的标志,有的条目下无此标志罢了。

如"母量"条:

《广雅》:"无虑,都凡也。"王念孙谓:"江淮间人谓揣度事宜曰母量即'无虑'之转。"(《广雅疏证》卷六上)鼎超按:凉州亦有此语。

又如"曼㣺"条:

《汉书·扬雄传》:"为其泰曼㣺而不可知。"师古云:"曼㣺,不分别貌,犹言蒙鸿也。"鼎超按:"曼㣺""蒙鸿"双声,又转"颠顸",今转为"模糊""马虎"。盖联绵字本无正字也。

书中的大部分条目有注音,注音的方法主要有直音法和反切法两种。

如"滗"条:

《玉篇》:"滗,音笔,筭去汁也。"今谓筭去汁曰滗,筭去稀粥之汁曰滗米汤,音笔。古作"逼",或转皮灭切。

《现代汉语词典》:"滗:挡住的残渣或泡着的东西,把液体倒出。"王念孙《广雅疏证》云:"滗之言滗,谓逼去其汁也。"《广韵》:"逼,彼侧切。"滗,鄙密切,两字双声,同属帮纽,所以《通俗文》说:"江南曰逼,是北方言滗矣。"

二、《陇右方言》重视对本字的考订

考订方言本字在考释方言词语中占有重要的地位。《陇右方言》在训释方言词语的时候对很多方言词语的本字都做了较为详细的考证工作。梅祖麟在《方言研究本字的两种方法》中说:"过去研究方言本字的方法可以分成两种,第一种是增加历史词汇学的知识,也就是查《广韵》《集韵》《玉篇》及其它古文献。""第二种是增加方言音韵史知识,这就要分辨方言中的音韵学层次,在各个音韵学层次中找到演变规律。"《陇右方言》在考订本字时最主要用第一种方法考订本字,非常注意方言和古籍文献相结合,注意文字形体但是又不被文字的形体所束缚,这种方法也被梅祖麟先生称之为"觅字"。

如"尖"字条:

今谓锐利曰尖,本字当作"剡"。《说文》:"剡,锐利也。"(得声与"铦"之读"棪"声者同)《荀子·彊国篇》"欲剡其胫而以蹈秦之腹",即尖其胫以蹈,言不必持兵刃。《汉书·贾谊传》"剡手以冲仇人之胸",即尖其手令可冲胸。《说文》"剡上为圭",即尖上。郭璞注《尔雅》,以"櫼"为今"尖"字。《说文》:"櫼器也。一曰镌也。"似与尖利之义不同。"剡"亦借"铦"为之。《说文》:"铦,臿属。桑钦读若鎌。"从兼得声。《汉书·贾谊传》"铅刀为铦",即铅刀以为尖利。亦借"覃"为之。(《说文》云:"铦,读若棪。""棪"与"覃"声近)《诗》"以我覃耜",即尖耜。(《毛传》云:"覃,利也。")"实覃实訏",即实尖实大。今谓声音清朗曰尖,即《诗》"实覃实訏"之"覃"也。《汉书·扬雄传》:"大潭思浑天。""潭"通"覃",谓思想尖利,无孔不入。"覃思"犹言锐思。亦借"廉"为之。(从"兼"声,与"尖"近)《吕览·孟秋纪》"其器廉以深",即尖深。《必己篇》"廉则剉",即尖则折伤。

郭璞注《尔雅》,以"櫼"为"尖"的本字。《说文》:"櫼,櫼器也。一曰镌也。"《正字通·金部》亦云:"櫼,尖本字,锋芒锐也。"可见一般认为"櫼"为"尖"的本字。但是《陇右方言》却认为:"《说文》:'櫼器也。一曰镌也。'似与尖利之义不同。"慧琳《一切经音义》也认为:"櫼,或俗作'尖',非也。""櫼"的本义为铁器,段玉裁《说文解字注》云:"櫼器也,盖锐利之器","镌者,穿木琢石。"而尖的本义是锐利,由此可见"櫼"和"尖"的本义不同。所以徐铉在"櫼"下注云:"臣铉等曰:今俗作'尖',非是。""剡"本义为锐利,其义和"尖"同。《说文》:"剡,锐利也,从刀炎声。"《广韵》以冉切,音琰。《尔雅·释诂下》:"剡,利也。"《广雅·释诂四》:"剡,锐也。"《楚辞·九章·橘颂》:"曾枝剡棘,圆果抟兮。"王逸注曰:"剡,利也。"可见剡有锐利之义,应该能确定"尖"的本字当作"剡"。但是在文献实际用字过程,"尖"的本字"剡"又有通假的用法。《陇右方言》考证了"尖"的本字当为"剡"之后,又考证了"剡"在文献中的惯用的通假用字"铦""覃""廉"等。铦有锐利的意思,许宝华、宫田一郎《汉语方言大词典》:"铦,铁锹。中原官话。

甘肃西部。"李恭《陇右方言发微》:"今陇西通称起土之锸曰锆。""尖"在文献中又有"罨"的写法。段玉裁《说文解字注》在"剡"字条下注云:"剡,利也。毛诗假借罨为之。""尖"在文献中又有"廉"的写法。清代的桂馥在《说文解字义证》中说:"廉,棱也。"物有棱角就有尖锐之义。

三、《陇右方言》注意对方言词语语源的考察

传统语言学中对语源的研究由来已久,早在汉代,人们就把语源研究的成果运用到方言研究之中,形成了古代方言学注重语源研究的传统。汉代扬雄在《方言》中就重视音转,通过"音转"来"释古今之异言,通方俗之殊语",后来郭璞注方言多言"声之转"。清代方言学研究更加重视对方言词语语源的探究,章太炎先生《新方言》可谓代表,蒋礼鸿先生在《〈新方言〉〈岭外三州语〉〈吴语〉校点说明》中说:"《新方言》不仅为记录方言之书,而且是就今语依据声韵转变的条理以考察语源的语源学著作。"李鼎超在学术上崇尚章太炎,《西北方言·自序》云:"近者余杭章太炎先生着《新方言》卓诡切至,犁然当人心。余雅好小学,略识径涂,不揣固陋,依其例,就武威方言次第笔之。"《陇右方言》继承了乾嘉朴学的优良传统和章太炎《新方言》体例和基本思想,对汉语方言的音义关系有着科学的认识。《陇右方言·自序》云:"古之时,言文故一致矣,及后渐异者,其故有二:一则音转,二则语殊。"所以该书在训释方言词汇的时候非常重视对方言词语演变历史脉络的考察,对很多方言词语的语源进行了科学的探究,通过对方言词语的追本溯源,让我们看到了现存的某些方言词在历史上的孳乳流变。

如"丢"字条:

《说文》"的"与"灼"俱训"明"。今谓赤色鲜明曰红丢丢,赤日曰日头红丢丢,红花曰花儿红丢丢,"丢"即"的"或"灼"之声转(俱从勺得声)。宋玉《神女赋》"朱唇的其若丹",即嘴唇红丢丢如丹沙。《诗·周南·桃夭》"灼灼其华",即花儿红丢丢,故《毛传》释为"华之盛"。《贾谊新书·匈奴》"若日出之灼灼",即日头红丢丢。《礼记·中庸》"小人之道,的然而日亡",即初如日头红丢丢,不转瞬则故态复作,所谓"矜伪不长,盖虚不久"者也。

"的""灼"都有鲜明的意思。《康熙字典》云:"《史记·司马相如·上林赋》:'皓齿粲烂,宜笑的皪。'《注》:'鲜明貌。'"《说文解字》:"灼,灼炙也。从火勺声。"《玉篇》:"灼,明也。"《康熙字典》又云:"杨慎曰:'的,音灼。'"又云:"按《释名》以丹注面曰勺。勺,灼也。谓有月事者注面,灼然为识,是的、勺同为一字。"《陇右方言》说:"'丢'即'的'或'灼'之声转(俱从勺得声)。"可以得知"丢"也有鲜明的意思。"日头红丢丢""花儿红丢

丢"是其证。许宝华、宫田一郎的《汉语方言大词典》"丢"字条共有 11 个义项，分别是：（一）〈动〉留。晋语。（二）〈动〉剩。（三）〈动〉送。粤语。（四）〈动〉指小孩夭折（讳言）。（五）〈动〉女子出精，西南官话语。（六）〈动〉提。晋语。（七）〈动〉无礼地挥动手臂。吴语。（八）〈动〉"丢他妈的"减缩，骂人的话。粤语。（九）〈形〉涨。中原官话。（十）〈形〉气短。中原官话。（十一）〈副〉很。西南官话。在众多义项中却没有"丢"表示鲜明之貌的义项，《陇右方言》"丢"字条可备一说。其实"丢丢"鲜明、明亮义在古代文献也不乏其用例，如元代李直夫的杂剧《虎头牌》第三折："你把那明丢丢剑锋与我准备，他误了限次，失了军期，差几个曳剌勾追。"元代武汉臣的杂剧《生金阁》第一折："你不知道我那库里的好玩器……光灿灿玻璃盏，明丢丢水晶盘，那一件宝物是无有的？"

今谓顺从无迕曰乖乖的，即谐谐。儿童无恙曰乖爽，即谐顺之转（顺从川声，与"爽"声近）。凡从皆声之字，俱含"和"义。言和曰谐，音和曰龤，鸣和曰喈，马和曰騱，人和曰偕，是也。

谐原本就是和谐的意思，《说文》："谐，詥也。从言皆声。户皆切。"《玉篇》："谐，合也。"龤指乐声和谐，《说文》："乐和龤也。从龠皆声。"《尚书》曰："八音克龤。"段玉裁《说文解字注》说："龤与言部谐音同义异，各书多用谐为龤。"喈指声音的和谐。《说文》："喈，鸟鸣声。从口皆声。一曰凤皇鸣声喈喈。"《尔雅·释训》云："噰噰喈喈，民协服也。"郭璞注云："凤皇应德鸣相和，百姓怀附兴颂歌。"偕也有和谐共同之义。《说文》："偕，彊也。从人皆声。"《诗》曰："偕偕士子。"《说文》："騱，马和也。"段玉裁《说文解字注》："孙卿曰：'六马不和则造父不能以致远。'"《广雅》说："騱，马性和也。"通过语源的探究，可知"谐""龤""喈""騱""偕"等字属于同一语族。

四、《陇右方言》保存了大量民俗文化材料

《陇右方言》在解释词语的时候对包含在方言词语中的掌故民俗给予了充分的留意，对很多掌故民俗进行了详细的考证，保留了丰富的历史、民俗和文化信息。

如"压宝"条：

今赌博有"压宝"，即"射覆"之转。（"射"通"斁"，《诗·葛覃》："服之无斁。"《礼记·缁衣》引作"服之无射"，是其证也。"斁""压"同在影母，铎帖通转；"覆""宝"滂帮旁纽，同在萧部）《汉书·东方朔传》："上尝使诸数家射覆，置守宫盂下，射之，皆不能中。"师古曰："于覆器之下而置诸物，令闇射之，故云射覆。"此虽与"压宝"不同，而理则正同。今小儿堕钱为戏曰

跌博博，即"颠覆"之古音。令钱颠覆而视其"文""幕"以决输赢，故谓之颠覆。

关于射覆《辞源》解释说："猜测覆盖之物，是古代近于占卜的一种游戏。"《陇右方言》引师古注："于覆器下而置诸覆，令暗射之，谓之射覆。"可以想见其玩法和现在的押宝很相近，从中我们可以想见古人射覆的情形。《红楼梦辞典》射覆条亦云："射，猜。覆，遮盖，隐藏。原为遮藏一种东西让别人猜的游戏。后来用于酒席，作为酒令的一种。"

如"堡寨"条：

今乡村有"堡""寨"，堡即保也。《月令》："四鄙入保。"《庄子·盗跖篇》："小国入保。""入保"即入堡子，故郑康成以"小城"释之。以其可保守，故名之曰保。以其可塞奸，故名之曰塞。今读为寨。

明朝建立政权后，在有些地方修筑堡、寨，联防自卫。堡规模如小城，可容百家以上，寨小于堡。平时耕种，战时据守自卫，多建于要塞之处。堡寨的修建在当时是处于对军事目的的考虑，而现在的武威的乡镇地名如东乡十三里堡、河东堡、达家寨等，西乡四十里堡、丰乐堡、冯良寨等，就是当初堡寨制度的孑遗。

五、《陇右方言》广泛征引各类文献资料来对方言词语释义推源

（一）第一类是字书、韵书

《说文解字》及其注本（773次），《释文》（61次），《尔雅》及其注本（58次），《一切经音义》（58次），《方言》（47次），《玉篇》（23次），《广韵》（19次），《广雅》（17次），《释名》（7次），《集韵》（4次），《通俗文》（2次），《匡谬正俗》（1次），《类篇》（1次），黄生《义府》（1次），黄侃《论语义疏》（1次），《小尔雅》（1次），《读书杂志》（1次），程瑶田《通艺录》（1次），程瑶田《九谷考》（1次），《字林》（1次），徐锴《说文系传》（1次），杨慎《转注古音略》（1次）。

（二）第二类是史书

《汉书》及其注本（237次），《史记》及其注本（115次），《战国策》及其注本（12次），《后汉书》（9次），《国语》（9次），《资治通鉴》（2次），《新唐书》（2次），《魏书》（2次），《三国志》（2次），《北史》（2次），《北齐书》（2次），《旧唐书》（1次），《南史》（1次），《隋书》（1次），《元史》（1次）。

（三）第三类是经书

《诗经》及其注本（269次），《礼记》及其注本（93次），《孟子》及其注本（65次），《周礼》及其注本（46次），《左传》（55次），《尚书》（29次），《公羊传》及其注本（12次），《韩诗》（10次），《易》（9次），《穀梁传》（2次）。

（四）第四类是文学作品

文学作品在引用时重复的情况不多，除了《文选》征引 7 次，《楚辞》征引 3 次外，其余各书征引均在 1~2 次之间，这些作品主要有：韩愈《南海神庙碑》、宋玉《神女赋》、刘禹锡《塘故尚书礼部员外郎柳君集纪》、左思《魏都赋》、扬雄《反离骚》、扬雄《甘泉赋》。张衡《思玄赋》、柳宗元《至小丘西石潭记》、杨万里《庸言四》、苏轼《石钟山记》、司马相如《大人赋》、楼钥《跋姜氏上梁文稿》、刘攽《贡父诗话》、王粲《登楼赋》、王延寿《王孙赋》、马融《围棋赋》、马融《长笛赋》、嵇康《与山巨源绝交书》、《古诗十九首》、王褒《洞箫赋》、杜牧《冬至日寄小侄阿宜诗》、晁补之《学说》、夏侯湛有《釭灯赋》、石崇《金谷诗叙》。

（五）第五类是其他文献

《庄子》（69 次），《淮南子》及注（18 次），《列子》及注（18 次），《考工记》及注（15 次），《吕氏春秋》（14 次），《韩非子》（13 次），《荀子》（13 次），《水经注》（8 次），《金匮要略》（5 次），《管子》（5 次），《墨子》（4 次），《世说新语》（4 次），《老子》（4 次），《逸周书》及注（4 次），《法言》及注（3 次），《太玄》（3 次），《素问》（2 次），《夏小正》（2 次），《鬼谷子》（2 次），《齐民要术》（1 次），《吴越春秋》（1 次），《列女传》（1 次），《太平广记》（1 次），吴曾《能改齐漫录》（1 次），《春秋繁露》（1 次），《白虎通义》（1 次），《博物志》（1 次），《艺文类聚》（1 次），钱大昕《潜研堂文集》（1 次），《抱朴子》（1 次），刘劭《人物志》（1 次），王充《论衡》（1 次），《续述征记》（1 次），《弟子职》（1 次），贾谊《新书》（1 次），《晏子》（1 次），《九域志》（1 次），《册府元龟》（1 次），《太平御览》（1 次），《说苑》（1 次），赵令畤《侯鲭录》《山海经》、陶弘景注《本草》（1 次），《大清一统志》（1 次），《盂鼎》（1 次）。

【参考文献】

[1] 伏俊琏，张存良. 武威李氏三代雪人的学术评述 [J]. 图书与情报，2006. 3.
[2] 许宝华，宫田一郎. 汉语方言大词典 [Z]. 北京：中华书局，1999.
[3] 梅祖麟. 吴语和闽语的比较研究 [M] 上海：上海教育出版社，1995.
[4] 段玉裁，说文解字段注 [M]. 杭州：浙江古籍出版社，1990.
[5] 桂馥. 说文解字义证 [M]. 济南：齐鲁书社，1987.
[6] 杨为珍，郭荣光. 红楼梦词典 [Z]. 济南：山东文艺出版社，1986.

附录二

近代西北方志方言文献中的代词[*]

【摘　要】 近年语言学界提倡文献语言与现实语言二者的结合研究。基于此，本文穷尽性列举了近代西北方志文献中的代词部分，分析了人称代词、指示代词、疑问代词的构成情况及其特点。最后与现实方言进行了比较，认为绝大多数代词还存留在口语中。

【关键词】 西北方志　方言文献　代词系统

一、引言

本文之近代，指清代及民国期间；西北，指现今西北五省（区）；方志方言文献，指地方志中包含方言的文献。

方言入志，最早见于县志。因地方行政机构中，以县历时最久且变化最小，因此县志中记载的内容往往是比较可靠而持久的。清顺治十八年，河南巡抚贾汉复主修《河南通志》五十卷；康熙元年贾汉复又主持修纂《陕西通志》三十二卷。康熙十一年清政府拟修《大清一统志》，命令各省纂修通志，并将贾汉复《河南通志》《陕西通志》颁发全国，以为示范。贾汉复是清顺治、康熙期间的人，《陕西通志》于雍正十三年（1735年）刊行，在本书中已经有了"方言"的记载，说明方言入志不会晚于康熙十一年，估计也不会早于清初。方言入志的体例已经奠基。

现存西北涉及方言材料的方志刊本，年代多较晚近。迄今所见最早记载西北方言的志书是雍正十三年（1735年）刊行的《陕西通志》、乾隆期间的《同官县志》（十卷）、《华阴县志》（二十二卷首一卷）、《西和县新志》（四卷）。其余都为清道光以后编纂。总计74种。其中陕西省含方言的地方志25种（清代12种，民国13种），甘肃省含方言的地方志43种（清代13种，民国30种），宁夏回族自治区含方言的地方志5种（清代1种，民国4种），青海省含方言的地方志1种（民国期间）。

---

[*] 发表于《河西学院学报》2011年第27卷第1期，作者莫超、尹雯。

二、记录和讨论代词的方志

在 74 种含方言的地方志中，记录和讨论代词的方志只有 44 种，其中陕西 14 种，甘肃 26 种，宁夏 4 种。青海、新疆均无。

（一）陕西 14 种，按年代前后排列如下：

1.《同官县志十卷》（今铜川），乾隆三十年（1765 年）：那边曰务搭，这边曰这搭；怎么曰诈（上声），甚么曰沙（入声）。几时曰糟番哩，这会儿曰镇藏番。

2.《定远厅志二十六卷首一卷末一卷》（镇巴县），光绪五年（1879 年）：呼如何曰咱块，某处曰那里。

3.《重修永寿县新志十卷首一卷》，光绪十四年（1888 年）：这搭，此处也；兀搭，彼处也。

4.《米脂县志十二卷》，光绪三十三年（1907 年）：这搭，言此处也。什么，疑而问之之词也。

5.《蓝田乡土志》（不分卷），光绪年间：称我们曰咱（只才合读），谓他人曰呷（呢呀合读）。这搭，此处也；兀搭，彼处也。镇早、镇晚者，这时候也。

6.《安塞县志十二卷》，民国三年（1914 年）：谓此曰这搭，谓彼曰那搭。

7.《安塞县志十二卷首一卷》，民国十四年：谓此曰这搭，谓彼曰那搭。

8.《澄城县附志十二卷首一卷》，民国十五年：这搭，此处也；兀搭，彼处也；镇早晚者，这时候也；雅达者，哪里也。

9.《续修石泉县志》，朱自芳修，民国二十一年：什么曰啥子，某人曰那个，某处曰那里。

10.《葭县志二卷》（今佳县），民国二十二年：伥（读作米平声，们字之转音也，今谓我们也）；努（那字之转音也，今谓他也，彼也）；拉（平声，雷麻切，他也）；聂（平声，乌赊切，你字之转音也，今谓你们）；那（去声）家（读作吉，他家也）；迭（阴平声，斗蛇切，怎么也）；这（读作执）；拉打儿（何处也）；这（这么也）；这打儿（此处也）；兀打儿（彼处也）；迭（那么也）；兀努（那个也）。

11.《新西安一卷》，民国二十九年（1940 年）：阿搭—什么地方；这搭—这里；乌塔—那里。

12.《洛川县志二十六卷首一卷末一卷》，民国三十三年（1944 年）：处所曰搭（上声，俗字作"打"）。一搭里，一处也。我（上声）、咱（阳平），皆单数；我的（轻声）、咱的，为复数。故的，们也（我的、你的，即我们、你们）；乃（轻声），的也（领位不用"的"而用"乃"，如"我乃""你乃"即我的、你的。但亦谓"我自己""你自己")。

这读如智，那口兀。这搭（轻声），此处也（犹云这儿）；兀搭，彼处也（犹云那儿）；阿搭，何处也（犹云哪儿哪里）。搭，或作"不沙"（如云"在兀不沙"，谓在彼处也）。那个亦曰那（去声）喋（轻声）。什么曰啥？一曰啥介（轻声）。怎样曰咺（上声咺），问何故也。何为曰害怎（去声），犹云干吗，可做句之述语。或亦曰咺（如云咺去？做什么去也）。何用曰准（上声）啥，意谓有何用处？无所顶当也。哪（那上声）亦曰阿（上声，如"阿搭"，即哪里）。

13.《宜川县志二十七卷首一卷末一卷》，民国三十三年（1944年）：处所曰达。这里那里曰这（阴平）达、兀（去声）达。疑问之那里（何地）曰阿达，如"你由（去声）阿达来？"即你从那里来？与兀达只表方所有别。

第一身单数自称曰我（去声），主有位为"我（去声）的"；第一身多数"我（阴平）"，主有位为"我（阴平）的"，即我们的。故多数与单数之别，只由调值区分。又"咱（上声）"兼自方对方而言，与"我们"不兼对方有别。第二身单数"你（去声）"，主有位为"你（去声）的"，多数为"你（阴平）"，主有位为"你（阴平）的"，即你们的。第三身单数多数均为"他（阴平）"。

怎么曰子（去声）吗。几时曰多回（去声）儿。疑问语助用么（阴平），应答肯定多曰对，调值高降。

14.《米脂县志十卷》，民国三十三年（1944年）：这搭，言此地或此处。什么，人有疑而问人之词也。

（二）甘肃26种，按年代前后排列如下：

1.《续修通渭县志》，清光绪三十二年（1906年）：凡杂己于众呼曰曹。曹，侪辈也，犹他省云你们、我们是也。凡不知其人而问，或曰阿是，或曰洒是，盖即通语所谓谁何也。凡不知其物而问，或曰社豆，或只曰是，盖即通语所谓甚么也。

2.《岷州续志采访初稿》，光绪三十四年（1908年）：问如何曰阿孟。

3.《陇西分县武阳志五卷》（今漳县），光绪三十四年（1908年）：阿谁，问"谁阿"（谁读如撒，作上声，东南谓之时）。伲（读如泥入声，或即京师读近宁之转音）。我（读印之转音，与秦人读如熬相近）。他（读如滔）。通称侪辈曰曹（或吾曹之省音也）。

4.《甘肃新通志一百卷首五卷》，宣统元年（1909年）：是么兜，陇南各地询人之语犹云怎么的。作时哩，亦陇南语，作读上声，做甚么之义。

5.《合水县志》，光绪期间抄本：那里曰务答，那时曰起头。

6.《狄道州续志十二卷首一卷》，宣统元年（1909年）：言那个曰恶个咿；言做甚么曰阿们俚，言那里去曰阿里去（里读俚，去读气）。言那不是曰恶不是吗。言在那里曰恶来的(来读奈，去声)。言谁家曰谁适（读逝），言你们我们曰你适我适。言谁曰阿斯怪，言是曰呵代。言请你看曰哎你唯。言那个曰恶几怪。言你就那样做曰你就恶们做。言叫我该怎样处曰恶早教我呵们做哩。

7.《会宁县志续编》（抄本），民国十二年（1923年）：曹，谓我辈也。舀，谓彼辈也。嗦，作上声读，问词也。吓，音瞎，作去声读，答词也。我们，俗但云袄，秦俗转为鳌。你们，俗但云钮，秦俗转为牛。这读如智，那曰兀（去声）。这搭（轻声），此处也（犹云这儿）；兀搭，彼处也（犹云那儿）。佐来，静宁转为嗟来，即怎样之谓。袄兜，即云我的。钮兜，即云你的。作时哩，作读上声，即怎么样之谓。做嗦哩，索读上声，即做什么之谓。阿哩呢，谓问在何处，即那（哪）里呢转音。这哩呢，谓答在此处，即者里呢转音。

8.《高台县志八卷首一卷》，民国十四年（1925年）：自称曰阿，音如沃，皆我之转音也，兰州以西皆同。

9.《漳县志八卷首一卷》，民国十四年（1925年）："是莫兜"即"怎么样"之谓，"明后遭"即"明后朝"之转。"致哒、歪哒"即"这里、那里"之说。"曹兜"谓"我们的"也，省言之曰曹。

10.《创修渭源县志十卷首一卷》，民国十五年（1926年）：我做事曰我就致哥伽。彼做事曰你咨务哥伽。我曰我们，又曰岑们、咱们。

11.《重修崇信县志四卷》，民国十七年（1928年）：嘎，问是甚么之辞，说嘎呢，做嘎呢皆是。歪，读上声，歪人歪事，犹云那人那事也。致哒务哒，谓这里那里也。

12.《泾川县采访录》，又名《造赍泾川县采访县志各项事件清册》，民国十九年（1930年）：致盖、务盖，即彼此也；又，致盖，发语词。

13.《甘肃通志稿一百三十卷首一卷》，民国二十年（1931年）：今指彼处曰阿，阿读如卧，或曰读务，如务答。又为发问词，陇东言阿答，阿读为乌哈切；狄道则曰阿哩、阿们，阿读为乌匣切。

今指此处则曰自答（这答，zìdá），或曰在答。今谓此时曰这户儿，即兹所。彼时曰那户儿，即若所。

14.《华亭县志四卷》，民国二十二年（1933年）：对人自称曰曹，那个曰阿。做嘎家，谓人干什么之称。

15.《重纂礼县新志四卷》，民国二十二年（1933年）：问人何往曰那达去，应者曰这达达去，又曰自达达去。

16.《重修镇原县志》，民国二十四年（1935年）：曹们，曹者，我也，们者就一方面多数之人而言。

17.《灵台县志四卷首一卷》，民国二十四年（1935年）：咱（音如喒），咱我也，自称之辞，俗称自己为恰的。他（本音拖，又呼塔），彼之谓也。俗谓人之物，则曰伦的，或妇人对人称夫曰伦。邑语全用舌音，呼上声，想亦他字之误，非伦字也。

做嗟（做，古"作"字，嗟音嘉），问人做事之称也。邑俗凡问人作事，则曰作嗟，又曰组嘎嘎，实系"做嗟"二字之义。又不明人言，而反问之则曰"作哩"，亦"做嗟"之称也。

18.《天水县志十四卷》，民国二十八年（1939年）：皋，即人家之称，伊之转音。忱，兹之转，现在之谓也。牛，你们之义，似伊渠合音。乍哩，即怎么哩之转合。至答，即此端之转合。务答，即外端之转合。务哩，即外里彼处之谓也。阿答，即阿端之转合（阿即哪儿）。阿哩，即阿里何处之谓也。

19.《古浪县志九卷首一卷》，民国二十八年（1939年）：此称呼惟大处曰那里，此处曰只里。

20.《靖远县新志》，民国三十五年（1946年）：指近处曰兹达，稍远谓违达，远处曰那达。

21.《鼎新县志草编》，民国三十五年（1946年）：做啥起，即做甚么去。

22.《重修西和县志》，民国三十六年（1947年）：自称曰我，称人曰你，读如字。至西北乡接近天水、礼县，称"我"音如"邀"，称"人"音如"牛"。西南乡接近武都，称"我"音如"呕"，称"你"音如"哑"。称"我的"曰俄吉，称"你的"曰伲吉，"我"音平而转为"俄"，"你"音平而转为"伲"。

23.《清水县志十二卷首一卷》，民国三十七年（1948年）：曹歹，犹言我们的（曹，我也，歹即的，下同）。袄歹，犹言我私人的（袄即我们）。纽歹，犹言你家的（钮即你之方音）。呼搭（呼，去声），犹言在这里。唔搭（唔，去声），犹言在那里。哉个哉，犹言这个东西。歪个歪（歪，上声），犹言那个东西。咱没块，什么样子之义是兹没，即无论如何之义（兰州方言读"是兹么"，意同）。

24.《重修定西县志三十八卷首一卷末一卷》，民国期间：曹豆，曹谓我，"豆"与"的"同，与"我们咱们的"同是第一人称所有格。陶豆，陶，他转音，"陶豆"谓他们的，即甲乙对谈，而认定事物属于丙丁戊等，也是第三人称所有格。袄豆，袄谓我也，"袄豆"即我们的，范围比曹豆小，谓事物专属于我们，是第一人称所有格。钮豆，钮，你转音，"钮豆"即你们的，是第二人称所有格。牙豆，牙，他转音，牙豆谓他的或别人的，是第三人称所有格。阴芽，阴，人转音，芽，家转音，谓人家也，即甲对乙说丙之谓。

纣，读去声，谓此也。纣达，与此处和这里意同。务；读去声，谓彼也。务达，谓彼处或那儿。纣不来，指人或物在此处也。纣不了，与纣不来意同。务不来，指人或物在彼处也。务不了，与务不来意同。致达，与纡达意同。纡晋，表示现在已经成这样义。务晋，表示过去或彼时义。务各家，发语词，第三者之代名词，或令其处理某种事物之义（各家即个家，自己也）。阿达，阿，发语词，"阿达"与"何处"或"那哩"意同。阿谁，问人语，"来的阿谁"。阿们哩，怎么之义，又见他当面做错了事，而责备其不应如此也。

左斯哩，与阿们哩同。左斯了，看见变常的行为和样子，惊奇而急切的诘问语。多咱，即何时之义。

25.《创修临泽县志》，民国期间：那里呢，即何处也。那谟那，即怎么也。那里客，即何处去也。

26.慕少堂的《甘宁青方言录》之七种，民国期间：

（1）《临夏县方言》：阿们俚，不知而询问之辞，犹言"做什么呢"，河州汉回口头语。阿，语助词。

（2）《陇西各县方言》：阿，称我也，音如沃上声。兰州及凉州人称"阿"则从"沃"，皆"我"之转音者也。是莫兜，即怎么样之谓。作时俚，作读上声，即"做甚么"之谓。

（3）《陇南各县方言》：鳌的、钮的：鳌者，我也；钮者，你也，或转为"牛"音，相通也，合言之即"你、我"二字。俗谚云："说鳌说钮，来自秦州。"

（4）《镇原县方言》：曹们：曹者，我也；们者，就一方面多数之人而言。

（5）《河西各县方言》：这个：犹言"者个"也，有所指之词，或讹为"之个"，又讹为"只个"。这，此也，甘人言"者回、者番、者般、者时、者邊、者个"，皆言此也。今改作"这"。又"者隔"，犹言如此也。

（6）《永登县方言》：家们：别家也，们者，他们也，合而言之，谓他人也。

（7）《镇番县方言》（民勤）：乌拉里：谓地方前边也，与蒙语近，或曰欧里。

蒙们：即我们也。蒙，愚也，自谦之辞，土话之含有文义者也。就一方面多数之人而言，如"我们、他们"。陕西曰俗们，镇远曰曹们，固原曰咱们，西宁曰祆们，民勤曰蒙们，皆谓我们也。

（三）宁夏四种，按时间先后排列：

（1）《朔方道志三十一卷》，民国十五年（1926年）：兀，郡俗指示途路曰兀呢或转闹呢，兀长则路远，兀短则路近是矣。阿，或转沃音，自称之辞。

（2）《重修隆德县志四卷》，民国十八年（1929年）：曹们，犹言我们。

(3)《化平县志四卷》（化平，今泾源），民国二十九年（1940年）：嘎（问"是甚么"之称，"说嘎呢""做嘎呢"皆是）；务哒（谓这里那里也）。

(4)《固原县志》，民国后期：我，或读如字，或转为卧音。你，或读如字，或转为哑音。我们，但俗读为"袄们"或"鳌们"。你们，但俗转为"纽们"或"牛们"。这里，俗云为"致达"或"宰达"。那里，俗云为"务达"或"歪达"。

三、代词分类列表

（一）上述方志，列举人称代词共26条，归纳为20处。列表如下：

	我	你	他	人家（单数）	我们	咱	你们	他们	人家（复数）
蓝田						咱		呷	
葭县	我/咱		努/拉	呷那家	㑊/我的	咱的	聂	那的	
	我乃	你乃①							
	我	你	他	人家（单数）	我们	咱	你们	他们	人家（复数）
洛川	我/咱			我的	咱的	你的			
	我乃	你乃							
宜川	我（去声）	你（去声）	他（阴平）		我（阴平）	咱（上声）	你（阴平）	他（阴平）	
通渭				曹					
漳县	卬	伲	滔	曹兜/曹					
渭源	我们			岑们	咱们				
临洮				我适	你适				
会宁				曹/袄		舀/钮			

---

① 表示领属者。以下含"乃"字的词同此，不另注。

附录二 近代西北方志方言文献中的代词

(续表)

地点	我	你	他	人家(单数)	我们	咱	你们	他们	人家(复数)
	袄兜②	钮兜							
高台	沃								
华亭	曹				曹				
镇原	曹				曹				
灵台	咱		拖						
	恰的③		拖的						
天水				臬			牛	臬	
西和	我/呕	你/哑							
	俄吉④	伲吉							
清水	袄	纽				曹			
	袄歹⑤	纽歹				曹歹			
定西	袄	纽	陶	牙		曹		牙/阴芽	
	袄豆⑥	钮豆	陶豆	牙豆				牙豆	
永登								家们	
民勤						蒙们			
朔方	阿/沃								
	我	你	他	人家(单数)	我们	咱	你们	他们	人家(复数)
隆德						曹们			
固原	我/沃	你/哑				袄们/鳌们	纽们/牛们		

②③④⑤⑥ 表示领属者。

215

（二）列举指示代词共 33 条，归纳为 29 处。列表如下：

	这	那	这儿	稍近	稍远	这会儿	那会儿	这些	那些	这样	那样
铜川	这	兀	这搭		兀搭	镇藏番					
镇巴					那里						
永寿			这搭		兀搭						
米脂			这搭								
蓝田			这搭		兀搭	镇早/镇晚					
安塞			这搭		那搭						
澄城			这搭		兀搭	镇早/镇晚					
石泉					那里						
佳县	这	兀	这打儿		兀打儿						
西安			这搭		乌塔						
洛川	智	兀	这搭		兀搭						
宜川	这	兀	这搭		兀搭						
米脂	这		这搭								
合水		务			务答						
临洮		恶			恶个咿				恶们		
会宁	智	兀	这搭		兀搭						
漳县			致哒		歪哒						
渭源								致哥	务哥		
崇信			致哒		务哒						
泾川			致盖		务盖						
天水			至答		务答	务哩					
古浪			只里		那里						
靖远			兹达		违达	那达					

附录二　近代西北方志方言文献中的代词

(续表)

清水		吁搭	唔搭					
定西		纣达	务达					
民勤			乌拉里/欧里					
朔方			兀（兀长则路远，兀短则路近）					
泾源		务哒	务哒（谓这里那里也）					
固原			务达/歪达					
		致达/宰达						

(三) 列举疑问代词者共28条，归纳为25条。列表如下：

	谁	什么	哪儿	哪个	多会儿	怎样
铜川		沙（入声）			糟番哩	诈（上声）
镇巴						咱块
澄城		什么	雅达			
石泉	哪个	啥子	哪里			
西安			阿搭			
洛川		啥/啥介	阿搭			咂/害怎
宜川					多回儿	子吗
米脂	什么					
通渭	阿是/洒是	社豆				
岷县						阿孟
漳县	阿谁					是莫兜
陇南		时哩				是么兜
临洮	谁适/阿斯怪	阿里				阿们俚
会宁		嗦	阿哩呢			佐来/作时哩
	谁	什么	哪儿	哪个	多会儿	怎样
铜川		沙（入声）			糟番哩	诈（上声）
崇信		嘎				做嘎呢
华亭				阿		做嘎家

(续表)

礼县		那达		
灵台				做嗟/作哩
天水		阿答/阿哩		乍哩
金塔				做啥起
定西	阿谁	阿达	多咱	阿们哩/左斯哩
临泽		那里呢		那谟那
临夏				阿们俚
陇西				是莫兜/左斯哩
泾源		嘎		

四、结语

从距今60—250年前的西北方言文献中可以看出：

（一）人称代词方面

大多数分别三种人称。第一人称叫法有"我、咱、卬、阿"等；第二人称叫法有"你、倪、哑"等；第三人称叫法有"他、努、拉、滔、拖、陶"等。大都分别单数与复数，复数叫法或为"曹"，或在单数称谓后加"们、的"，或变为合音，如"袄、佅（我们），聂、牛（你们）"等。比较特殊的是渭源将"你们"称为"岑们"，临洮将"我们、你们"分别称为"我适、你适"。少部分不分单复数，其称谓一致，如华亭、镇原都说"曹"；"人家"的单复数称谓也有一致者，如"呷（蓝田）、臬（天水）、牙/牙豆（定西）"。表示领属者，在单数人称后加"乃、兜、的、吉、歹、豆"等。葭县、洛川方言中，"我、你"后加"的"表示复数，后加"乃"表示领属。葭县、洛川、渭源三处"包括式"与"排除式"区分比较明显，洛川、宜川"包括式"为"咱的"，"排除式"为"我的"；渭源"包括式"为"岑们"，"排除式"为"咱们"。

值得注意的是，陕西宜川的单复数分别是靠声调不同表达的：第一身单数自称曰"我（去声）"，第一身多数"我（阴平）"；第二身单数"你（去声）"，多数为"你（阴平）"；第三身单数多数均为"他（阴平）"。该志系黎锦熙先生所撰，应当是可靠的。

（二）指示代词方面

在29处中，只有靖远确定为近指（兹达）、中指（违达）、远指（那达）三分，天水似乎也为近指（至答）、中指（务答）、远指（务哩）三分。泾源似乎没有分别，其近指、远指均为"务哒",并解释说"务哒,谓这里那里也"。其余均为近指远指二分。近指一般说"这、智、致、兹(呀)"等,表近处一般说"这搭、致哒、只里"等;远指一般说"兀、务(恶)、违、歪"等,表远处一般说"兀搭、务哒、务盖、欧里"等。凡二分者,涉及更远则以声音拖延的长短而定,正如《朔方道志》云:"'兀'长则路远,'兀'短则路近。"

只有三个地方志记录了"这会儿"的说法:"镇藏番"(铜川)、"镇早/镇晚"(蓝田、澄城)。只有两处地方志记录了方式指代法:临洮称"那样"为"恶们"、渭源称"这样"为"致哥"、称"那样"为"务哥"。

(三)在疑问代词方面:

在26处中,有6处记载了"谁"的说法,可细分为"阿谁(阿是、阿斯怪)""谁适(洒是)""哪个"三类,前两类系古称之保留,后一种显然是西南官话之渗入。有9处记载了"什么"的说法,可细分为"啥(沙、啥介、社豆、时哩、嗦、嘎)"与"什么"两类。有10处记载了"哪儿"的说法,可细分为"阿达(那达、雅达)"与"阿里(哪里、阿哩、那里)"两类。只有三处记载了"多会儿"的说法:糟番哩(铜川)、多回儿(宜川)、多咱(定西)。大多都记载了"怎样"的说法,可细分为"哑(诈、咱块、乍哩、子吗、佐来)""做嘎呢(做嘎家、作时哩、做啥起、左斯哩)""阿孟(阿们俚、那谟那)"与"是莫兜(么兜)"四种。

通过与现实方言比较,总体而言,近代西北方志文献中反映的方言现象,于今绝大多数都还在口语中保留着,只有极少数发生了变化(如天水方言指示代词现在为"至答、务答"二分)。

附录三

部分书影

(张澍像)

张介侯先生(张澍)年谱书影

附录三 部分书影

慕少堂先生肖像暨《甘宁青史略》卷一首页书影

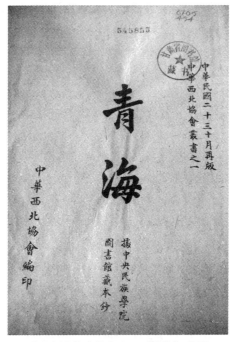

中华西北协会丛书之一《青海》书影

《钦定皇舆西域图志》函影印图

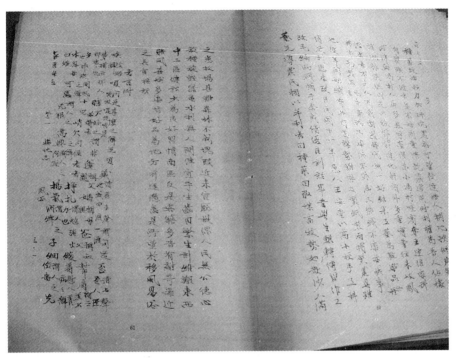

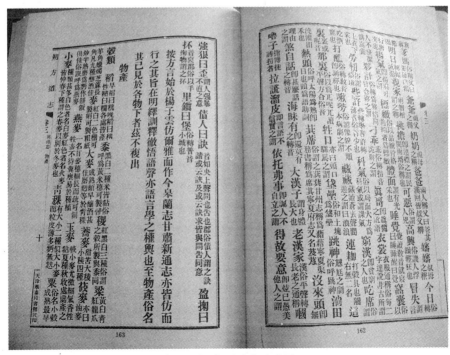

《朔方道志》方言部分书影

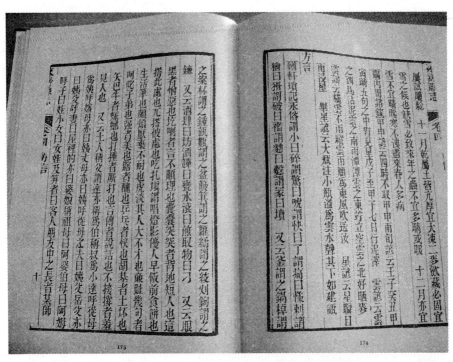

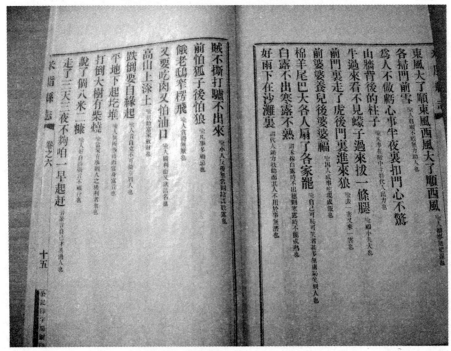

陕西《米脂县志》方言部分书影

附录三　部分书影

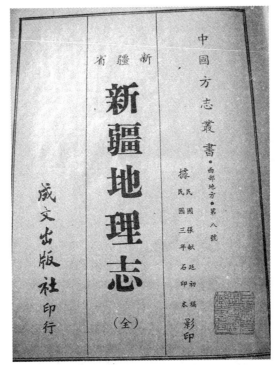

《新疆地理志》书影

冯国瑞《关西方言今释》书影

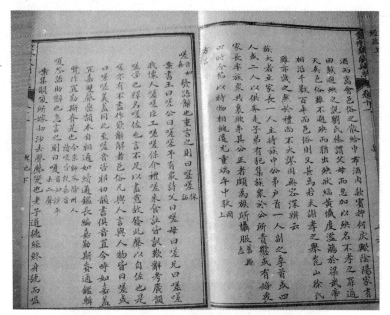

《灵台县志》方言部分书影

《甘肃全省新通志》封面书影

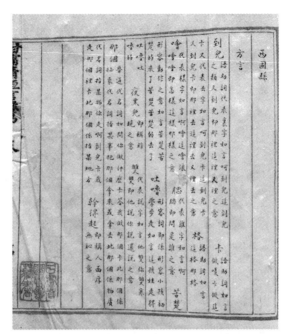

慕少堂《甘宁青方言录》西固县方言书影

《青海地方旧志五种》书影

自序

詩含神霧云秦地處仲秋之位男懦弱女高騰身白兎音

中商其言舌舉而仰聲清而揚劉歆西京雜記云長安市

人語各不同有葫蘆語鑠子語紐語練語三摺語通名市

語揚伯起作關輔語荀爽作漢語惜其書不傳清道光時

武威張澍網取羣書為秦隴人口吻者劉記之為一編目

曰秦音而隴音在其中矣惜其書又不傳甘肅一切語言

大率與南北諸省互相出入雖音之清濁高下輕重疾徐

小有不同然同者實多甘肅青舊志俱無方言殆是故耳

昔揚雄仿爾雅而作方言蓋欲繹訓釋之明悟語音之轉

不勞嘵咨而遇物能名也今酌仿錢大昕恒言錄倒器舉

所知並附綦語其世所通稱或字同音異與夫有聲無字

張澍《秦音》抄本書影